瞬間に生きる

活動するための哲学

アダム・サンデル
鬼澤 忍——訳

早川書房

Adam Adatto Sandel

Happiness in Action

A Philosopher's Guide to the Good Life

瞬間に生きる

——活動するための哲学

HAPPINESS IN ACTION

A Philosopher's Guide to the Good Life

by

Adam Adatto Sandel

Translated by
Shinobu Onizawa
First published 2025 in Japan by
Hayakawa Publishing, Inc.
This book is published in Japan by
arrangement with
Harvard University Press
through The English Agency (Japan) Ltd.

装幀／山田和寛（nipponia）

ヘレナへ、愛を込めて

目次

＊訳注は〔　〕で示した。

はじめに

誰しもこんな経験があるだろう――仕事を得る、昇進する、競争に勝つ、試験に合格する、支持する候補者を当選させる、あるいは長く苦しい取り組みの末に世界に変化をもたらす、といったことを成し遂げた翌朝のことだ。われわれは前夜のお祝いの余韻の中で目覚め、ほっとする。少なくとも今日は、面接の練習をしたり、模擬試験を受けたり、スピーチに磨きをかけたり、結果を待ったりしなくても済む。ようやくのことで、一息つける。少なくともいまのところ、少なくともしばしのあいだ、世界は広く開かれており、やりたいことは何でもできる。そこで、われわれは浮かれ騒いだり、休暇を取ったり（時間と資金が許せばの話だが）、ネットフリックスの番組を少しのあいだ見まくったりするかもしれない。ときおり、前日の達成を思い出し、誇らしく振り返る。だが、そうしているあいだもずっと、新たにつかんだ幸福は、やってきたかと思えばあっというまに去りつつあるという感覚につきまとわれ、振り払うことができない。遅かれ早かれ、われわれはこう自問することになる。「さあ、今度は何をする？」

画期的な出来事が幸福をもたらし、つらい自己犠牲のプロセスを正当化してくれるはずだったのに、気付いてみれば心は満たされないままだ。またしても、だが、まるで初めてかのように、結局のところ自分は以前と変わりのない人間なのだと思い知らされる。念頭にある課題をまた一つ成し遂げたいまも、善き生には少しも近づけず、早くも次に登るべき山を探している。お祝いの休息はあっというまに終わり、新たな目標の達成に向けてそそくさと努力を再開する。最初の目標につきまとっていたあらゆる不安を、依然として抱えたままで。

人生には、努力、達成、満たされない心というサイクル以上の何かがなくてはならないと、心の底で感じる。だが、この「それ以上の何か」をはっきり表現するのは難しい。目標志向なのはいいことだろうか？　それはわれわれを、カウチポテト〔ソファに寝そべってスナックを食べながらテレビやビデオを見てばかりいる人〕でも、現代生活が差し出す無数の娯楽に右往左往する者でもなく、責任感のあるひたむきな人間にしてくれるのではないだろうか？　より生産性を高める方法を教える最近の自己啓発書から、健康管理用スマートウォッチのフィットビットのキャッチコピー――「目標を粉砕しよう！」――に至るまで、目に映るあらゆる場面で、さらに目標志向になるようせき立てられている気がする。「もしかすると、それは自分に必要な新たな目標かもしれないぞ。より大きな意味や社会的意義を持ち、いままで追いかけてきた目標を代替したり補完したりするものだ」などと考えることもあるだろう。だが、そのうち、目標が一つであれ二つであれ、個人的なものであれ公共的なものであれ、同じ問題が起こることに気付く。目標達成を目指して生きていると、どういうわけか、永遠に心が満たされないままになってしまうのだ。われわれは何を見落としているのだろうか？

薄っぺらになりつつある意識の中で、われわれはそれを感じとる。一度にどれだけの目標を扱うかに応じて、まるで人格全体が歪《ゆが》められてちっぽけな箱に詰め込まれるか、あるいはことによると、切り刻まれていくつかのバケツに分散されているかのようだ。あらゆる場所を感じると同時に、いかなる場所も感じられない。こうした状況はさまざまな形で現われる。たとえば、外界と接触を断ってオフィスのパソコンの画面を見つめて数時間を過ごすとき、プロジェクトの進捗《しんちょく》状況のことで自分を追いつめ、そもその活動に導いてくれた本質的な喜びをなくしてしまうとき、わが子の目標達成を助けることに四六時中気を取られ、自分自身を見失ってしまうとき、忙しすぎて友人と過ごす時間がないと感じるとき、いい印象を与えて出世するために、自分の尊厳を犠牲にしてしまうとき。「価値のある目的のためなら」と、われわれは自分に言い聞かせ、心にもないお世辞を言ったり、自分を見くびる相手に迎合したりする恥ずかしさを抑え込もうとする。

自分の置かれた苦境に考えをめぐらせば、物事の達成に焦点を絞るあまり、実現したいと思いつつ犠牲にしているある種の人格や生き方が目に入ってくる。本書の目的は、こうした生き方を特定して明確にし、目標志向の努力を超えた善き生という概念を提示することにある。

それ自体を目的とする活動――三つの美徳

不幸の根底には、目標志向の努力によって追いやられ、歪められがちな三つの美徳からの逸脱があるのではないだろうか。すなわち、自己統御（self-possession）、友情、自然との触れ合い、という美徳である。これらの美徳には共通点がないように思えるが、いずれも「それ自体を目的とする活動」と呼ぶべきもの、つまり本質的に有意義であり、将来の達成や獲得を待つことなく正当化される活動を表わしている。こうした活動こそ、永続する幸福の鍵だと私は思う。目標志向の努力がつねに達成とともに終わりを告げ、新たな達成を求めて再スタートを切らなければならないのに対し、自分らしくあること、友人であること、自然と関わることへの取り組みは、いかなる瞬間も、それ自体に刺激的な挑戦と報酬が伴っている。

これらの美徳を理解するもう一つの方法は、この瞬間を生き、自分がすることに没入するという理想を実現できる経路として見ることだ。こうして「いま、ここ」を抱きしめることこそ、次の勝利の可能性を不安げに見据え、過去の失敗と見なすものを思い出してがっかりする目標志向の生活に欠けているものであることを、われわれは知っている。だが、われわれが「没入」を実現しようとする手段は、束の間の小休止にとどまりがちだ。ヨガ教室に通い、瞑想《めいそう》にふけり、周囲の世界の生の音に集中することによって、仕事日の騒音を遮断しようと試みるものの、その後、目標志向でプレッシャーに満ちた以前の生活に舞い戻る。「いまを生きる」ことは結局、達成と同じくはかないものにすぎないことがわかる。

われわれに必要なのは、いわば束の間を超えた瞬間を生きることだ。つまり、自分がしていること全体への没入であり、一日の残りの時間からの単なる逃避ではない。だが、そこで要求されるのは、生き方全体の変革であり、活動的であることの意味について、考え方を改めることだ。必要なのは、それ自体を超えたものを目的としない生き方や美徳の実践に改めて注意を向けることなのである。

私の提案する観点は、目標の断念を求めたり推奨したりするものではない。目標のない人生など想像するのさえ難しいし、おそらくそれを生きることは不可能だろう。食卓に料理を並べ、頭上を屋根で覆うためだけでも、物を手に入れ、プロジェクトを完成し、世界の中で一定の地位や身分を獲得する必要がある。さらに、最低限の生活必需品を超えた目標の追求は、刺激的でスリリングなものとなりうる。問題が生じるのは、目標を人生の意義の主要な源泉と見なしはじめたとき、あるいは、それ自体に価値のある活動を、成功するか失敗するかわからない任務に変えてしまったときだ。

一筆一筆に表現を込める芸術的創造への情熱が、芸術界に受け入れられる作品を次の展覧会に間に合うよう完成させなければならないというプレッシャーに堕落する場合を考えてみよう。あるいは、週末のハイキングは、絶えず地形と対話するという有意義な経験と、思いがけない出会いや眺望の機会を約束してくれるものだが、それが楽しい時間を記録したり、ガイドブックに宣伝されている景色を眺めたり、インスタグラムのストーリーに写真を追加したりするための、山頂への慌ただしい行進に変わってしまうケースを考えてみよう。結婚しなければ、いい仕事に就かなければ、子供をつくらなければ、家を買わなければ、人生はある意味で失敗に終わるだろうというありがちな懸念について考えてみよう。われわれは、陳腐な目標や成功概念を批判することで、そうした不安に立ち向かうよう教わってきた。こうした批判は正しいかもしれないが、より根深い問題は、そもそも目標という観点から有意義な人生を定義することにある。

私の提案は、自己統御、友情、自然との触れ合いという観点から、目標の意味そのものを解釈し直そうというものだ。目標が大きかろうが小さかろうが、個人的であろうが社会的であろうが、目標の意義は目標そのものではなく、それを目指して歩む道のりにある。この道のりは、目的地への単なる経路ではなく、それ自体が目的となる美徳を培い、表現する機会として理解されるべきなのだ。

終わりなき旅としての人生

われわれはよく、人生とは「目的地ではなく、その道のり」が大事だと自分に言い聞かせる。自分の求める終着点に固執するのではなく、「人生の旅路を慈しむ」ように、と。ときどき、卒業式のスピーチで、二〇世紀初頭の詩人C・P・カヴァフィスの有名な「イタカ」が引用されることがある。オデュッセウスの伝説的な帰郷の旅を思い起こさせる作品だ。オデュッセウスは、トロイアを倒すというよく知られた驚くべき偉業を成し遂げたあと、海でさらに大きな試練に直面する。カヴァフィスはこう書く。「……航海をいっさい急いではならない。／何年も続くほうがいい……／イタカはおまえを不思議な航海に出した。／イタカがなければ、おまえが旅立つことは決してなかっただろう。／だが、イタカがおまえに与えるものはもはや何もない。／たとえ、おまえがイタカは貧しいと思ったとしても、イタカはおまえを欺いたわけではない。／こうした経験を積んで、いまやおまえも賢くなったのだから／イタカの真の意図を知ることだろう」[1]。カヴァフィスがホメロスに見いだし、通過儀礼を祝うにふさわしいほど心に響く教訓は次のようなものだ。つまり、人生で最も重要なのは、何を達成するかでもなければ（それが偉大な公共の目標であっても）、どこに到達しようとしているかでもなく（それが最愛の故郷であっても）、その途上で自分自身や世界について何を発見するかなのである。カヴァフィスは、目的と手段の関係をめぐる典型的な考え方をひっくり返し、目的地は旅のためにあるのであって、その逆ではないと示唆している。あるいは、目的地や故郷の意味そのものが、そこに至る道のりによって決定されると言っていいかもしれない。人生とは結局のところ、人格形成と自己発見のための無限の機会であり、いちいちの目標、いちいちの終着点は、自己認識を目指す進行中の探求における一つのエピソードにすぎない。

だが、われわれがこうした見解を深く心に刻んだり、その含意を把握したりすることはめったにない。卒業式のスピーチで、講演者はカヴァフィスの詩を引用し、終わりなき旅という理想を称揚したかと思うと、その舌の根の乾かぬうちにこう熱弁する。社会にとって最大の問題を解決したり、世界に飛び出してそこをより良い場所にしたりする力を身につけることこそ、教育の真の意味なのだと。こうして、今度は利他的で社会的な関心という装いをまといつつ、目標志向の視点が再び姿を現わすのである。

われわれが、目的に至るプロセスを大切にするようきわめて熱心に呼びかけるときでさえ、「目標なんていつの間にか達成されているものだ」という追記がある場合が多い。さらに、人生の旅のある側面を尊重しようという励ましは、挫折した人への慰めの言葉であるのが普通だ。「勝つか負けるかではなく、どうプレーするかが重要なのだ」と。それは敗者のための言葉であり、勝者のためのそれではない。

アップルウォッチやフィットビットといった最先端の自己管理デバイスのよく見かけるキャッチコピーには、目標志向の姿勢がはっきり表われている。こうしたデバイスは、日々のありとあらゆる活動を追跡し、数値化し、記録する一方で、「バーチャルな世界でしか訪れないような場所、たとえばカリフォルニアのヨセミテ国立公園にある息を呑むような三つのルートにお連れしますす」と約束している。思いがけない発見への憧れと、確実なコースの安心感とのあいだの微妙な緊張関係は、フィットビット・アドベンチャー・アプリのマーケティングにも見て取れる。「あなたは一歩一歩、あらかじめ設定されたルートを進み、途中でランドマークや宝物を発見します。目標はゴールすることだけです」。もちろん真の冒険は、あらかじめ設定されたルート、とりわけ道に迷わないことが保証されたバーチャルなルートとは相容れない。このように、旅としての人生という考え方にときおり訴える場合でさえ、われわれは目標志向の枠組みにとらわれたままなのだ。

これら二つの理想、つまり目標志向とそれ自体を目的とする活動のあいだでどっちつかずになるのは、思うに、善き生の一見矛盾する二つの側面を理解する――つまり、人生を決まった目的地のない旅として経験すると同時に、目標への道のりに固有の意義があることを正しく評価する――ための枠組みを欠いているからだろう。自己統御、友情、自然との触れ合いという具体的なテーマをめぐり、それ自体を目的とする活動をより深く理解するようになるにつれて、われわれはそうした枠組みを構築しはじめるだろう。

これら三つの美徳は、ある意味で身近なものであり、豊かな人生に関わるものとして、読者の頭に浮かぶのではないかと思う。われわれはみな、社会的な同調圧力に抗して自分自身のために立ち上がる高揚感を、良い時には友人と祝い、悪い時には慰め合うことで得られる力強い感情を、ハイキングに出かけたり、海に飛び込んだり、ただ美しい夕日を眺めたりといった自然との触れ合いから生じるわくわく感を知っている。自己啓発書を読めば、自分を気づかってくれる人と時間を過ごし、人生のささやかな事柄に感謝することの大切さを思い出す。だが、これらの美徳には、一般に思われているよりはるかに大きな意味がある。

第一に、達成しなければ、やり遂げなければ、というプレッシャーに直面しながら、これらの美徳に忠実に生きることは難しい。第二に、より根本的なことだが、それらの美徳の意味そのものが、まさに目標志向の傾向――これこそ、それらの美徳がそこから人を解放しようとするものだが――によって微妙に歪められてしまう。たとえば、「自己統御」は「リーン・イン（身を乗り出す）」の精神、つまり職場で影響力を持ち、出世することを目指す自己主張の一種と同一視されやすい。われわれは、自分自身のために立ち上がり、がんばり抜く方法を見失っている。それは、達成や名声とは無関係であり、自分の尊厳のためにキャリアや大切な目標を危険にさらすことさえあるかもしれない。

同様に、共通の目的に役立つさまざまな形の協力や、仕事の合間の愉快な付き合いを、われわれは友情と勘違いしやすい。共有された歴史の中に存在し、相互の交流を通じて新たな知恵や自己理解を深めていくような友情を見逃しているのだ。ソーシャルメディアで互いをフォローし、友達の数を表示する人たちに「友達」という言葉を安易に当てはめることは、真の友情の意味が空洞化していることを物語っている。もちろん、ソーシャルメディアの友達の大半が本当の友達ではないことをわれわれは知っている。だが、われわれが「友達」という言葉をこのように使うことに慣れてしまったという事実は、知らず知らずのうちに、道具的で目標志向的な人間関係の方向へと滑り落ちていることを示している。

自然との関わりについて言えば、われわれは、自然の驚異や大自然に対する一瞬の感謝と、自然から身を守り、大地や空を自分のために利用しようとするあらゆる手段との折り合いをつけるという途方もない難題に直面している。よく考えてみると、自然に対するわれわれの姿勢はいかがわしいものだ。というのも、日常生活になじみやすい自然、魅惑的な目新しさを感じさせる自然を楽しむ一方で、産業のために搾取している風景、森林、湖沼、海には目を向けないからだ。

われわれが自然を大切にするのも、「自然保護」というお題目の下で、ある種の目標志向的な努力に突き動かされてのことだ。われわれは自然を、地球の健康と次世代の安全のために保護すべき希少な資源として扱う。だが、自然をそれ自体のために評価し、保護しようとすることはめったにない。驚異と畏怖の源である自然と対峙《たいじ》することで、われわれは自分自身について、また自分が追求する目標について新たな視点を得ることができるにもかかわらず、だ。たとえば、生物多様性がなぜ重要なのかを明確にするよう求められると、われわれはほぼ自動的に、ある種が絶滅すると他の種に、そして最終的にはわれわれ自身に害が及ぶことになるという説明を持ち出す。自然の多様性を本質的に意味のあるものとして、またわれわれが関わるに値するものとして理解するための語彙《ごい》を欠いているのだ。

ハリケーン、地震、洪水、病気など、自然のより恐ろしい側面に接すると、われわれは感謝の姿勢を捨て、生活から排除すべき脅威として扱う傾向がある。自然を予測し、制御しようとする無数の努力によって、自然に闘いを挑む。まるで、いつの日か自然を完全に克服し、死さえも遠ざけられるかのように。ふと立ち止まり、こんなふうに考えることはめったにない。最も苛立《いら》たしく、一見敵対的な姿をしている場合でさえ、自然は、存在の意味やわれわれ自身の人間性について何かを教えてくれるかもしれないのだ、と。

それ自体を目的とする活動という観点から善き生に関する説明を展開するために、具体的には、自己統御、友情、自然との触れ合いという観点から善き生を探求するために、私は一つの原点に立ち返る。それは、一見すると近づきがたいように思えるかもしれないが、現代において人生の意味を考え抜くには不可欠だと私が考えるようになったもの、すなわち、古今の哲学の伝統である。

哲学というと、多くの人は、世界について興味深く抽象的な考察を提供してくれるかもしれないが、日常生活には直接関係のない学問の分野というイメージを抱くことだろう。しかし、そもそも古代ギリシャで哲学が始まった頃、それはもっぱら学問的なものだったわけではない。哲学はいかに生きるかに関わっていた。哲学と日常生活との結びつきは、ソクラテスのような人物において最も明らかだ。彼は正式な場で教鞭《きょうべん》をとったこともなければ、書物を著わしたことさえなかった。その教えは主に、熱心な弟子だったプラトンの対話篇を通じて現代に伝えられている。そこにはソクラテスが主人公として登場する。われわれはプラトンから、ソクラテスがきわめて実践的な意味で哲学を追求していたことを学ぶ。ソクラテスは街角や家庭で人びとと交わり、幸福の意味や善き生について語り合う日々を送った。彼がそうしたのは、ふとした好奇心からでもなければ、単なる議論のためでもなかった。そうではなく、持続的な対話と内省を通じて、自分自身の生き方をより明確にできるという確たる信念を持っていたからだ。

ソクラテスが座右の銘としたのは、アポロン神殿にあるデルフォイの神託所に掲げられた「汝《なんじ》自身を知れ」という言葉だった。ソクラテスはそれを深く心に刻んだ。ソクラテスはかつて、語り伝えられている宗教的事件や、ケンタウロス、キメラといった神話上の獰猛《どうもう》な怪物を実際に信じているのかと問われ、「自分はそれについて知らないし、考える暇もない」と答えたという。彼の関心は、自分自身の魂の徳を涵養《かんよう》することにあった。そうした事件が本当に起こったのか、そうした生き物が本当に存在したのかを問う代わりに、自分自身の行為に照らして神話的な伝承を解釈し、自分自身の中に怪物的な傾向があるのか、それとも、もっと優しい心を持っているのかと自問した。彼が絶えず関心を抱いていたのは、人生を最も善く生きるにはどうすればいいかということだった。[2]

ソクラテスにとって、いかに生きるかという問題の中心には、幸福と達成の関係があった。ソクラテスが生きた時代、野心的な市民が最も熱望していたのは、公的な生活で名を上げ、名声、富、トロイア戦争の神話的英雄アキレウスのように記憶されることだった。だがソクラテスは、名声、富、世俗的な成功に執着することに疑問を呈した。彼がそうしたのは、内省や抽象的な思索の観点からではなく、生き生きとした活動に関するある種の考え方からだった。当時の有名な演説家や名士は、法廷での勝利や公《おおやけ》の集会における称賛を追い求めたが、ソクラテスはそうした人びとの主張とは対照的に、真の幸福は自己に関する知をそれ自体のために真摯《しんし》に追求することにあるとした。このように、ソクラテスの教えの中には、こんにちわれわれが直面しているあの緊張関係、つまり目標志向の努力と、人生を果てしない旅として受け入れることのあいだの緊張関係をめぐる緻密な考察を見いだすことができる。

また、自己統御、友情、自然との触れ合いをどう考えるかについて、深遠にして直観に反する見解も見いだせる。後述するようにソクラテスは、われわれが美徳について考える際に真っ先に思い浮かべる身勝手な個人主義と、真の自己統御とを区別する手助けをしてくれる。ソクラテスが社会的な圧力に耐え、自らの誠実さ、さらには命さえも脅かされる状況で冷静さを保った驚くべき能力は、彼の哲学への傾倒と関わっていた。彼は哲学を、自己に関する知に同じように取り組む人びとのあいだで共有される探求と見なしていた。したがって、ソクラテスの自己統御は同時にある種の友情でもあった。それは対話を通じた共通の企てにおいて現われる。こうした対話は、議論の主題に対する共通の関心に根ざした一種の共同体だと言える。ソクラテスはよく、哲学を「友好的な」対話の一形態と表現する。そこでは各参加者が、相手の見解を明確にし、それを発展させることによって、その見解を補強しようとする。アテナイの法廷でよく見られた議論と反論という敵対的なやり取りとは対照的だ。ソクラテスはこうして、われわれが見過ごしがちな自己統御と友情の深い結びつきを強調する。のちに見るように、この結びつきは、ソクラテスとプラトンの哲学的後継者であるアリストテレスにおいてさらに前面に出てくる。アリストテレスは、「自己」の概念、彼の言葉で言えば「魂」の概念を発展させ、それを友情において真価を発揮する共有された活動の中心であるとした。

プラトンとアリストテレスによる魂と美徳の説明を貫くものとして、自然理解があるが、われわれはそこからも学ぶことができる。アリストテレスの物理概念によれば、物体は自らにふさわしい場所を求めて動くとされる。こうした考え方は、現在では素朴で非科学的だとして退けられることが多い。だがそれは、われわれが当然視している機械論的な自然観とは対照的な視点を提示し、われわれを啓発してくれるものだと思う。アリストテレス的な運動の理解を魂の観点から再検討することによって、また、ソクラテスの自然解釈を善き生の理解と絡めて考察することによって、敵対する存在としてではなく、ある種の友人として自然と関わる方法を見いだすことができる。一方に人間の価値があり、他方に自然の力があるという、自然に対する現代の対決的姿勢とは対照的に、いわばソクラテス的姿勢とでも呼べるような、対話のパートナーとして自然から学びつつ自己に関する知を求める姿勢を探っていく。

進歩にまつわる問題

哲学、特に古代哲学に目を向けるのには、もう一つの理由がある。それは、プラトンやアリストテレスに見られるような善き生に関する深遠な考察にとどまるものではない。目標志向の努力を超えた善き生という概念を明確にしようとすると、人は困難に直面する。また、キャリアや個人的野心を超えた意義の源泉を明確にするよう迫られると、人はより高次の、より意味のある目標を挙げる（したがって、実際には目標志向の枠組みから抜け出せない）傾向があるが、これには理由がある。これらの困難や理由は、近世になって台頭し、現代の人間の考え方や生き方に浸透している暗黙の哲学に、われわれが縛られつづけていることにある。こうした哲学の中でも最も重要なのは、啓蒙主義を定義するようになった、人間の主体性という概念だ。啓蒙主義とは、人が最高の使命を果たすのは「進歩」の主体としてであるという考え方だ。

この考え方によれば、善き生を生きるとは、より自由で、より平和で、より公正で、より生産的で、より豊かで、何らかの意味でより進歩した世界の実現に参画するということだ。その基準にはさまざまな説があるが、進歩という観点から主体性を考える場合、それは、すでに視界に入っているがまだ実現されていない理想を追求することだと想定される。人間の営為の偶発性と自然の頑強な抵抗のせいで、理想の実現には長い時間がかかるかもしれない。したがって、進歩そのものへの確信を維持しながら、一定のスケジュールにおける進歩の実現可能性に疑問を投げかけたり、さらには後退の時期を受け入れたりしたとしても、まったく矛盾はない。こうした進歩への確信によれば、人間の行動の基本的な原動力は、現実には「いま、ここ」の外部にあるが、理論的には（あるいはわれわれの頭の中では）すでにここにある。われわれは人生の方向性を知っており、その道を歩むだけでいい。道のりは手段となり、理想は目的となる。できるだけ早く目的に到達したいという熱意が高じると、そこに至るプロセスを早める手段を探し求めることになりやすい――たとえ、その手段が自分自身や他者の尊厳を犠牲にするものであったとしても。こうした観点からすると、真正かつ最高の意味で自分自身であることは、目標に奉仕する主体であることを意味する。友情は、目標を効率的に実現するための同盟に取って代わられる。そして自然との触れ合いは、自然をわれわれの計画に従わせるプロジェクトとなる。

　こうした進歩主義的な考え方が現代生活をどれほど活気づけているかは、決して過小評価できない。さまざまな形の進歩を擁護する人びとのあいだで、こうした考え方が力を持っているのは明らかだ。たとえば、著述家としても人気を博するある学者は、理性と科学の絶え間ない発展のおかげで、見かけとは裏腹に暴力は減少の一途をたどっていると主張し、理性そのものを「目的を達するための知識の使用」と明確に定義している。[3] もう少し捉えにくい例を挙げると、こうした考え方の枠組みは、たとえば「歴史の正しい側」に立つことの責務や、「宇宙の弧は正義へと向かっている」という励ましの言葉のような、日々の社会的・政治的言説の中でも働いている。

　おそらく最も広く見られるのは次のような例だろう。進歩や歴史的変化といった壮大な物語を否定しながらも、世界をより良い場所にする（それをどんな事態と考えようと）という観点から、あるいは単に、何らかの個人的マイルストーンからなる人生計画を実行するという観点から、個人の生活の意味を定義する場合にさえ、こうした進歩主義的な考え方が働いているのだ。つくる、計画する、実現するという言葉は、一つながりの意味を持っている。こうした目標志向の見方をすることで失われるのは、展開するものとしての人生への理解である。自分の人生を実行すべき計画として考えるのではなく、善き生とは予期せざるものとの出会いを通じて明らかになるものだと見なすべきなのだ。

進歩主義という理想の欠点を逆の方向から述べることもできる。自然の技術的征服であれ、世界からの不正の根絶であれ、あるいは目標が何であれ、人生の意味を目標達成に置けば、予測できない大混乱、理不尽な苦難、理解しがたい運命の転変といった形で、乗り越えられない壁に常に突き当たることになる。実際にそうなったとき、人は自虐的な方法によってそうした逆境に対処しようとしがちだ。すなわち、苦しみは罪に対する罰だとか、宇宙の健全性を高めるための必要悪だとか、あるいは、あらゆる幸先の良いスタートの上空に垂れ込め、あらゆる達成に影を落とす、晴れることのない不可解な雲であるなどと解釈するのである。

われわれに必要なのは、苦しみを単なる人生の否定ではなく、人生に不可欠なものとして理解できる思考の枠組みだ。ここで、哲学は無視できない道しるべとなる。哲学の助けを借りることでわれわれは、苦しみからの救済をもたらし、どんな時も生きるに値する人生へと向かう道を示してくれるような美徳の解釈を見いだすことができる。

近代以前の考え方を真剣に受け止めることは、われわれの日常生活を支配している進歩の概念を見直すきっかけとなる。現代の進歩主義的な考え方とは対照的に、プラトンやアリストテレスは、ある政治体制から別の政治体制への移行、つまり、民主政治から専制政治へ、専制政治から寡頭政治へ、そしてまた元の政治体制への移行を驚くほど平静かつ淡々と記している。これについてわれわれは、まるで、政治改革や人間のあらゆる達成の不安定さは、人生に対する大きな衝撃や試練ではなく、むしろユートピア的な願望を抑制し、人生を美徳、人格、解釈能力へ向けて軌道修正するための刺激であるかのようだと思うかもしれない。

哲学と日々の生活

哲学は日々の生活を理解するのに役立つ、それどころか必要不可欠でさえあるというソクラテス流の精神に則《のっと》り、また、目標志向の努力の行き過ぎを抑えようとする闘いに哲学をどう活用できるかを示すべく、私は本書の至るところに、哲学のおかげでより明確に理解できるようになった自らの人生のさまざまな側面を織り込んでいる。また、文学、映画、人気テレビドラマの登場人物やエピソードを取り上げ、われわれがエンターテインメントとして楽しんでいるものの中に新たな深みを見いだすのに哲学がどう役立つのかを、また一方ではそうしたものが、われわれの生き方に関するより広範な哲学的視点を具体的にどう表現するのかを示している。

私の個人的なエピソードの焦点は、一つの情熱にある。それは、哲学と関係があるようには思えないし、ある意味で、想像しうる最も狭義の目標志向的な追求、すなわち、あるエクササイズに秀でるためのトレーニングに関わっている。そのエクササイズとは、主流のスポーツで注目を浴びることはないが、世界中のトレーニング・ルーティンや軍隊試験では定番となっているもの——懸垂である。本書を執筆している現在、私は「一分間に行なわれた懸垂の最多回数」のギネス世界記録を奪還すべくトレーニングに励んでいる。二〇一八年から二〇二〇年までその記録を保持していたのだが、最近になって破られてしまったからだ。しかし、この記録は長年継続中の個人的挑戦の原動力となってきた。二〇一四年以来、私は三度にわたってその記録を打ち立てては、破られてきたのだ〔原著刊行後の二〇二四年四月に奪還した〕。

私がこのユニークなエクササイズへと至った経緯を振り返ってみると、一連の偶然の出会いがあったとはいえ、スポーツへの生涯の愛が始まりだったとわかる。まず、八歳から大学までプレーした野球とテニス。次に、ウェイトリフティング。これは、最初は野球のために体力をつけようと始めたのだが、やがて、哲学の博士号取得を目指して勉強していた当時に所属していたオックスフォード大学パワーリフティング・クラブで、それ自体を目的に取り組むようになった。しかし、懸垂というニッチな活動で私を支えてきたのは、信じられないかもしれないが、哲学的なものだ。奇妙に思えるかもしれないが、ある視点からは馬鹿げた作業に見えるもの——鉄棒にぶら下がり、あごが鉄棒を越えるまで何度も体を引き上げる——のおかげで、私はそれ自体を目的とする活動の意味を理解するようになったのである。

記録に挑戦するまでの数カ月間のトレーニングを通して、私はケガに対処し、闘争と克服の喜びに不可欠なものとして失敗を受け入れることを学ぶ。厳しい練習の最中に元気を奮い立たせてトレーニング・パートナーを大声で励ましたり、あるいは、きつい練習メニューに音《ね》を上げそうになったときや、全力を尽くしたが力及ばずジムの床に大の字になってしまったときに彼らのサポートから力をもらったりするうちに、私は友情を育み、ほかの状況ではなかなか得られない自由で正直な自己表現の声を手に入れる。これをやっていなければ出会うことのなかった人びとと交わり、思いもよらないメンターを見いだし、新たな啓発的視点を通して人生を理解するようになる。懸垂のトップの位置から体を降ろし、次の反復動作に向けて再始動するとき、私は重力を、自分の努力を阻《はば》む障壁や世界の外的特徴としてではなく、共有された活動のパートナーとして捉えることを学ぶ。このように、懸垂という行為は目的を達するための単なる手段ではない。それは、人格形成と自己発見の継続的な旅なのだ。

こうした追求が、それ自体を目的とした活動の原動力になるとは思えない理由は明白だ。つまり、その多くの部分が依然として記録の樹立を志向しているのである。記録の樹立という目標があるからこそ、それがなければ誰も受け入れないような長時間の日々のトレーニングにも耐えられるように思える。だが、活動の目標志向的な側面と、最初はなかなか認識できないその本質的な意義とのあいだの緊張関係こそが、こうした活動を哲学の肥沃な土壌にするのだ。

実際、私が目標のための活動とそれ自体のための活動の対照を明確に考えはじめたのは、競争のプレッシャーや失敗への恐れ、成功のはかなさと格闘し、自分のしていることの意味を理解するためのより広い視野を模索する中でのことだった。私が学んできた哲学が、こうしたものの見方に深く影響してきたのは言うまでもない。しかし、私が読み、提示し、解釈している哲学そのものをより深く理解するようになったのは、最初はパワーリフティングの競技に打ち込む大学院生として、のちには懸垂の記録を熱心に追求する哲学教師としてトレーニングに励んでいるときだった。私自身の経験や、幸福の追求における哲学の重要性を理解するようになった経緯を語ることで、目標志向の努力とそれ自体を目的とする活動との根本的な緊張関係に対し、各人各様の仕方で取り組んでいる読者に哲学を身近に感じてもらえればと願っている。

ストア哲学の誤り

目標志向の努力を超えた善き生の探求を始める前に、私が提案するアプローチと対比するため、古代哲学を現代の生活に生かそうとするもう一つの試みについても触れておきたい。この試みは相当な人気を博するようになっており、本書を通じて、それ自体を目的とする活動という概念への対位旋律として機能するだろう。その試みとは、ストア哲学の復興である。

ストア哲学者の魅力が次の点にあるのは間違いない。つまり、人生の困難に直面しても平静を保つよう奨励し、仕事、家庭生活、予期せぬ苦難といった重圧の中で自制心を回復するための枠組みを提供してくれるということだ。少なくとも表面的には、現代のストア哲学の復興は、目標志向の努力に代わる新鮮な選択肢を提供しているように思える。ストア哲学者によれば、本当に重要なのは達成ではなく美徳だという。善き生を送るとは、落ち着きと自制心をもって挫折や不幸に耐えることであり、正義の人がしばしば苦しみ、不義の人がのさばる世界で美徳を保つことなのだ。ストア哲学は、美徳はそれ自体が目的であり、達成や称賛によっては決して得られない満足の源であると教える。

しかし、ストア哲学による美徳の解釈は、真の幸福を促進するにはあまりにも消極的で控えめではないだろうか。のちに述べるように、ストア哲学による自制の源は、悟りを開いたとされる認識であることがわかる。つまり、われわれの言葉、行為、状況は、世界の片隅でごくわずかな時間のあいだに繰り広げられる、宇宙的規模で見れば取るに足らない振る舞いにすぎないというのだ。ストア哲学者でローマ皇帝でもあったマルクス・アウレリウスは「われわれがいかに早く忘れ去られてしまうかを考えてみよ……すべてを飲み込む果てしない時間の深淵を」と書き、世評に執着しないよう忠告している。[4] ストア哲学によると、われわれの最も親密な関係でさえ、より大きな物事のあり方の中ではほとんど意味がないという。古代のストア哲学者エピクテトスは、夜に息子にキスをする父親は、息子は死すべき存在にすぎず、いつこの世を去ってもおかしくないことに思いを致すべきだと教えている。この教訓は、愛する人と一緒にいることを喜びつつも、愛着を持ちすぎてはならないというものだ。現代のあるストア主義者の著作家によれば、われわれは友情を「好ましいが陳腐なもの」、つまり、ないよりはあったほうがいいが、充実した人生にとって必須ではないものと見なすことを学ぶべきだという。[5]

ストア哲学の美徳は、表面的には、熱心に働いたり、政治的なリーダーシップを発揮したりといった形での活動を奨励しているように見えるかもしれない。だが、その世俗的な取り組みの根源は、「あるがままの現状」を黙って受け入れることだ。こうした究極の受容に基づいて、ストア哲学者は敗北の恐怖に動じることなく、地上での責任を果たすべく前進できる。しかし、力強く前進する動機、あるいは何事にも粘り強く取り組む動機は、ストア哲学者にとってはっきりしないままである。

ストア哲学による人間の主体性の軽視は、結局のところ、目標志向の視点を克服できていないことを物語るものだ。世俗的な成功を批判してはいるものの、人間的営みについて成功と敗北のサイクルを超える新たな考え方を想像できていない。それは、達成のもろさのせいで自信を失った哲学であり、自己統御、友情、自然との触れ合いを誤解し、過小評価し、それ自体を目的とする活動の永続的な性格を認識できない哲学である。

人間にまつわる物事の無常さを説く中で、ストア哲学は次のことを見落としている。つまり、昔の人びとの生活や文化の目的は、建物を建てたり、帝国を築いたり、画期的な業績を上げたりすることだけではなく、原則として常に論じられる美徳や善の解釈を表現することでもあったという点だ。スパルタと対立する小規模な民主主義国家と考えられる古代アテナイは、世界史の中ではほんのわずかのあいだ存在したにすぎないし、その荘厳なパルテノン神殿はいまや観光名所と化している。だが、ソクラテス、プラトン、アリストテレスといったアテナイの偉大な思想家が生んだ美徳と英雄的精神の諸概念は、現代を生きるわれわれにとって考えうる選択肢として役立ちつづけている。これらの思想家は、学術的な議論や解釈に長いことゆだねられてきたが、自己に関する知の探求に取り組むすべての人にとって依然として生きた存在だ。われわれは彼らにアドバイスを求めることができるし、彼らが掲げた道徳的・精神的なプロジェクトの実行を試みることもできる。

ストア哲学は、現代的な自己啓発の姿勢をとり、コントロールできることとできないことの区別を強調する。われわれが少なくともかなりの程度までコントロールできるのは、自分自身の思考や感情であり、コントロールできないのは、病気や自然災害、他人の反応といった外部の世界である。こうした区別は、われわれを絶えず苛立たせ、心を悩ませる傲慢《ごうまん》な支配妄想を打ち消すのに役立つかもしれない。だが、それはまた、物事への解釈的な関与からわれわれを遠ざけることにもなる。こうした関与を通じてわれわれは、自己統御を実現し、わが家のようにくつろげる世界の構築に参加するのだ。

ストア哲学の根本的な欠陥は、内と外、主体と客体、自己と世界といった二元論を乗り越える方法を考えられないことだ。ストア哲学は、われわれが新しい異質な状況に遭遇した際、それを自分のものにする力をもたらす代わりに、独我論的な現実逃避の傾向を助長する。現代においてストア哲学が持つ魅力は、われわれが意味を探求するには十分に批判的かつ親しみやすい一方で、過大な要求をしない点にあるのだろう。われわれはもっと踏み込む必要がある。自己と世界の意味そのものを再認識し、外的あるいは異質に見えるものを、解釈と創造的救済の機会として受け入れる人生を思い描く必要があるのだ。

自己と世界の意味を再認識する

自己統御、友情、自然との触れ合いをめぐる探求を通じて、次のことがわかるだろう。つまり、われわれが人生の意味を見いだすのは、それ自体を目的とする活動に没頭しているときであり、自分の思考や感情を吟味すべく内面をのぞき込んだり、何かのプロジェクトのゴールを目指して外部に目を向けたりするときではないのだ。こうして没頭することは、「心の中」と「あちら側」の区別を克服することだ。というのも、活動のまっただ中で私が直面しているのは、いわば自己そのものであると同時に、世界でもある自己にほかならないからである。

自己と世界のこうした統一は、絶えず維持するのは難しいとしても、決して遠い理想ではない。物事に打ち込むことで、自意識の凝視から活動の流れに身を任せる状態に移行する場合を考えてみるといい。たとえば、懸垂のトレーニングに熱中しているとき、二カ月後の競技会での成否が定かでない「私」は、重力とのリズミカルな闘いや、その動作が証しとなるトレーニングの行程の中に消えてしまう。一見すると外部の物体に思える懸垂バーさえ、ジムに足を踏み入れ、ウォーミングアップの前に見上げると、その厳《いか》めしい物理的存在が不吉な予感を抱かせるものの、目一杯の力でそれに取り組むうちに知覚的意識から遠ざかっていく。スポーツ、音楽演奏、職人芸、夢中な会話にいたるまで、広範な人間活動に見られるこうした熱中の瞬間に、ときには外部の世界のように思える環境の中で、わが家にいるようにくつろいでいる自己に気づくのだ。

　それ自体を目的とする活動に取り組むことで、人は自己と世界が、まるで自己が外部に存在する世界と対峙する私的な意識領域であるかのような、二つの別個の存在ではないことを理解するようになる。人が見たり触れたりできるもの、外部の世界に帰属させてしまいがちなものは、何よりもまず、最終的にさまざまな主観的価値を付与されることになる無意味に配置された物体などではない。それらはむしろ、最初から自己が拡張されたものであり、まさにその存在自体が、何らかの演じられた物語によってすでに構成された意味によって定義されているのだ。こうした主張は奇妙に聞こえるかもしれないが、自然との触れ合いや時間との闘いについて考察するうちに、より明確になっていくことを願っている。私が目指すのは、真の自己統御には以下のような認識が必要だと示すことだ。つまり、特定の強度と関与を持つ自分自身の人生が、世界の構成に参加するということ、われわれの意識の外に世界は存在せず、世界の中ですでに自らが機能していることに気づかない意識も存在しないということである。

　こうした考え方を別の言葉で表現すると、自己とはときおり活動の流れに没頭し、それによって一時的に世界と「一体化」する個人の意識領域ではない、ということになる。人が自己を意識し、「これ」や「あなた」と対比して「私」と言えるようになった時点で、人はすでに自己を、共有された活動の一部である何かあるいは誰かとの関係において考えている。「私はどうしてもグリップが滑るこの懸垂バーにうんざりだ」という表現は、懸垂バーという客体との対比で「私」という主体を指しているわけではない。われわれがそう考えがちなのは、近代思想の長い伝統によるバイアスがかかっているからにすぎない。近代思想は、人間を世界から切り離された心と定義し、人間存在とは別に何らかの世界――物質、事物、「あちら側」のもの――が存在するはずだと想定している。だが、私が主体と客体を区別しているように思える懸垂バーへの苛立ちの表現は、容易に異なる解釈ができる。つまり、私自身と懸垂バーの区別は、実は両者の切り離せない没頭した関係性に変更を加えているのだ、と。私が言う「私」とは、トレーニングの続行を志向する活動的な自己である。懸垂バーはその活動に欠かせないパートナーであり、協力するパートナーではなく抵抗するパートナーになってしまったにすぎない。

　懸垂バーの抵抗が続けば、私はその素材構成を調べたり、もっと出来がいいかもしれないほかの製品と比較したりして、その懸垂バーとさらに距離を置くことができる。だが、物事の内部にまで踏み込んでいるように思われがちなこうした吟味は、活動的で没頭したパートナーシップが築く枠組み内での距離の取り方だと言っていい。一見距離を置いたこうした考察に耽《ふけ》るとき、私は懸垂バーとのあらゆる関係を断ち切り、ようやくのことでその客観的な特徴を知るというわけではない。徹底的に没頭するパートナーシップではなく、苛立ちや問題解決といった様態ではあるものの、私は懸垂バーと関わり続けている。

　とはいえ、自己意識的な問題解決の基盤は没頭するパートナーシップであり、その逆ではない。われわれは通常、没頭は例外であり、自己意識的な内省が原則だと見なすが、事態はあべこべだと考えるべきだ。つまり、われわれはまず第一に活動的な存在であり、自分がすること、自分が使うもの、自分が協調する人びとに没頭する。われわれは二次的な意味においてのみ、自分のすることから一歩退き、少し離れた場所から世界を眺める自己意識的な計画者・計算者となるにすぎない。われわれが自我、つまり主観的意識だと見なすものは、しばしば日常生活に入り込んできては、他人と自分を比較し、自分のすることや使うものから自分を切り離し、すべてがばらばらになってしまうのではないかと懸念する。だが、こうした主観的意識は、活動の流れの中で表現される演じられた物語に付随する派生的な現実なのである。

アリストテレスが言うように、われわれが最も自分らしくあるのは、休息しているときでも、受動的に楽しみを享受しているときでも、何らかの達成を振り返っているときでもなく、エネルゲイア、すなわち「活動している」ときだ。活動しているということは、人生が投げかけるさまざまな状況において、競合する可能性について熟考し、判断する能力を発揮するということだ。アリストテレスが示唆する判断のポイントは、目標を達成したり効用を最大化したりするという意味で「正しい」決断を下すだけではなく、自分が何者であるかについて態度を明確にし、いわば「あらゆることを考慮して、私はこの決断を支持し、それとともに生き、そこから学びつづける」と宣言することだ。

こうした観点からすると、一定の心理的傾向を調査・分析することによって、われわれを「より良い」判断に「誘導」しようとする、あるいは人間の判断をアルゴリズムによる意思決定にすっかり置き換えてしまおうとする現代的な社会政策の取り組みは、判断の本質を見失っている。判断を自己統御の表現としてではなく、目的のための手段として捉えているからだ。合理的選択理論に裏打ちされたテクノロジーは、現在のわれわれの嗜好《しこう》をわれわれ自身以上に満足させることを約束する一方で、そもそもわれわれが人格を陶冶《とうや》し、スキルを学び、目標を形成するための主体性を奪ってしまうのである。

自己統御

第一章と第二章では、広く認識され、また表面的に理解されている美徳としての「自己統御」を探求する。この美徳が呼び起こすイメージは、めったなことでは動揺せず、逆境にも落ち着いて対処する人物というものだ。だが、この美徳は、取り乱さないという外見的な表われよりもはるかに深い。というのも、自己統御と聞いて真っ先に思い浮かぶ人びとを考えればわかるように、外見は人を欺くことがあるからだ。人気テレビドラマ『マッドメン』のドン・ドレイパーのように、部屋いっぱいのクライアントを前に高額契約のセールストークをそつなくこなす広告会社の粋な重役を考えてみよう。マディソン・アベニューの華やかなオフィスを離れると、ドレイパーの人生は、不倫、アルコール、個人的な再生の試みの失敗などに満ちた自堕落な状態へと落ち込んでいく。

たいていは放蕩《ほうとう》の夜が明けたあと、彼が毎朝ボタンを留めるパリッとした白いシャツが、彼の内面の乱れを覆い隠している。

古代哲学の助けを借りれば、正しく理解された自己統御とは、あれこれの仕事や領域における自信とは別だとわかる。それは、幅広い取り組みにおいて自己と一体になり、人生のさまざまな側面や瞬間を、相互に関連し合い、「全体」を構成するものとして理解することに関わっている。こうした「全体」は常に発展途上にあり、予期せぬ事態に立ち向かう指針と勇気を与えてくれる。

この「自己統御」という概念をさまざまな面から具体的に理解するために、二つの主要な哲学的観点について考察する。一つ目は、アリストテレスによる美徳の説明、とりわけ彼が「高邁《こうまい》」と呼ぶものに関する説明であり、これが第一章の焦点となる。二つ目は、プラトンによるソクラテスの生と死に関する記述であり、これが第二章の焦点となる。学者たちはしばしば、アリストテレスの美徳に関する説明とプラトンのそれを対比させるが、私はそれらを相互に補強しあうものとして理解することを提案する。アリストテレスの「高邁」についての記述に見られるのは、プラトンの対話篇を通じてソクラテスが行動で示した美徳に関する精妙かつ極めて正確な説明なのだ。ソクラテスの裁判と処刑、そして、伝統的な権威に疑問を抱かせて「アテナイの若者を堕落させた」として有罪判決を受けたソクラテスの、神秘的かつほとんど超人的な冷静さの考察において、自己統御をめぐるわれわれの研究はクライマックスを迎える。その過程で、古代哲学のほか、映画、テレビ、大衆文化、日常生活からの多種多様な話題を導きの糸に、自己統御についてさまざまな面から考えていく。

われわれが探求する自己統御の重要な要素のいくつかは、自己の擁護を伴う一方で、自己を不当に否定されても承認や名誉に固執しないことも含んでいる。たとえば、テクノロジーやいわゆる専門的知識がさまざまな方法で介入し、われわれから主体性を奪う恐れがある場合、自らの判断力を働かせること。自分に反対する人たちを理解すべく努力すること——病状を診断するかのように、彼らの意見を心理学的に説明するだけでなく、そうした意見の中に一部であれ共感できる見識を見いだそうとすることによって。自分の周囲の人びとは、たとえ無知だったり敵意を抱いたりしていても、不可解な異常者や脅威となる怪しい人物などではなく、ある意味で自分と同じ人間なのだと認識すること。他人への義務を何よりもまず自分自身への義務であると理解すること。道徳は外的な報酬を切望する自己犠牲の一種ではなく、それ自体を目的とする自己確認の一種として再認識すること。自分への言い訳を道徳的に解釈することによって自らの弱点を美徳扱いするのを避けること。そして、事態が破綻したときに自らを奮い立たせ、不幸を埋め合わせる能力を養うこと。

友情の真の意味とは何か

自己統御についての検討から、第三章のテーマである「友情」がすでに浮かび上がっているはずだ。自己統御と友情は一見すると別々の美徳であり、それぞれが善き生の異なる構成要素だという印象があるかもしれない。だが、これから見ていくように、この二つは深く絡み合っており、一方を抜きにしてはもう一方を想像することさえできないほどなのだ。自己統御の最も印象深い事例のいくつかを動機づけ、構成しているのは、友人や愛する人への献身であるという観察から出発し、自己統御の一様態としての友情、そしてその逆のパターンについて探求していく。

われわれの主要なテーマは、目標のための友情とは対照的な、それ自体のための友情である。この違いを論じるために、アリストテレスの有名な「実用のための友情」と「美徳のための友情」の対比について考える。だが、アリストテレスの言う「美徳のための友情」は、「自己統御」、つまりアリストテレスの言葉を借りれば「高邁」を踏まえて初めて適切に理解できることもわかるようになるだろう。

アリストテレスによれば、真の友情を構成するものは、お互いがともに自己統御を実現することだという。反対に、アリストテレスは自己統御を友情の一様態と見なし、示唆に富む提案をしてもいる。つまり、自己統御を実現した人、したがって自分自身にとって友人である人だけが、他者にとって友人となる準備ができているというのだ。自分自身にとって友人であるとはどんな意味かを考えることによって、友情の構造を、あるいは自らの内部の差異から生じるある種の調和の構造を支えるものとして、自己統御への理解を深めることができるだろう。

友情と自己統御の関係を視野に入れなければ、われわれはこんな勘違いをしかねない。つまり、真の友情は有徳な人びとの間にのみ存在しうるというアリストテレスの大胆な主張を、アリストテレスは正義の人という意味で有徳な人びとだけが真の友人になりうると信じていたという見解と取り違えてしまうのだ。これは、単純だが広く受け入れられている見解でもある。のちに見るように、友情のためには友人を特別に優遇したり、友人の悪事をかばったりする必要が生じる場合もある。友情と正義の間の緊張関係を探るため、文学、映画、日常生活からとった事例について考察する。

この章のもう一つのテーマは、協力関係を優先して友情を軽視するわれわれの傾向は、啓蒙主義的な進歩の概念や、いまなお大きな影響を持つ摂理的な歴史観に、哲学的に深く根ざしているという認識である。こうした哲学的観点によれば、人間の最高の使命は、理想的な状態をもたらすべく働くことであり、そのためには友人ではなく協力者が必要になる。かつて古代哲学が最高の美徳と見なしたもの、つまりそれ自体のための友情は、偏狭で対立を生むものとして貶《おとし》められる。友情とは、エゴイズムや利己主義と紙一重の、自分自身への一種の部族愛であり、公平無私な正義や壮大な改革のビジョンとは相容れないと考えられるようになる。注目すべきは、ごく少数の例外を除いて、現代の哲学者は正義、階級的連帯、その他の協力形態については多くを語るが、友情についてはほとんど何も語らないということだ。しかし、現代における友情の名誉失墜はまったくの見当違いである。

古代の哲学者や悲劇詩人たちが理解し、啓蒙思想が見落としているのは次の点だ。つまり、予期せぬ動乱や不正義は人間の愚かさの産物にすぎないから社会改革によって解消できる、というわけではないのである。それは存在の本質的な特徴であり、われわれは常にそれに立ち向かわなければならない。友人がいなければ、この究極の使命を担うことはできない。友情を得て初めて、われわれは不幸から立ち直り、自己統御を実現し、人間性を発揮する力を手にできるのだ。友情は普遍的な関心と対立するという、ストア哲学者からアダム・スミスに至る幅広い哲学に共通するおなじみの考え方は間違っている。われわれから「かけ離れた」人たちがどのように潜在的な友人となるかを語らずして、人間性一般を正しく評価することはできない。協力者より友人を求めよという規範は、善き生を送るために依然として最も重要なのである。

自然との触れ合い

友情と自己統御が対を成しているように、自然との触れ合いもまたそれらと統一体を形成しているのだが、それについては第四章で論じる。ここでは、われわれが冷静さを奪われ、不幸せになる広範な原因は、自然からの一種の離脱であることについて考える。そのせいでわれわれは、自分でつくったり生み出したりするのではなく、たまたま出会う事物から得られる刺激や潜在的な洞察との接点を失ってしまうのだ。自然の驚異――それは、周囲の美しさや崇高さを明確にする解釈の力を呼び覚ます――に触れて畏敬の念を抱く瞬間のように、意味や自己認識の源として自然に注目する代わりに、われわれは、自然を単に外的な状況や環境と見なし、自分の目標のために利用することがあまりにも多い。

こうした姿勢が最も顕著に表われているのが、大した思慮もなく熱帯雨林を切り開いて農地にしたり、風景や湖沼や星々には目もくれず、産業を追求し、工場を建て、空を眺める媒体となる大気を汚染したりする際に、自然の美しさや神秘を不当に無視する点だ。だが、こうした姿勢は、広く行なわれている環境保護運動にも同じように見て取れる。こうした運動は自然を保全すべき希少資源として扱う。あるいは、環境汚染の何が問題なのかについて、主に地球規模の気候変動や、それが人間や地球の健康・幸福に及ぼす破壊的影響という観点から理解している。

さらに捉えにくいのだが、こうした姿勢は、自然を研究したり考えたりする際に、われわれが最も広く受け入れている方法――現代科学の純然たる進歩として無批判に受け入れてしまいがちな理論――にも浸透している。たとえば、生存に役立つ形質という観点から動物の行動を考えるダーウィン的な理解や、重力の法則による運動の現代的説明などがそうだ。こうした理論においてわれわれは、予測され、制御される対象に変えられるものだけを理解する。しかし、このような対象化は、あらゆる形の目標志向の努力と同じく、視野の狭さ、徹底した無視、物事から視線をそらすことを伴い、そういうものだという意識がなくなると、一種の無知に変質する。こうした無知は、同時に自己喪失ともなる。物理的世界における抽象概念、たとえば、宇宙空間にロケットを打ち上げるのに必要な速度などを計算できるようにする「運動中の物体」といった概念や、数年後にある生物種のあいだで優勢になりそうな表現型の予測を可能にする盲目的な生存本能などに集中しているうちに、われわれは目に見え、手で触れられる世界との接点を失ってしまう。だが、それはそもそも、無限の豊かさ、神秘性、起こりうる広範な刺激によって、われわれの心を打つものなのだ。

日々の生活を送る中で、当初は抵抗とインスピレーションの源として現われる世界を適切に理解するには、自分自身を理解する手段として自然を表現する試みが必要になる。こうした企てにふさわしい言説の様式は、ある種の詩的あるいは文学的な言語であると考えられる。こうした言語は、自己統御を実現するようわれわれに迫る形で擬人化された自然に関する古代の記述ではおなじみのものだ。自然とのこうした解釈的な触れ合いは、ソクラテスの対話と同様のものとして理解することもできる。もちろん、対話における人間の話し相手とは異なり、太陽や月や星々は、われわれが質問しても直接言葉を返してくれるわけではない（ソクラテスが指摘するように、書かれた文章でも同じことだが）。しかし、自然のこうした側面は、ただあるがままにあることで、あらゆる話し相手と同じくある種の独自の意味や示唆を提示していると見なせるし、われわれはそれについて、自分自身や友人との対話を通じて徹底的に追求できる。ソクラテスが善のイデアを明確にするために太陽のイメージに訴える方法は、われわれが考察する一つの例だ。自然の中で表現される意味を解釈しようとするとき、自然そのものが新たな形で姿を現わすのである。

現代の考え方では、このような自然理解は、道徳的には中立な宇宙に人間が無秩序に意味を投影するものだとして否定されがちだ。しかし、のちに見るように、人間中心主義という非難自体が、観察対象から切り離された主観的な意識という意味での「アンスロポス（人間）」という非常に疑わしい概念を前提としている。人間の価値観や願望を一方に置き、自然を他方に置くこうした主体‐客体の区別は、われわれの基本的なあり方や認識のあり方を構成する、物事への積極的でひたむきな没入を見落としている。よく検討してみると、客観的で人間中心主義から解放されていると見なされがちな観察方法や説明方法、たとえば「身体」「質量」「量」「原因」といった用語による自然の捉え方は、ある種の疑わしい自己像を図らずも証明している。こうした自己像は、わかりきった単なる記述言語のマントの下に容易に隠れてしまうのだ。

　自然との触れ合いという美徳を取り戻し、磨きをかけるために、それと競合する二つの姿勢と対比しつつ考察を進める。一つ目は自然への敵対的な姿勢であり、科学技術的な見解の特徴だと言っていい。これは、われわれが対峙する自然は、それに対してわれわれが課そうとする目的に合わせて無限に順応させられるという考え方だ。最初は自然がどんなに抵抗するように見えても、最終的にそれはわれわれのものであり、われわれ自身の目的に従属し、転用することができる。科学技術的な見解の根本的な主張は、われわれの生産力に対する外的制約という意味での自然などというものは、実は存在しないということだ。われわれが従っている力、つまり単なる既定事実のように見えるものは、本当はわれわれに与えられたものであり、科学技術的な支配力の進歩に応じて抑制できる。こんにち勢いを増している寿命延長運動は、自然に対するこうした敵対的姿勢の格好の例である。そこに見て取れる信念は、われわれの努力に対して自然が課す究極の限界であるはずの死でさえも克服できるというものだ。のちに見るように、こうした信念は非現実的なプロメテウス的願望を表わしているだけではない。その願望自体が、死というものを、観察し、研究し、予測し、先延ばしにできるものへと還元することに依拠しているのだ。それは、死がわれわれの生きる意味に関わっていること、われわれの人生は常に根底から途絶にさらされていることの意味を見落としている。

自然との解釈的な触れ合いと対比される二つ目の姿勢は、ある意味で科学技術的なそれとは対極にある。これは、ある種の前近代的な見方に特有の諦めの姿勢なのだが、こんにちでは、自然は単に「ある」のだという見解の中に表われている。つまり、自然はわれわれの努力にある乗り越えがたい限界を課しており、われわれはその限界を人生の一部として受け入れるようにならざるを得ないという考え方だ。こうした見解は、現代に復活したストア哲学の中核をなしており、自分では制御できない状況に直面しても平静でいるよう教え、万物は無限のサイクルの中で散りぢりになっては再び結びつくという自然の無限の力へ注意を促す。

諦めや敵対的姿勢のいずれとも対照的なのが、われわれが探求する自然との触れ合い、すなわちソクラテス的な自然理解だ。それによってわれわれは、自然を――それが災害、ケガ、病気、死といった敵対的な形をとる場合でさえ――こう理解するようになる。つまり、われわれの人生やわれわれが追い求める目標そのものをどう解釈し直すべきかについて、教訓や洞察を与えてくれるものなのだ、と。

時間との闘いと、自由であることの意味するもの

最後に、自己統御、友情、自然との触れ合いを志向する生き方が意味する二つの問題を探る。すなわち、時間をどう理解し、どう関わるか、そして、自由であることの意味をどう考えるかだ。第五章では、目標志向の努力とそれ自体を目的とする活動の対比について、それぞれが生み出す時間の理解という観点から考える。時間に関するよくある不安――時間があっというまに過ぎて

しまうと感じられる、いつも時間切れで自分のしていることから引き離される、最後には、老いと死に向かって否応なく連れて行かれる――が、ある種の時間の歪曲《わいきょく》に起因することについて考察する。こうした歪曲は、自分自身の外部にある目標を常に期待して過ごす人生に特有のものだ。

時間の経過と継続という点に関して、一見すると最も自明と思われる観念は、ある出来事が別の出来事の前か後に続かなければならないという目標志向の努力に付きものの考え方だ。こうした努力の統制下にあるからこそ、時間はただ経過するにすぎないものだと言えるのであり、その経過が、秒、分、時、日、年という単位で測られる対象となりうるのだ。われわれの主観的な時間認識に対して、「現実的」あるいは「客観的」な時間であるように思えるものは、われわれがそれ自体を目的とする活動との接触を失っていることの兆候である。

自己統御、友情、自然との触れ合いによって定義される、進行中の旅としての人生という観点から見れば、時間はただ経過するだけのものでは決してない。訪れる一瞬一瞬は、過ぎ去ったことを回復し再統合するものとして理解できるからだ。のちに見るように、過去と未来は、時間軸上を次から次へと続く点ではなく、あらゆる瞬間を構成する広がりなのだ。過去は現在の終結と統合を意味し、未来は現在の開放と謎を意味するのである。このように理解される人生は、誕生から死に至る一連の瞬間に展開するものではない。その運動はむしろ、「すべての時」を横断すると見なせる単一の瞬間の開放と閉鎖という観点から理解されるべきである。

時間をこのように理解することは、生と死の意味そのものを捉え直すことである。死は生の否定、つまり生が終わる時点であるというおなじみの理解は、生を意識の「存在」へ還元することから生じる。この意識はある時点でこの世に現われ、しばらくの間この世に留まり、そしてある日、消滅するか除去されるかするというのだ。人生をこのように考えることは、目標志向の努力の観点から、時間を構成しているように思える瞬間の連続の中に自己を置くことであり、自己統御、友情、自然との触れ合いが、存在のあり方を構成しているという意味を見過ごすことだ。こうした存在のあり方は、自分自身の意識の境界を超えるとともに、自分がそこに到着し、そこから旅立つ可能性のあるあらゆる世界の構成に関与するのである。

あるいは世界の側から見れば、自分の人生、または個人のアイデンティティが意識の領域に還元されることは決してあり得ない。というのも、意識は人の解釈エネルギーを要求する世界と切り離せないし、そのエネルギーの行使において、人は世界を表現することに参加するという単純な理由があるからだ。自分の行為によって世界を構成する一方で、今度は自分が行為する場である世界によって構成されることで、人は絶えずある種の終結へと生を導いているのであり、その終結から開かれた地平が現われることもある。死とは、それがそもそも何かを意味するとすれば、生を取り囲み、生に浸透している、招かれることもなければ知ることもできないものの底知れぬ広がりであり、われわれの最も深い献身と自らを知ろうとする探求の条件かつ源泉にほかならない。こうした観点をとれば、「死後」に何があるのか――自分の意識の運命や、待ち受けているかもしれない報いや罰――という問いは、その切迫感を失う。来るべきいかなる瞬間の謎も可能性も、いま生きている瞬間のそれより深遠でもなければ重大でもないことになるからだ。

第六章では、それ自体を目的とする活動そのものから生じる自由の概念を考察する。自己統御をめぐる検討から、自由というテーマは、判断力、自主性、困難の創造的克服を論じる際にすでに現われているはずだ。しかし、このような能力、また自己統御という概念そのものは、おなじみだが見当違いの自由概念、つまり、自由とは環境に左右されるものではなく、自分自身のために選択したり築いたりするものだという概念のせいで誤解されやすい。こうした理解は通常、自由意志と決定論の対立という形をとる。一方には、自分自身の選択と決定に従って生きる無制限の能力があり、他方には、生来の傾向や社会的圧力という形の外的必然性の制約がある。しかし、このような対比は、自己とは対象の世界のただなかに置かれた主体であるという誤った思考の伝統から生まれたものだ。こうした主体は、対象と向き合って絶えず自己を維持しようと努力しなければならない。このような主体‐客体の区別は、自己と世界の相互的構成を完全に無視している。

　のちに見るように、選択や決定という観点から自由を理解することは、われわれ自身に最もふさわしい行ないが、自分が置かれている世界そのものから方向性を見いだすことの意味を見逃している。こうした行ないは、意志の力や選択ではなく解釈や配慮の行為なのだ。気配りと反応の様態としての主体性を考察することで、次のことがわかるようになるだろう。つまり、首尾一貫した人生を形づくる能力は、自分がすでに生きている人生に関する事前の理解によって常に導かれているのだ。何らかの暫定的な方法で統一され、範囲を定められた人生のただなかにいるからこそ、われわれは新たな冒険や出会いから人生を築くことができるのである。

　われわれの人生が外的状況によって根本的に異なる方向に引き裂かれ、そのどちらかを選ばざるを得ないような、個人的な道徳的葛藤の事例さえ、相互の関係性の中で生きる自己の統一性、つまり、あらかじめ与えられた関わりの「全体性」を図らずも証明している。それによってこうしたジレンマが可能となり、われわれがなす選択が準備されるからだ。こうした認識からの結論として、われわれの選択にかかっているものは、しばしば考えられているよりもはるかに少ないということになる。最も重要であり、われわれの自由を構成しているものは、選択そのものではなく、すでに展開している人生の領域内で、われわれが進行中の可能性と見なす道のりをいかに生き抜くかということなのだ。

理想の生き方の意味

目標志向の努力とそれ自体のための活動という対比は、二つの対立する選択肢を示すものだと思いたくなるかもしれない。永続する真の充足感を得たければ、その一方をもう一方で置き換えるべきだというわけだ。しかし、私が発展させようとするそれ自体を目的とする活動という概念は、われわれが生きている現実の生活と対比される単なる理想ではない。それは、われわれの人生についての記述あるいは説明でもあるし、われわれを心の底ですでに動機づけているものについての解釈でもある。そして、それ自体を目的とする活動に関する一貫した明晰な理解から逸脱した生き方にさえ、微妙かつ暗黙のうちに表現されているものでもあるのだ。

私が明らかにしたいのは、それ自体を目的とする活動は、単に目標志向の努力の反対のものというわけではなく、逆説的ながら、われわれに自分を見失わせる目標志向の努力を可能にしているということだ。われわれの人生が、少なくとも自己統御、友情、自然との触れ合いを目指す終わりなき旅によってすでに統合され、方向づけられているからこそ、その途上で道に迷い、視野狭窄《きょうさく》や強迫観念の犠牲になることもありうるのだ。だがこれは、ほかのことには何の関わりもないようなきわめて偏狭な目標の追求でさえ、じっくり吟味すれば、別の生き方のヒントが見つかることを意味している。そもそも何かが目標として現われ、われわれがそれを目にし、熱望し、その追求に夢中になるには、目標志向の努力以上のものとして人生を理解する生き方の内部からその目標が生じなければならない。たとえ、ここで言う「以上のもの」が意識的に定式化されたり、一貫性をもって実現されたりしていなくても、同じことだ。われわれが陥る自滅的な悪徳——自己統御、友情、自然との触れ合いの対極にあるもの——は、それ自体を目的とする活動とは相容れない誘惑や強制の帰結ではなく、むしろそうした活動が道を逸《そ》れたり歪められたりする状態なのだ。

いわば、理想はすでにわれわれの内にある、あるいは、不十分であってもわれわれの生き方に表現されているのだから、理想を回復し正当化しようとするプロジェクトは、理想がわれわれの生き方をすでにどう特徴づけているかを示す必要がある。たとえわれわれが理想を見いだせず、理想に従って一貫して生きることができない場合も、それは変わらない。したがって、自己統御、友情、自然との触れ合いが欠けている状態を検討すれば、それらの状態が真の美徳が要求するものから大きく逸脱しているように思えたとしても、少なくとも本物への願望が働いていることがわかるはずだ。別の言い方をすれば、われわれが幸福をもたらすと勘違いしているさまざまな行動や努力の仕方——他者に対する実に無愛想な、敵対的でさえある態度や、自然に対する対立的な姿勢——によって、われわれが完全に満足することは決してない。われわれの行動を注意深く解釈してみると、真の美徳を発揮することでしか癒やされない不満がくすぶっていることがわかる。

その意味で、私が提案する生き方の「理想」は、生きることの意味を説明するものでもあるし、われわれが陥る過ちを含め、目下われわれが生きている人生を理解する方法でもある。この過ちは、単に否定的な状況や、理想にそぐわないもう一つの姿勢としてではなく、覆《くつがえ》された真理への道を示す混乱や矛盾の形として理解されるべきだ。これはやや抽象的に聞こえるかもしれないが、目的達成の手段として他人を操る方法や、自然の意味に目をつぶって自然を盗用する方法など、目標志向の努力の幅広い具体例を検討し、これらのやり方が暗黙のうちに、真の自己統御、友情、自然との触れ合いに依存している、あるいはそれらを指し示していることを明るみに出すことで、私の言わんとすることがはっきりすると思う。

第一章　自己統御その一
――アリストテレスの助けを借りて現代生活を乗り切る

古典哲学が教えるような、厳格で包括的な意味での自己統御のイメージを思い浮かべるのは容易ではない。ハリウッドや国政、大企業の世界に目を向けると、「自信」の例はたくさんあるが、自己統御の例はほとんどない。この二つの違いと重なるのは、特定の領域における優越性や自己主張の目標志向的な誇示と、人生のあらゆる瞬間に見られる完全性、すなわち全体性の発露との違いだ。自信があるということは、野球の試合でピッチングをする、商談をまとめる、講義をする、授業をする、家を建てる、患者を治療するといった活動で、役割を全うしたり、仕事を成し遂げたりする力を持つ自己を知り、感じるということだ。自己統御できるということは、自分の人生の物語の軌跡を見極めて定義する能力が、ある分野での熟達や業績を超えたところにあると理解することだ。こうした物語の軌跡においては、成功も失敗も、自分を自分たらしめるエピソードとして等しく尊厳のあるものとなる。

とりわけ、自分の目標を大局的に捉え、執着や視野狭窄を避け、落ち着きと贖罪《しょくざい》の精神で抵抗に立ち向かうということになれば、自己統御の美徳を照らし出してくれる人びとを探せば探すほど、われわれは、脚光を浴びることなく暮らしている友人、教師、メンター、家族を見いだすのだ。

一方では、誰もが自己統御できるよう努力し、自己統御できる他者を称賛する。それが重要な美徳であることを学ぶのに、哲学はいらない。他方では、自己統御は維持するのが難しく、誤解されやすいこともわかっている。その理由をいくつか考えてみよう。

生産と達成へのプレッシャー

われわれはいとも簡単に、仕事日の慌ただしさの中で自分を見失い、昇進やプロジェクトの完成といった特定の節目へ向かう過程で、計画を立てたりチェックボックスにチェックを入れたりといったことに夢中になってしまう。目標を達成し、幸せが長続きするよう切望しているときでさえ、不満を抑え込み、目標志向の努力に戻ってしまうのが普通だ。

目標志向の努力と、それ自体を目的とする活動の間の緊張関係を、私はアスレチック・トレーニングの際に痛感する。懸垂の練習のただなかに身を置くことが心から好きだという感覚は、練習によって得られる成果とはまったく無関係であり、さまざまな側面を持っている。その一つは、幅広い身体活動に共通する——と私が思う——喜びに関わっている。運動を単に健康、減量、体力、あるいはその他の望ましい成果という観点から理解したのでは、この喜びは簡単に減少し、損なわれてしまう。その喜びは、自分の力で世界に働きかけ、その抵抗に対処する中で、自分の力を理解するようになる際に満ちあふれる活気のようなものだ。これは、ある種の運動の自由と関わっている。こうした自由とは、懸垂バーや重力といった、あるいはランニングやウォーキングをしているのであれば太陽、風、雨、起伏のある風景といった、周囲の環境との協調的な交渉を指す。それが最高潮に達すると、当初は異質で外的に思えたものを自分のものとし、味方につけることになる。ここで、船乗りの風に対する気配りと対応を想像してみよう。当初、風は自らのための力として現われるが、次第になだめすかされ、大海原を渡る船を後押しするパートナーとなる。このような自由は、日々の生活の多くを特徴づける怠惰な順応を逃れるためのオアシスだと言える。まさに生活を楽にするための装置（エレベーター、地下鉄の車両、オフィスの作業スペース、机と椅子、その他の「便利な設備」や「効率的なレイアウト」を思い浮かべてほしい。これらのものは、あっちに行けとかここに座れなどと命じるが、われわれがそれを疑問に思うことはほとんどない）に囲まれて、われわれはさまざまな形で身動きを封じられ、ねじ曲げられているからだ。

しかし、トレーニングの本質的な喜びは、努力なしに味わえるものではない。私はよく、自分で設定した数字に達したかどうか、あるいは記録更新にどれだけ近づいたかで、トレーニング・セッションの価値を判断していることに気付く。歩数や秒数を計測するフィットビットなどのガジェットをはじめ、進歩に注目し、成果を数値化するよう執拗《しつよう》に促すテクノロジーや広告に囲まれていると、こうした目標志向の考え方にいとも簡単に陥ってしまう。この達成志向のアプローチのせいで、私はすぐに次のことを忘れてしまう。つまり、記録を打ち立てるたびに――最初が二〇一六年のことで、次が二〇一七年、さらに二〇一八年に二度――達成そのものの喜びは急速に薄れてしまい、これらの節目のためのトレーニングを通じて築き上げ、表現してきた生き方について考えざるを得なくなるのだ。私はまた次のような単純な事実を見失っている。つまり、記録は常に破られるものであり、（名声という観点からは）さらに悪いことに、鉄棒にぶら下がり、あごが鉄棒を越えるまで体を引き上げるという行為が、もはやいかなる意味でも評価されない世界になれば、記録は失われてしまうということだ。存在しつづけ、生きつづけ、成長しつづけるのは、勝利と敗北がともに証明する物語であることを忘れてはならない。だからこそ私は、それ自体に価値のある挑戦として、終わりのない――終わってほしくない――旅の一部として、一回一回の懸垂に取り組むよう自分に言い聞かせるのだ。

　机に向かって原稿を書くとき、同じことを自分に言い聞かせる。本を完成させることは、最も大切なことではないのだ、と。原稿をできるだけ早く仕上げたい気持ちもある。秋学期が終わりに近づいているときにはなおさらだ。しかし、完成させることよりも、活動そのものに意義がある。この活動には、自分の考えをページ上で表現すべく奮闘することで得られるかもしれない自己の明晰さや、開けるかもしれない新しい視野も含まれるのだ。

　完成した原稿のことばかり考えてしまうとき、私は一九世紀の哲学者フリードリヒ・ニーチェが『善悪の彼岸』の最後で実に印象深く語っていることを思い出す。ニーチェはそこで、自分の書いた、いまや確固たる思想が当初の魅力を失っていると述べている。「ああ、結局のところお前は何者なのだ、書かれ、描かれた私の思想よ！　ついこの間まで、お前はまだとても鮮やかで、若々しく、悪意を抱き、棘《とげ》や密《ひそ》やかな趣に満ちていた――私にくしゃみをさせ、笑わせた――ものだが、いまはどうだ？　お前はすでにあの目新しさを失ってしまった……だが、朝にお前がどんな姿だったかを、そこから推測できる者はいない、私の孤独から生じた突然の火花にして奇跡であるお前を[1]」

ニーチェの言葉は、書くことへのソクラテスの批判を思い起こさせる。人が紙片に言葉を書きつけはじめるやいなや、思想の旅を知識の生産に還元する危険を冒すことになるというのだ。哲学の爽快で開放的な感覚を、つまり、最も苦労し、最もうまく表現された洞察でさえ、前進しつづけるための示唆や誘いや火花にすぎないという感覚を、人は簡単に失ってしまいかねない。ニーチェとソクラテスの助けを借りてプロジェクトの旅を振り返ると、終わりについて肯定的な視点をとりやすくなる。少なくとも、灼熱《しゃくねつ》のトラックを懸命に走ったあと、冷房の効いた書斎で机に向かい、私を突き動かしている漠然としたアイデアを少しでも明確にしようと試みる単純な機会を歓迎すべきであることを、私は実感している。それは素晴らしい夏の日なのだ。どうして、そのプロジェクトを終わらせたいと望むだろうか?

活動が表わす旅を理解することによって、活動を展開する喜びを維持するのは容易ではない。それが難しいのは、自らに課した締め切りのプレッシャーや、たとえ小さな形であっても、成功を収めたり称賛を浴びたりすることへの誘惑が、活動そのものの本質的な意義からわれわれを遠ざけてしまうからだ。こうしたプレッシャーはある程度文化的なもので、出世が重視される目標志向の社会から生じる。しかし、いつの時代のどんな社会でも、成功や失敗という観点から経験を定義してしまう危険は避けられない。達成しようとするものが仕事と無関係であっても同じことだ。歌う、踊る、友人とおしゃべりする、夜の散歩をするといった、一見すると目標志向ではないような行動の本性にさえ、それが当てはまる。こうした行動は、何らかの目標、つまり、うまくやる、印象を残す、夕日を見たり数分の差で見逃したりする、といった観点から容易に解釈し直すことができるのだ。

自己統御の過小評価と蔑視

自己統御の追求が二重に難しいのは、その美徳に対する認識や奨励が欠如しているためだ。自己統御された行為は通常、偉業にまつわる鳴り物入りの騒ぎを引き起こすことはない。何かに取り組む中で自らを知ること、人生全体を意識して行動すること、逆境に直面しても地に足をつけておくこと、事態が破綻したときに自らを奮い立たせること。この先で検討する自己統御のこれらの特徴は、才能の誇示に比べればはるかに地味だ。自己統御と成果が両立しうることは確かだが、両立しないことも多い。そして、成果を尊ぶ社会では、自己統御しつつも成果をほとんど挙げていない人は目立たない存在になりがちである。

ソクラテスはその好例だ。彼はプラトンをはじめとする少数の弟子たちに絶大な影響を与えたが、結果的には何の成果も挙げなかった。プラトンがソクラテスについて書き、彼を世界史的な人物にするまで、ソクラテスは公的重要性においてペリクレスなどの偉大な雄弁家や政治家の陰に隠れていた。アテナイの支配的な倫理は、神話に登場するアキレウスのように、人びとの記憶に残るような英雄的行為を目指すことだった。しかし、アキレウスはトロイア戦争ですさまじい勇猛さを発揮したものの、絶えず苛立ち、復讐《ふくしゅう》に悩まされ、死の恐怖にさいなまれつづけた――信じがたい不屈の精神でそれに立ち向かったというのに。アキレウスが戦場で堂々たる自信に満ちていたのは確かだが、ソクラテスのような自己統御には欠けており、そのために苦悩していたのだ。

自己統御は見落とされてしまうばかりでなく、誤解されたり軽蔑されたりすることもある。控えめで、何事にも動じず、ときには呑気《のんき》に振る舞うという自己統御の特徴は、無関心や軽率さと誤解されやすい。自己統御できる人は、交通事故や飛行機に乗り遅れるといった不幸に遭遇しても、大騒ぎはしない。それが自分の手に負えないものであったり、人為的なミスであったりする場合はなおさらだ。このような落ち着きは、そうした状況では、真剣になり、怒り、哀れみ、あるいは極度の後悔をするのが当然という慣習に浸りきっている人びとを不安にさせかねない。自己統御の力の涵養を人生の第一のミッションとすれば、「無責任」だとか、「冷淡」だとか、あるいは「重大事」への関心が欠けているとかいったよくある誤解に自らをさらすことになる。

二〇世紀の哲学者ハンナ・アーレントは、第二次世界大戦前にアメリカに移住したユダヤ人だが、戦後、アイヒマン裁判を取材する過程でこの種の批判に直面した。ナチスの大量殺戮《さつりく》者であるアイヒマンは、多くの点で滑稽なほどおかしな人物であると述べたときのことだ。アーレントがアイヒマンをもっぱら重々しい非難口調で語るのではなく、むしろ、まったく特筆するところのない、愚かで哀れな官僚的態度だと彼女の目に映ったものを冗談めかして笑ったことに、一部の人びとが腹を立てたのだ。アーレントはアイヒマンのそうした態度を、いまでは有名になった「悪の陳腐さ」という言葉で簡潔に表現した。アーレントは自己を弁護する際、自分の報道のトーンは仕方のないものだったと語っている。それは、まさに彼女がどんな人間かを表わしていた。つまり、恐ろしい事態の中に愚かしさを見いだすことを誇りとし、絶体絶命のピンチを前にしても笑っていられる人間である。彼女のこうした応答には、ソクラテスを思わせる何かがあった。ソクラテスが処刑される前、すすり泣く友人たちが彼の周りに集まったときのこと、友人のクリトンがどんなふうに埋葬されたいかと尋ねると、ソクラテスはいかにも彼らしい皮肉なユーモアで答えている。「諸君のお好きなように。もっとも、諸君が私を捕まえることができて、私が諸君から逃げないとすればの話だが」[2]。ソクラテスが言おうとしたのは、彼が死ぬやいなや、命を失って友人たちの前に横たわる肉体に、本当の自分はもはや現われていないということだ。したがって、クリトンは埋葬についてそんなに大騒ぎすべきではない。ソクラテスは、死の影によって、自分の人生を支えてきた軽やかさや喜びが損なわれることを許さなかったのだ。

ソクラテスとアーレントは、人生に対する冷笑的な無関心から、苦しみを軽視するような無神経な人間ではなかった。それどころか、苦悩を人間存在にとって不可欠なものとして、また、最も暗澹《あんたん》たる瞬間に人生を取り戻すための巨大な難問にして機会であるとして、真剣に受け止めていた。二人が克服しようと奮闘したのは、深刻な不幸に直面した際の自己憐憫《れんびん》だった。そして、自分自身を憐《あわ》れむことを拒んだように、他人の苦しみを解釈する際にも、憐れみに圧倒されることを拒んだ。その代わりに、苦しみを人生や回復の喜びに不可欠なものとして理解すべく、長きにわたって懸命に闘った。しかし、こうした高度で困難な自己統御は、善き生を苦痛のない人生と勘違いし、憐れみを共感と誤解する人びとによって非難されやすいのだ。

空虚な快楽の誘惑と、それを煽《あお》る幸福論

涼しい夏の朝、陽が高くなりすぎる前に懸垂バーを握ろうと公園までジョギングするとき、一歩ごとに自分の体重が舗道に食い込む感覚が大好きなのだが、それでも、トレーニング・セッションのためにベッドから這い出すか、目覚まし時計のスヌーズボタンを押すかという長年のジレンマにしばしば直面する。半分眠ったままベッドの中で寝返りを打つより、トレーニングをする

ほうが生きる力をもらえる経験になることはわかっている。だが、柔らかい枕と、それに象徴される安楽な快適さの誘惑は実に大きい。休息が悪いことだと言っているのではない。われわれの目標志向の努力を背景とすれば、休息、とりわけ、われわれを日常の仕事から引き離し、日中は余裕がなくて考えられなかった事象について夢を見させてくれる深い眠りは、何かを達成しようとする努力よりも高度な活動だと見なされてもいいくらいだ。枕の誘惑という話で私が言いたいのは、人格を育み、個性を表現しようとする挑戦を避け、代わりに従来のライフスタイルのお手軽だが実体のない楽しみに目を向ける傾向が、われわれにはあるということだ。

外に出て自然と触れ合ったり、フェイスブックやインスタグラムを介さずに友人と近況を報告し合ったりすることにこだわる代わりに、われわれは、熱狂的な生活スタイルから逃避させてくれるだけの浅はかな楽しみで気を紛らわせる。ふと気付くと、厳格な努力と軽薄な現実逃避のあいだで悪循環に陥っているのだ。後者には、罪のないものから有害なものまで、つまり、一日の終わりにくだらないテレビ番組を見てくつろぐことから、目標志向の努力の根深いストレスをやわらげようと処方薬を乱用することまでが含まれる。こうした楽しみに共通するのは、われわれは安易で束の間の喜びを手にするものの、誇りを持てるような行動を切望したまま置き去りにされるということだ。

キャリアを終えたあとに引退（retirement）するという考え方は、努力と無節制の大々的な癒着と見なせるかもしれない。キャリアとは、達成の熱狂的な追求と、いわゆる生活必需品——実際には快適な設備やステータスシンボルであることも多い——への不安に満ちた奉仕に費やされるものだ。引退後は気楽に時間を過ごすことになり、冒険もリスクも自己成長もない。もちろん、原則として、引退すれば本当に意味のある活動を自由にできるようになる。しかし、キャリア後の生活を示す「余生（retirement）」という言葉の用法そのものが、善いことを意図しているにもかかわらず、くたびれ、疲れ果て、いまにもへたばりそうな人というイメージを呼び起こすことに注意すべきだろう。驚くべきことに、ほかのほぼあらゆる文脈において、「引退した」という言葉は軽蔑的な意味か、あるいは少なくとも、状況への退避や降伏といった意味を帯びている。野球チームが「九回に三者凡退した（retired）」なら、それは悪いことだ。では、キャリアの場合はなぜ善いことになるのだろうか？　この言葉は、キャリアは不安の種であり、気楽な引退は逃げ道であることを暗示している。

「休暇（vacation）」という言葉も同様の批判にさらされる可能性がある。「休日（holiday）」（聖なる日）という言葉が示唆するように、種類や質の異なる活動の追求に費やす時間とは対照的な「空いている（vacant）」時間への憧れは、不安な予感の中で過ごすただ逃れたいだけの時間を念頭に置いてのみ理解できる。

お手軽だが実体のない楽しみに逃げ込もうとするわれわれの傾向を助長しているのが、どうすれば幸せになれるか、どうすればより良い決断を下せるかを教える一般向けの自己啓発書だ。それによってわれわれは、幸福とは培われるべき生き方ではなく、獲得されるべき心の状態だと考えるよう導かれる。たいていは本職の心理学者によって書かれるこうした書物は、規律や計画への執着（想定される心の偏りを正すことで幸福を設計できるとされている）と、目標志向の仕事のプレッシャーから簡単に逃れる方法を見つけようとする性急さに応えるものだ。

われわれが、幸福を心の状態と見なすよう教えられ、自己統御の力を養うリスクや冒険を避けるよう奨励されていることを物語る例が、心理学者で世界的に有名な合理的選択理論家でもあるダニエル・カーネマンによる、次の休暇先の選び方に関するアドバイスに見いだされる。行き先を決めるとき、われわれは「記憶する自己」の「認知バイアス」に陥りやすいと、カーネマンは指摘する。記憶する自己は、以前の旅行で実際に経験した楽しさや苦しさの総量を歪めてしまいやすい。とりわけ、イベントの最後に味わった楽しさや苦しさを重視しすぎる傾向があるのだ。[3] たとえば、前回の休暇――海水浴に出かけたとしよう――が、荒天に見舞われるという散々な終わり方をした場合、それまでの六日間に楽しいことがたくさんあったとしても、その結末をくどくどと口にしがちだ。楽しさと苦しさをきわめて不正確に表現する「記憶する自己」によって偏見を植え付けられたわれわれは、実際にはまた海水浴に行った方が楽しめそうな場合でも、次の旅行はどこかほかの場所へ――たとえば山へ――行きたくなるかもしれない。

　カーネマンのアプローチ全体の前提は、良い休暇、あるいは何であれ良い経験を構成するものは、それに伴う心理状態だということだ。われわれは、それぞれの瞬間に味わった楽しさの量を公平に評価し、それを合計することで、実際にどれだけ幸せだったかを総合的に計算すべきだというのだ。幸福とは結局のところ「頭の中にある」もの――それを経験する際に「リアルタイム」で意識的に自覚し、ほぼ正確に評価できる状況あるいは状態――だと、カーネマンは想定している。この図式に欠けているのは、幸福と意味との関係、意味と苦闘との関係についての感覚だ。

　私の人生で最も重要な旅、つまり、少なくとも控えめな意味で、いまの自分は幸せだと言えるために欠かせない旅について考えてみると、それらはたいてい容易なものではなかった。表現力を鍛えられるような苛立たしいコミュニケーション不全に陥ったり、道を間違えて元に戻る道を探す羽目になったり、断るには機転と駆け引きが、応じるには勇気が必要な迷惑な誘いを受けたりといった経験をしたものだ。穏やかだったとかリラックスできたなどと何気なく口にする休暇でさえ、その意味は次のようなものにすぎない。つまり、休暇によってできた自由な時間を利用した活動、会話、遠出などのおかげで、日常の退屈な仕事から解放され、新たな形のちょっとした抵抗——現地の特別な種類の貝殻を探す難しさであれ、ある文化的慣習を理解するという難題であれ——に出くわす機会を手に入れられるということだ。こうした経験の渦中にあっては、発見の喜びがそれを追求する苦労と切り離せないように、楽しさと苦しさをきっぱりと分けることはできない。

人生で最も重要な経験の多くで、私の心理状態は穏やかとはほど遠かった。こんにち、ある種の心理学者が大いに信頼している脳画像診断装置につながれていたら、私の脳のいわゆるストレス領域は間違いなく光っていたことだろう。だが、それらの経験は心理的なストレスを伴っていたにもかかわらず、振り返ってみれば、取るに足りないものであるためにほとんど思い出せない受動的で束の間の楽しみの瞬間よりも、むしろ新たな形でもう一度味わってみたい経験なのだ。

カーネマンは、私が快楽よりも冒険や物語への「選好」を持っているだけであり、「記憶する自己」と「経験する自己」という彼の枠組みはその新しい選好にも当てはまると答えるかもしれない。だが、いわば冒険や物語に対する「選好」を受け入れれば、経験する自己と記憶する自己の区別そのものを根底から覆すことになる。というのも、ある経験が価値ある冒険であるという感覚は、家に帰り、その経験を振り返り、友人と分かち合い、彼らの反応を得て、新しい似たような状況――いまやそれによりよく対処できるようになっている――に遭遇したあとになって初めて現われるからだ。

言ってみれば、記憶する自己は経験する自己より賢いのかもしれない。というのも、「当時」の心理状態を軽視したり忘れたりし、それ以降に学んだ教訓をはっきり認識しているからだ。旅の視点から見れば、自己は一つしかない――それは「実際に起こったこと」を歪めがちな、われわれのアイデンティティの記憶する側面ではない（現代の心理学者もまた、古い心理学派、とりわけフロイトの分析を忘れてしまいやすいが、それによれば、われわれは過去を振り返る場合と同じく、この瞬間の経験も誤解しやすい）。本質的に偏っている記憶する自己という概念は、旅としての人生を見失い、浅薄な功利主義に没した諦めの精神の当然の帰結なのである。

われわれが何度でも考えるべきなのは、合理的選択理論の想定とは対照的に、最も有意義な出来事とは、それが起きた時点では、疑念、不安、不快、さらには苦しみさえ伴うものだということだ。というのも、われわれはそうした出来事を、奮闘、救済、自己認識の物語の内部に位置づけることがまだできていない、あるいはその準備がまだ整っていないからである。別々の瞬間の心理状態だけを基にそうした経験を判断すれば、われわれはそれを、逃げ出したい状況であるとか、できれば忘れてしまいたい出来事であるなどと言ってけなすかもしれない。だが、振り返ってみると、展開してきた物語の中でのその位置づけを考えることで、自分の人生の意味と方向性に不可欠な要素として受け入れるようになるかもしれない。ときには、自分が重要な体験の真っ只中にいることに気づかないこともある。ある振る舞いや出会いが一見するとあまりにも断片的で些細《ささい》なものであるため、出来事として認識されず、自覚的な意識のレベルにすら上らないのだ。

ずっと後になって、出来事が展開し、当時われわれを捉えていたある種の苦しさから解き放たれてようやく、われわれは過去を振り返り、それ以降に自分自身の一部となった関心や情熱の始まりである何かを認識できるのだ。ある瞬間にわれわれの心理状態がいかなるものであったにせよ（幸せ、悲しみ、不安、弛緩、恐怖、大胆など）、その活動そのものに内在していながら、その後の自己発見の長いプロセスを待ってようやく現われた幸福に比べれば、まるで取るに足りないものであることがわかる。

人生ではしばしば、もっと違った感じ方をすべきだと思っているせいで、気分が落ち込むことがある。友人と一緒にいるときにはもっと幸せになるべきだし、休暇中にはもっとリラックスすべきだし、人前でスピーチをしているときには現実よりももっと気楽であるべきだと信じているのだ。こうしたときには、経験がある特定の感情を生むはずだと予想させる幸福の概念に批判の目を向けてみるといい。われわれはいかに感じるべきかという疑問が生じるのは、幸福が達成される心理状態として構成される場合に限られる。こうした目標志向の見方に抗して、われわれは自分にこう言い聞かせるかもしれない。われわれの行為は、個人的な物語のより大きな文脈の中で展開される出来事として本質的な意義があるのだし、そこから満足感を得るのは、数時間後、数日後、あるいは数年後なのかもしれない、と。こうした観点から重要になるのは、何かをすることでどう感じるかではなく、その瞬間にわれわれが理解し、評価し、いい気分になれるものをはるかに超えた試み、企て、自己提示の瞬間として、行為の意義を感じることなのだ。

活動としての幸福という概念と、それに対応して心の状態を格下げし、われわれの生き方に表われる意味や感覚のやや気まぐれで決して完全ではない記録簿であるとすることは、古代ギリシャ語のエウダイモニアという言葉でうまく表現されている。この言葉はこんにち、ほぼ一様に「幸福」と訳されているが、実際には「幸運」、あるいは文字通りには「善きダイモンが「そばに」いる」ことを意味していた。古代ギリシャ人にとってダイモンとは、われわれに取り憑《つ》く悪魔のような存在ではなく、われわれの守護神として誕生から死、そして死後の世界へと導いてくれる慈悲深い半神のことだった。したがって、古代ギリシャ的な意味での幸福とは、ダイモンに導かれた活動、つまり正しい道を歩むことから切り離せないものなのである。

さらに、幸福は幸運と結びついている。プラトンやアリストテレスが著述をした当時の俗説によれば、われわれの守護神は生まれたときに割り当てられ、幸福の源泉はコントロールできないとされていた。われわれはダイモンに耳を傾けることも無視することもできるし、それによって重要な種類の主体性（注意や応答におけるそれ）を発揮できるが、割り当てられるダイモンを選ぶことはできない。幸福とは、エウダイモニアによって表現されているように、われわれの身に起こることであり、ポジティブ思考によって実現できるものではない。「happiness（幸福）」の古い語源である「happenstance（偶然）」は、古代ギリシャの感受性を残しており、心の癖や障害を制御することで幸福をつかもうとする現代人の願望とは対立している。

エウダイモニアという古代ギリシャの概念と、善行と祝福という観点からそれをキリスト教的に修正した概念が、心の状態としての幸福という概念に大々的に取って代わられたのは、近世になってからのことだ。この心の状態は、自らの苦難の条件を克服することで手に入るとされていた。こうした転換の理由を考えると、どうしても疑念を抱かざるをえない。

こんにち、われわれは幸福の追求を自由（freedom）に不可欠なものと見なし、自明の真理として自由（liberty）とともにアメリカ独立宣言に謳っているが、こうした幸福の追求は、実際には社会統制のプロジェクトから生まれたものだ。政治的秩序のために心の状態としての幸福を発明した、あるいは少なくとも、それ以前の時代には考えられなかった規模にまで膨張させたのは、一七世紀の哲学者トマス・ホッブズだった。荒れ狂う宗教戦争に直面したホッブズは、その原因を頑迷な教条主義と究極的なものに対する信念への過剰な自信に求め、平和と秩序の政治哲学を提示しようとした。彼の急進的な解決策は、プライドを全面的に糾弾し、判断力や主体性を欠いた幸福の理想に置き換えることだった。

ホッブズは、平和と心理的平穏のために、武器だけでなく道徳的・政治的判断も、彼が「リヴァイアサン」的国家と称する単一の主権者に譲渡すべきだと提案した。ホッブズの提案はきわめて安上がりな取引だった。なにしろ、安心と引き換えに判断を差し出せというのだから。しかし、彼は根本的な解決策が必要だと感じていた。そこで、人類が本当に望んでいるのは権力でも自己主張でもなく、平和であるという自分の主張を強調したのだ。彼はこれが事実であると同時に虚構であることをわかっていたし、ある印象的な一節で、人間は衝動的に「次から次へと権力を求めるものであり、この衝動は死によってしか抑え込めない」という認識を示していた。[4] 彼はまた、笑いとは嘲笑的なものだとも述べている。人は自分が他人の弱点だと見なすものをあざ笑うのだ、と。[5]

しかし、ホッブズは多大な努力を払い、人間が何より切望するのは平穏なのだと喧伝《けんでん》した。彼は一つの科学を発明することまでした。それによると、自己保存は幸福の条件であるだけでなく、生命の自然な本能であるという。人類が死を恐れるのは、石が落下するのと同じことなのだと、ホッブズは主張した。[6] 彼は、これが真実ではないことを知っていた。というのも、武器を置いて降伏するよりもむしろ、自らの信念のために死と対峙することを第一の本能とする人びとをあまりにも身近に見てきたからだ。しかしホッブズは、自己保存というこの新しい「科学」を人びとに教え込めると信じていた。ある意味で、彼は正しかった。こんにちわれわれが、生存をあらゆる形の生命の第一の本能と見なすことに躊躇《ちゅうちょ》せず、動物の振る舞いばかりか人間の行動さえ説明するダーウィン的理論を唯一の「合理的」説明であるかのように受け入れていることは、長きにわたるホッブズの影響を証明している。たとえば、心理学者で人気作家のスティーヴン・ピンカーが語るおなじみの信念もそうだ。道徳的な対立に直面したとき、われわれ全員が同意できるのは、単純に生きていることは善いことだという点しかないというのだ。こうした前提から、ピンカーのような功利主義思想家は、ホッブズの焼き直しにすぎない倫理全体を構築する。

ホッブズは幸福を喧伝した裏返しとして、プライドを糾弾した。当時の社会を悩ませていた現実の問題である狂信や支配欲に取り組む代わりに、プライドそのものを攻撃し、自らの信念や判断に対するあらゆる自信を「ひどいうぬぼれ」とこきおろした。もちろん、ホッブズの「科学的」プロジェクトの全体が、それ自体として思い上がった自己主張であり、「自然」というレトリックを通じて人間本性を独力で変えられると信じる傲慢《ごうまん》な行為だったのだろう。だが、彼のプロジェクトが遠い将来にまで影響を及ぼした理由の一つは、苦難に直面すると諦めてしまい、その際の自分の弱さを「自然な」あるいは「道徳的な」ものとして正当化しようとさえする人間の根本的な傾向を利用した点にあった。こんにち、生存を生まれながらの本能と見なし、平和と幸福を重んじながら幸福でも安楽でもなく、安全と快適さを享受しつつも判断を下すプライドに欠けるわれわれは、依然としてホッブズの遺産に頼りつづけているのだ。

自分への言い訳を道徳的に説明する傾向

　これまで考察してきた傾向だけで自己統御が脅かされることはないとするなら、ホッブズの修辞的クーデターを理解する際に示唆した第四の障害を付け加えてもいいだろう。すなわち、さまざまな形の動揺や個人的弱さを美徳として再解釈してしまう無限とも思える能力のことだ。たとえば、ある種の熱狂的な勤勉さや強迫的な計画のせいで、家族や友人と過ごす時間がほとんどなくなったり、プロジェクトそのものの喜びが失われたりしても、これこそ真の「ハードワーク」だとか「責任ある自制」なのだと自分を簡単に納得させてしまうような場合を考えてみよう。本当は自分の野心を満たすためなのに、「家族を養うため」にそうしているのだと思い込んでしまうことさえある。

　好印象を与えて好かれようとする意気地のない気後れを、「いい人になろう」という言い訳でごまかそうとしたり、率直な物言いを傲慢だと嘲笑したりするケースを考えてもいい。この種の道徳主義は、ある形の自己欺瞞《ぎまん》の好例だ。それによってわれわれは、ニーチェの言う「最後の人間」へと堕落してしまう。「最後の人間」とは、もはや自分の弱さを認識することもできない、思慮に欠けた弱々しい生き物になりつつある人のことだ。

　ニーチェによれば、「最後の人間」にとっては、幸福さえ一種の道徳的要請となるという。その要請とは、幸福であれというものであり、したがって、「啓蒙された」個人に期待される通り、現代生活の快適さへ感謝を示せというものだ。最後の人間は、自分がどれだけ「幸福をつくりだしてきたか」を常に自慢しているとニーチェは言う。[7] もちろん、本当に満足しているなら、それを自慢する必要などないはずである。

こんにち、ニーチェが語るような規範的幸福のこだまが社会の至る所で響いている。『ラリーのミッドライフ★クライシス』という連続テレビドラマのある放送回に、こんなコミカルな場面がある。主人公のラリー・デイヴィッドと親友のジェフ・グリーンが、サンタモニカの少しばかり高級だがやや退屈な店で一緒に食事をしている。二人がこの外食を心から楽しむわけでもなくむしゃむしゃと料理を食べているとき、ラリーは一口を食べ終えようとするたびに「この店はどうだい?」と尋ねる。これは質問というより、肯定的な返事を求めるものだ。空《むな》しさを感じるからこそ、気に入ったと言ってもらって安心する必要があるのだ。「信じられない」、「すばらしい」、「最高だよ」といった感嘆の文句が、番組の初めから終わりまで頻繁に発せられる。こうした文句は通常、幸福をもたらすはずの状況なのに、せいぜい束の間の喜びしか感じられない場合に使われるものだ。

どこでも見られる規範的幸福の例が、カメラに向かって微笑むというものだ。私がそれに気付いたのは、人びとが日常的に写真を撮っていながら、ポーズをとる際に微笑《ほほえ》むことが当たり前ではない国々を旅したあとのことだ。彼らは愛想がないわけでも、無口なわけでもない。合図に合わせて幸福感を演出する必要を感じていないだけなのだ。その代わりに、彼らはカメラマンの話に耳を傾けているかのように、ただ真剣にカメラマンを見つめている。

これらのありふれた例に、「幸福であれ」をめぐるもっと理屈っぽい考え方を追加してもいいだろう。それは、ある種の道徳的優越性を示すものだ。たとえば、過去の時代の蛮行や暴力とされるものと対比することで、現代の苦難を肯定的に捉えようとする場合である。蛮行が油断のならない新たな形をとっていることは言うまでもないし、ほかの場所や時代を嘲笑することでしか享受できない幸福には、何か哀れなものがある。声を上げ、嘲笑する必要があるということが、われわれの幸福の浅薄さを物語っている。

生産し達成しなければならないというプレッシャー、美徳への支持の不足、心の状態としての幸福という誤った理想、自分への言い訳を道徳的に説明する傾向など、自己統御に反する強い力が働いていることを考えれば、自己統御が維持することの難しい、明確に理解することさえ難しい美徳であるとしても不思議ではない。にもかかわらず、とりわけ抵抗や苦難に直面したときには、自己統御が幸福にとって欠かせないものだと感じられる。自己統御と、それが善き生にとって持つ意義をよりよく理解するために、古典哲学に目を向けてみよう。

アリストテレスの「高邁《こうまい》」

アリストテレスは、勇気、寛大、正義など、善き生に不可欠なさまざまな美徳について述べる中で、最高の美徳を一つ選んでいる。彼はそれを「高邁」（メガロサイキア）と呼ぶ。われわれの耳には、この言葉は偉大な精神的指導者や英雄にしか当てはまらないように聞こえる。しかし、アリストテレスは、誰にでも手の届くものとしてそれを語っている。「高邁」を「太っ腹」と訳す者もいる。これは現代の親しみやすい言葉に近い。しかし、「太っ腹」は惜しみない寛大さを示すもので、アリストテレスが念頭に置いている美徳を十分には捉えていない。人間の経験に欠かせないものを示す言葉や文句はいずれもそうだが、「高邁」を抽象的に定義するのは難しい。

それを理解するには、さまざまな特徴や事例を掘り下げる必要がある。だが、「自己統御」はある程度近い概念だ。

アリストテレスは高邁という美徳を、名誉に関わる適切な気質だとしている。高邁な人物は「自分自身を偉大なものに値すると考えているし、実際、それに値する」[8]。対照的に、価値もないのに自分には価値があると思うのは傲慢であり、うぬぼれである。また、価値がありながら自分に価値があると思わないのは、つつましい、あるいは意気地なしだ。興味深いのは、われわれが謙虚さと勘違いしてしまいがちな「つつましさ」を、アリストテレスがうぬぼれに劣らない悪徳と見なしていることだ。したがって高邁とは、アリストテレスの言葉を借りれば、一方のうぬぼれ、他方の意気地なしという両極端のあいだの「中庸」なのである。

当然の権利を要求するというアリストテレスの基本的な考え方の例として、ボクシング界の下馬評を覆してソニー・リストンを破り、ヘビー級王座を獲得したモハメド・アリの誇らしげな感情の爆発について考えてみよう。「俺は世界最強だ!」。アリは自分を疑っていた記者たちに向かって印象深く叫んだ。「俺が世界最強だと言ってくれ!」。その瞬間、世界最高のボクサーとして敬意を要求したという点で、アリは正当な主張をしていたし、一種の高邁さを示していたのだが、彼の目の覚めるような勝利を恨んだり怒ったりしていた者は、うぬぼれだと勘違いしたかもしれない。アリが過剰な謙虚さから、自分の勝利をまぐれや幸運だと過小評価していたら、一種のつつましさを示していたことは間違いないし、彼に正当な評価を与えようとしなかったファンや解説者の不正義に屈したことになるだろう。アリは自分にふさわしいものを要求したのだ。もちろん、ときにはそれ以上のものを要求することもあった。たとえば、ボクシングにおける自分の偉業はいかなる分野の偉大な達成をも凌《しの》ぐと自慢するようなときだ。その限りにおいて、彼はうぬぼれ屋だと非難されても仕方ないかもしれない——それが、ふざけ半分のうぬぼれだったにしても。

アリストテレスが最初にそれを提示する際には、高邁さは次のことを示唆するように思えるかもしれない。人間は他者からの敬意を、少なくとも自分の功績に釣り合う敬意を切望するものだ、と。しかし、アリストテレスがこの美徳について説明を続けるうちに、それは名誉への関心を超越したものであることがわかってくる。高邁であるというのは「名誉を些細なものと見なすこと」だと、アリストテレスは書いている。[9] こうしてアリストテレスは、古代アテナイで支配的だった名誉に基づく倫理観に異議を唱え、善き生を送るには大なり小なり称賛が必要だという考えを再考するよう促す。高邁な人物は、少しばかりの名誉や「単なる偶然によって」与えられる名誉を軽蔑するという。[10] こうした人物が、「広く称賛されているものを求めて先を争うことはない」のだ。[11] 彼は「身分の高い者から正当な根拠に基づいて授けられる名誉を、そこそこ満足しつつ受け入れるにすぎない」。というのも、名誉を授ける者が誰であろうと「自分が受け取るべき当然の報いとしか考えない」からである。[12]

アリストテレスがこうして示唆しているのは、自分の仕事、すなわちそれ自体を目的とする活動に誇りを持つ気質だ。高邁な人物は、他人の支持に感謝するが、それに依存することはない。いずれにせよ、彼は自分のしていることを続けるだろう。アリストテレスによれば、自分の仕事にこうして誇りを持つことは、名誉を求める——それは名誉そのものを望むからではなく、自分が名誉に値するからだ——ことでその仕事を擁護することだという。人には自分の仕事を尊重し、他人が過小評価するときにも、それを守る義務がある。自分の意見を述べたあとでも、ふさわしい名誉が得られないのであれば、それはそれで仕方がない。重要なのは名誉ではなく、自尊心なのだ。そして自尊心の一部は、名誉を不当に否定されたときにもくどくど言わないところにある。そんなことをすれば、自分を否定する人びとと同じレベルに落ちぶれ、いまやその敬意など軽蔑すべき対象にすぎない人びとの前にひれ伏すことになるからだ。自分が受けた不当な仕打ちを、腹を立てている者、偏狭な者、あるいは鑑識眼がないために仕事の価値を認識できない者がもたらす不運と見なし、何事もなかったかのように仕事を再開するのがいい。自分のしていることに没頭していれば、恨んでいる暇などない。「高邁な人物は、自分が受けた不当な扱いを忘れ、見過ごすのが常だ」[13]。アリストテレスはこうして、穏やかだがお人好しではない人、自分自身の善悪の基準を持っていて他人の承認を必要としない人、それゆえ、人間の生活が陥りがちな狭量さを超越した人のイメージを提示している。

名誉の授与に関わる場面だけでなく、日常会話における態度や表現方法にも、高邁さが表われる。そうした例の一つが、自分の考えを話しても、他人はそれに反対するかもしれないことを受け入れるという場合だ。高邁な人物は「愛情や憎しみを率直に表現する。というのも、隠すことは恐れの印だからだ」[14]。こうした率直さの源は、評判よりも真実に対する変わらぬ関心である。高邁な人物は「意見よりも真実を大切にする」[15]。そのような自信は「ゆっくりした動き方……深みのある声、安定した口調」といったちょっとした振る舞いにも見て取れる。「ごくわずかな物事に本腰を入れている」人物は、せかせかと振る舞うことはないからだ[16]。アリストテレスによれば、いつまでもせわしなく動き回るのは、自分の行き先を気にしすぎるあまり、一歩一歩を踏み出す自分の尊厳に配慮が行き届いていないためだという。目的地について心配しすぎてしまうのはなぜだろうか？　アリストテレスは、まるで遅刻することが究極の災難であるかのように、一つの約束から次の約束へと不安そうに急ぐという多くの日常的な状況について、われわれに熟慮を促す。時間通りに到着することよりも、ときには思うままに振る舞うほうがいいのだ。

慌ただしい話しぶりや不安げな行動に対するアリストテレスの批判には、目標志向の努力に対する批判が暗示されている。われわれがA地点からB地点へと急ぐのは、人生を到達すべき目的地の連続と見なしているからだ。われわれが猛スピードで一本調子に話すのは、話すことのポイントは情報を伝えること、あるいは情報を得ているという印象を生み出すことでもあるかのように、一息にたくさんの言葉を詰め込もうとするからだ。アリストテレスは次のことを思い出させてくれる。われわれは深呼吸をして、それ自体のために誇りを持てるようなスタイル、つまり、自己意識を投影した思慮深い話し方や動き方を培うべきなのだ、と。アリストテレスは、われわれの日常的なマナーやモラルは、われわれが何者であるかについて多くを語ると示唆する。言い回し、話のリズム、声のトーンなど、表面的なものとして片付けてしまいがちな振る舞いの特徴は、われわれの人格を反映している。

アリストテレスが述べていることの要点は、表現に関するある種の真正性だ。つまり、自分を歪めてしまう礼儀という規範や、政治的正しさへの過剰な配慮に抵抗する正直な自己主張である。同時に、アリストテレスは言論のある種の気高さも示唆している。つまり、高邁な人物は自己を率直に表現する際、恨み、非難、憤りからではなく、真実への関心から言葉を発するのである。

はっきりと話せ！　何をどう言うかは、あなたという人間の一部である

話し方は人格の一部であるというアリストテレスの主張は、われわれの力を日々少しずつ奪うおそれのある無数の曖昧な話し方を特定し、克服するのに役立つかもしれない。恥ずかしくてはっきり言えない直接的な頼みごとを、いかにして漠然とした聞こえのいい言葉に置き換えてしまうかを考えてみよう。よくある例として、本当は「アドバイスを求める」とか「寄付をお願いする」という意味なのに、「接触する」と言ってしまうことがある。このような企業用語は遠回しで誤解を招きやすいだけではない。意気地がないのだ。自分のプロジェクトや職業の価値を信じている人は、支援を求めることを恥じるべきではない。

アリストテレスなら矯正を指示するかもしれない話し方の癖を、自分自身で見つけようとするのは、楽しく実りある自己点検の訓練になるだろう。思い当たるのは、文末で言葉を濁したり、自分の意見を「そうかな……」や「わからないけど……」で締めくくったりすることだ。まるで、自分の意見をピリオドで締めくくると人を怒らせてしまうかのようだ。学者や専門家のあいだでよく見られる落とし穴は、早口でくどくどと話すことであり、ときには一息にいくつもの反対意見を述べたりそれに反論したりする一方で、実際に口を挟んだり質問したりする余地を残さないことだ。こうした話し方には、ある種の流暢さと学識が示されているものの、反論されることへのそれとない恐怖も感じられる。このような対話では、自分の説明のうち最も疑わしい部分で、「そうですよね？」とか「おわかりのように」といった断定的な言い回しがしばしば使われる。

私の経験では、哲学の教授は特にこの過ちを犯しやすく、私自身も例外ではない。

こうした話し方をしている自分に気付くと、私はアリストテレスだけでなく、八年生〔日本の

中学二年生に相当）のときに数学を教わったC先生を思い出す。C先生は初歩の代数学をたくさん教えてくれたが、自己統御について教わったことの方がはるかに多かった。先生が強調したことの一つは、自信を持って話すことだった。たいていの場合、先生はお手本を示してくれたものだ。しかし、先生にはいくつかのルールがあった。背筋を伸ばして座ること、はっきり話すこと、「うん（yeah）」ではなく「はい（yes）」と言うこと。そこには古風な部分もあった。先生はわれわれに、学徒にふさわしい敬意ある話し方をしてほしかったのだ。とはいえ、それはまた、若い時分にある種の自己統御の力を養おうという試みでもあった。つまり、はっきりと説得的に話そうということだ。

本当に言いたいことを歪めてしまったり、自己統御の欠如を地味に反映していたりする曖昧な話し方を、われわれは無意識のうちにいとも簡単に身に付けてしまう。われわれはみな、どんなに雄弁で独創的な話し手であっても、自己を歪曲するほとんど無意識の同調圧力にさらされている。たとえば、表面的な優しさは、実は過剰な敬意であったりする――日常的な頼みごとをするのに「すまないね」や「ありがとう」を言いまくったり、自分のせいではないありふれた誤解について大げさに謝ったりする。言いたいことを言い、ありのままの自分を投影することを学ぶのは、終わりのないプロセスである。

その難しさの大部分は、特定の言い回しや話し方を疑わしいと認識できるようになることにある。そのためには、生涯を通じてさまざまな社会を渡り歩き、さまざまな対話スタイルを比較するための基盤を手に入れる必要がある。私がアスレチック・トレーニングを、目的を達するための単なる手段ではなく、自己形成の旅に不可欠なものとして理解するようになったのは、一つには、学問の世界だけでは培うことが難しい率直な表現を見つけられるからだ。アカデミックな話し方に特徴的な悪癖が、人間の小ささを反映するくどくどしい曖昧さであるとすれば、スポーツジムのそれは、うぬぼれやがさつさを映し出すぶっきらぼうな自己主張である。しかし、アリストテレス的な話し方のバランスのようなものがあって、そこにはどちらの悪癖も含まれていない。試合中にコーチが選手にかける大声のアドバイス、激しいトレーニング中にパートナーのあいだで飛び交う励ましの叫び、懸垂のセットの合間の遠慮のない軽口などが、アリストテレスが提唱するような率直な話し方をいかに示しているかについて、私はよく考えてきた。

私は繰り返し、アリストテレスの洞察に立ち返っている。高邁であるとは、少数の言葉で足りるときには多くの言葉を避け、自分の意見を述べ、他人の返答を待つということだ。もしかすると相手は賛同してくれるかもしれないし、こちらの意見の見直しにつながる指摘をしてくれるかもしれない。いずれにせよ、より良い結果を得ることができる。真実と知恵に集中しつづけ、自分が与える印象をあまり気にしないようにしよう。駆け引きがあるのはもちろんだが、自分自身に忠実でありつづけるのだ。

駆け引きと正直な自己表現のバランスについて、アリストテレスはこう提案している。「身分の高くない人に対しては、高邁な人物は穏やかに接し」、しばしば「皮肉に満ちた自虐的な態度で多くの人に[17]」語りかけるものだが、「幸運で身分の高い人に対しては、高邁な人物は尊大になる」と[18]。アリストテレスによれば、権威や名声のある地位に就いている人びとに対して、きわめて礼儀正しく丁重であることは、良い印象を与えるために自分を歪めることだという。こうしたへつらいは弱さの一形態だ。むしろ、そうした人びとの前では率直な態度をとり、自らに敬意を表し、彼らの評判に恐れおののいて生きているわけではないことを示すべく、特別な努力を払う必要があるとアリストテレスは指摘する。そうすることで尊敬を得られることも多いが、最も重要なのは自尊心を築けることだ。対照的に、世に認められていない人と接する際は、謙虚であるよう努めるべきだ——それによって、彼らが語るに値するものを持っているときに、意見を口にするのを恥ずかしがったりためらったりしないようにするためだ。高邁な人物が身分の高くない人の前で謙虚になるのは、高名な人びとと接する際に尊大になるのと同じ強さからなのである。

自らの判断力を養う

高邁な人物の率直な表現の根底には、「判断力」がある。アリストテレスが、高邁な人物は、やみくもにあるいは些細な理由で与えられる名誉など気にかけないと書くとき、こうした人物は暗黙のうちにこう判断するものと想像している。つまり、大衆の称賛にすぎないものと、立派な人物から与えられる栄誉とは違うのだ、と。この判断が指し示すもう一つの判断は、自分のしていることの本当の価値と、世間がそれをどう受け止めるかには違いがあるということだ。

こんにち、判断力という美徳は苦境に立たされている。「判断的」であることは悪いこと、つまり「不寛容」「閉鎖的」「冷淡」と同等の何かだと考えられている。それでも、われわれは絶えず判断を下している——どの会社に勤めつづけるか、どんなキャリアを歩むか、仕事と家庭生活のバランスをどうとるか、あるいは、スヌーズボタンを押すかランニングに出かけるか、などなど。

われわれが、本当に拒否したい特定の懲罰的な判断ではなく、判断そのものを冷笑する理由は、かつてホッブズが、判断の全面的な否定という観点から狂信主義を糾弾したことにあるのかもしれない。宗教戦争のさなかに平和と秩序を確立しようとしたホッブズのプロジェクトは、乱されることのない幸福という理想を、態度を明確にする誇りと引き換えにするものだった。ホッブズは、人間の判断は単なる「主観的」なものにすぎず、無意味で解決不能な争いを招くだけだとして、人びとを執拗に説得しようとした。重要な事柄に関する判断は公権力に委ねる方がよいと、彼は主張した。われわれが判断について懐疑的な見方をしていることは、ホッブズの巧みな弁舌の勝利をこれ以上ないほど物語っているのかもしれない。

しかし、われわれが判断に警戒心を抱くことがあるとしても、自分自身の人生をどう生きるかという話になればとりわけ、判断を下すという重荷から逃げるわけにはいかない。判断力を保持し、養っていくのは容易ではない。効用や成果という観点から行動を見るよう促す目標志向の気風《エートス》に直面していれば、なおさらだ。目標志向の枠組みに引き込まれると、われわれは判断を、健康、経済的安定、楽しみといった特定の結果を目指す選択、すなわち意思決定の観点から見るようになる。判断が、自分が切望する自己像に照らして自分にしかできないものであるのに対し、選択や意思決定は、自分が望むものを手に入れるスキルを持つ人なら誰にでもできる。健康、富、体力といった具体的な目標の達成を目指すやいなや、そのノウハウを売り込もうとする専門家が待ちかまえているのだから安心だ。

生きることそのものが目標志向の計算科学になるにつれて、別のタイプの専門家、つまりメタ専門家が現われる。それは、医学などの具体的な職業に熟練した人ではなく、まさに「善き生」を送る術を知っていると主張する人のことだ。この専門家はある種の行動心理学者であり、「合理的な意思決定者」であるための方法を専門とし、「不合理な」選択につながるいわゆる認知バイアスを暴くことを請け合う。こうした心理学者が、効用の最大化を目指す意思決定に言及する際、「理性」「不合理」「バイアス」という普遍的な用語に訴える権利がどこにあるのかと迫られれば、彼はこう認めざるを得ないだろう。つまり、自分の言う「理性」とは、多くの人が自分の目標の達成に最適の計算と見なすものを指すにすぎないのだ、と。しかし、こうした告白は、心理学者を目標志向で功利主義的な存在の在り方の代理人に格下げすることになる。その結果、精神そのものを知っているとか、「合理性」の科学の専門家であるといった思い上がった主張は粉々になってしまうのだ。

心理学者が不合理あるいは偏向的だと見なす突飛《とっぴ》な決定でさえ、非功利主義的な観点からではあるが、それなりに思慮深いと言えるのではないだろうか。脂肪分一〇パーセントの肉よりも赤身九〇パーセントの肉を好んで買う人のことを考えてみよう。これは、行動心理学者が「フレーミング・バイアス」の例に挙げるものだ。それによると、われわれの脳は、表面的には同等の二つの選択肢に直面すると、単に肯定的な言葉で表現されている方を受け入れやすいという。人が赤身九〇パーセントの肉を好む理由に関する完璧に納得のいく説明は、根深いバイアスとは何の関係もない。つまり、消費者が買い物をするとき、彼らは脂肪の摂取量を最小限に抑えようとしているのではない。そうではなく、ある種の自己像に沿って行動しようとしているのだ。健康的な食事がまるでファッションであるかのように重視される社会では、消費者は自分を「低脂肪の食事をするタイプの人間」だと思いたがる。最新の健康トレンドに通じていることを自分自身に確認し、仲間内やカウンターの向こうにいる人にまで示すため、赤身九〇パーセントの肉を選ぶのだ。こうした自己像は、浅薄だとか見当違いだなどと疑問視されるかもしれないものの（なぜ、健康であることがそれほどの美徳とされなければならないのか？）、それが不合理でもなければ、単なる脳の奇癖でもないことは確かだ。そこには、評判やプライドと結びついた微妙な自己認識が含まれている。しかし、医者が健康という観点からすべてを見がちであるように、行動心理学者は計算という観点からすべてを見がちである。普遍的な生活科学とおぼしきものは、意思決定へのアプローチとしては、いかなる専門家の視点にも劣らず偏狭だというわけだ。

特定の分野で専門家のアドバイスを受けることは悪いことではない。脚を骨折して、早く安全に治したければ医者に行く。自分で治療法を考えるのは馬鹿げているだろう。しかし、自分の望みをかなえるために専門家に頼る習慣が身に付いてしまうと、専門家の能力をはるかに超えたアドバイスを求めることになりかねない。

特に、健康のように多くの人が望み、必要としているものを扱う専門家であれば、その人の処方箋を特定の目的に絞った行動方針としてだけでなく、人生の指針として信頼したくなるかもしれない。脚を治すことと、治ったらどんなリスクを負うべきか、負うべきでないかをアドバイスしてもらうことの両方で、医者を信頼し始めるのだ。医者が語れるのは、ありうる健康上の帰結だけであり、行動方針を決定する上で健康が最も重要な考慮事項であるかどうかではないことを、人は簡単に忘れてしまう。

専門家には、生き方について意見を述べる権利があるし、もしかすると、思慮深い人間としてそうする義務さえあるかもしれない。しかし、彼らの意見は自分の意見の代わりにはならない。専門家がある重要な分野で権威を持っているというだけの理由で、われわれは、人生に関する彼らのアドバイスに安易に従ってしまうことがあまりにも多い。自分で判断することへの恐れから、判断を任せてしまうのだ。誤った判断を下し、その結果への責任を負うことになるのを心配して、見かけだけは立派な他人――立派な肩書きを持ち、白衣をまとい、あるいはスーツにネクタイを締めた人びと――に判断を委ねてしまう。物事がうまくいかなくても、自分自身や、自分の失敗に関わりのある人びとに対して、少なくともこう言い訳できる。「まあ、世の中で最高のアドバイスをもらったわけだしね。これ以上何ができるというんだい?」。こうして、プライドを保ち、心のやましさを晴らそうとするのだ。

専門家は、自らに向けられる敬意にのぼせ上がり、広く評価されているスキルに熟達していることに力を得て、専門的知識とは関係のない事柄について、自分の仕事に関わる狭い視野から勝手に偉そうなことを言う。彼らの自信に満ちた態度は、助言を求める騙《だま》されやすい人びとをますます引き寄せ、自己統御に長《た》けた人びとでさえ、それに抵抗するのが難しくなる。

専門家が自らの限界を踏み越えてしまう傾向が印象深い形で表われるのが、ソクラテスが自身の裁判に際してこんな説明をしたときのことだ。彼はアテナイのさまざまな市民に質問し、彼らが自分より賢いかどうかを確かめようとした。技術の専門家（職人）のもとに赴いたときには、彼らがソクラテスの知らない知識を確かに持っていることを見いだす。彼らは物の作り方や直し方を知っていた。だが、専門知識があるせいで、それ以外の問題（きわめて重要な問題も含む）についても知恵があると信じていた。「そして、こうした愚かさは、彼らが持つあらゆる賢明さを覆い隠してしまった[19]」

ソクラテスの指摘に関わる面白い例が、プラトンの『饗宴』に出てくる。医師エリュクシマコスによるエロス（愛）をめぐる型にはまった態度と演説の中でのことだ。ソクラテスやエリュクシマコスをはじめとするアテナイの名士たちが、勲章を受けた悲劇詩人アガトンの主催する晩餐会に集い、最近、彼が民衆劇を上演して賞をもらったことを祝おうとしているとき、ワインをどれくらい飲もうかという話題になる。彼らは前夜に飲みすぎていたため、ほどほどにしておこうという話で全員の意見が一致する。そう決まったあとで、エリュクシマコスが医師としての専門的な見解を踏まえ、差し出がましくも酩酊《めいてい》について説き聞かせる。「さて、私の見るところ、この場にいる誰もがワインをたくさん飲みたがってはいないようだ。よって、私が酩酊とは何かについて真実を語ったとしても、さらに不愉快にさせることはないだろう。というのも、医術の観点からして、これはまったく明らかになっていると私は信じているからだ。つまり、酩酊は人間にとってつらいものであり、私は自分にできる限り、酒を飲みつづけたがるべきではないし、他人にそうするように勧めるべきでもないのである」[20]

エリュクシマコスは明らかに、健康を志向する医者という限られた視点から発言しているにもかかわらず、酩酊とは何かについて「真実」を知っていると主張する。彼がすぐに滑稽に見えるようになってしまうのは、対話の終わりに、アテナイの政治と軍事の若き新星アルキビアデスが酔っ払って乱入し、しらふなら抑えていたであろうソクラテスへの賛辞を驚くほど正直に述べるからだ。酩酊が正直な自己評価という観点から見て悪いことだという認識は、少なくとも疑わしい。しかし、医者にとって酩酊は健康への害に過ぎず、したがって悪いことなのだ。

エリュクシマコスの愚かさがさらに度を増すのは、彼がこれでもかとばかりにもったいぶって、エロスについての馬鹿げた演説をぶつときだ（エロスは晩餐における議論のトピックであり、この対話のテーマである）。より思慮深いほかの出席者たちが、情熱的な愛着、失われた自分の半身への憧れ（アリストファネス）、あるいは美への愛（ソクラテス）といった観点からエロスを語るのに対し、エリュクシマコスは、健康（おそらく最もエロティックでない話題）という観点から、とりとめのない説を開陳する。エロスとは、医術によってもたらされる肉体の完璧な秩序だと、彼は主張する。エリュクシマコスの自信の馬鹿馬鹿しさを際立たせるかのように、プラトンはエリュクシマコスに、こんな高慢な発言で演説を始めさせている。つまり、ほかの人びとがいい話をしたことは認めるが、自分はこれからエロスについて十分な説明をすることによって、この議論に「完全な終止符を打つ」というのだ。そんな主張をした者は、ほかには誰一人としていなかった。[21]しかし、医者であれ、弁護士であれ、機械工であれ、専門家の本質とは、謎ではなく解決策を見いだすことである。

ある意味で、エリュクシマコスは、自分はあらゆる問題について知恵があると思い込んでいる専門家の戯画《カリカチュア》だ。ところが、エリュクシマコスの自信の表われを鵜呑《うの》みにする者もいる。晩餐会の別の賓客であるパイドロスもその一人だ。飲酒に関してエリュクシマコスの忠告を受け、パイドロスは医師の指示に忠実に従う。「さて、私自身は君［エリュクシマコス］に従うことに慣れている。とりわけ、医学に関して君が語るあらゆることについては。いまやほかの諸君も、もしすぐれた助言を受けているなら、そうすることだろう」[22]。このようにパイドロスは、専門家が持つ専門知識のために、彼らが自分の技能とは関係のない問題、たとえば晩餐会でどの程度飲酒すべきかについて語るときでさえ、彼らを信用してしまうわれわれの傾向を典型的に示している。これが医学的な問題ではなく、判断の問題、実践知の問題であるのは明らかだ。つまり、飲酒による宴会気分と二日酔いという代償のバランスをどうとるか、である。ところがパイドロスは、エリュクシマコスの専門家としての資格に魅了され、彼に忠実に従うばかりか、ほかの人びとにも自分に続くよう諭しさえする。パイドロスの反応は、自己統御に対する絶えざる脅威を象徴している。それは、本当は個人的あるいは政治的な判断の問題であるにもかかわらず、医師、心理学者、経済学者といった専門家に判断を委ねようとする誘惑だ。

この誘惑のイメージを喚起する現代的な演出が見られるのが、ラリー・デイヴィッドの『ラリーのミッドライフ★クライシス』の「ザ・セラピスト」という別の一話だ。ラリーは前妻であるシェリルとよりを戻そうと必死だが、自分で判断を下すのを怖がっており、セラピストにアドバイスを求める。セラピストは、シェリルに対して断固たる態度で臨み、最後通牒《つうちょう》を突きつけるように言う。「僕のもとに戻って欲しいんだ。月曜日までに決めてくれ。さもなければ、この提案はなかったことにする」。セラピストのアドバイスを実行する前、ラリーはシェリルと和やかなランチを楽しんでいた。事態はいい方向に進んでいるように思えた――最後の審判の時がやってくるまでは。セラピストの勧めをやり遂げざるを得なくなったラリーは、それを実行に移す。果たして、ラリーの横柄な態度に腹を立てたシェリルは、嫌になってレストランを飛び出す。シェリルを追ってとぼとぼと歩き、失態を取り戻そうと無駄なあがきをしながら、ラリーは悲しげにこう叫ぶ。「セラピストがそう言えと言ったんだ[23]！」

このエピソードは二つの面で示唆に富んでいる。第一に、専門家の専門的能力が及ぶ範囲を超えた問題について、われわれがいかに簡単に彼らを信じてしまうかを証明している。セラピストの中には、人間関係の「専門家」であると公言している者もいれば、ソクラテスばりの問いかけの精神で、たまたま人間関係のアドバイスが得意な者もいるかもしれない。だが、彼らが、常識を培ったり人間のさまざまな動機に配慮したりするのではなく、技術的な訓練によってそうできるのかどうかは、明らかではない。人間関係の「専門家」が、書物から原理原則を学び、特殊なメソッドに従っているからといって、思慮深い友人や賢明な知人よりも、有意義な人間関係を見つけたり、壊れてしまった人間関係を修復したりする方法を助言することに熟達していると考える理由はない。結局のところ、人間的善、たとえば充実した人生に資する人間関係の種類や質といったものに関しては、専門的な経験をどれだけ積んだとしても、人の行なう助言は、人が暗黙のうちに、あるいは明示的に依って立つ人生哲学に優るものではないのである。にもかかわらず、われわれが専門家を信頼しようとするのは、その資格や顧客の声、さらには（逆説的ながら）そのサービスに要求される高額な料金によって、彼らがわれわれを安心させてくれるからにすぎない。われわれは専門家の助言を、友人やメンター、家族の助言と並ぶ一つの意見として受け止め、そのうえで自分なりの判断を下すのではなく、あたかもそれが神の言葉であるかのように考えてしまうのだ。

　第二に、このエピソードは、そもそも判断を下すことの意味はどこにあるのかを考えさせる。目的は、結果を出す（妻とよりを戻す）ことなのか、それとも自己意識を表現する――「妻とよりが戻ろうと戻るまいと、自分を偽らず、結果を出すために自分の人格を歪めることのないよう振る舞う」――ことなのか。この二つの目的をきれいに分けられるかどうかははっきりしない。というのも、有意義かつ永続的な意味で「妻とよりを戻す」には、自分が責任を負う人間関係をよみがえらせる必要があるように思われるからだ。セラピストに教わった最後通牒が功を奏し、シェリルがラリーのもとに戻ってきたとしても、そもそも別れにつながった不満の原因を克服するような形で「シェリルとよりを戻した」とは必ずしも言い切れない。自分の正直な気持ちから振る舞った場合とは異なり、ラリーとシェリルの関係が回復したり深まったりすることはなかったはずだ。

詰まるところ、このエピソードは次のことを理解させてくれる。専門家のアドバイスを受け、それに従うという行為そのものが、自分自身の判断、スタイル、道徳的気質を放棄することを意味するのであれば、その結果がどうであれ自滅的な行為なのだ、と。専門家は、あるものを手に入れる手助けをしてくれるかもしれない。しかし、われわれがその行動方針に個人的に納得していなければ、手に入るのは表面的なものになるしかない。われわれが手にするのは、自分自身の個性に満ちた何かではなく、誰かに与えられたものにすぎない――個人的な物語における基準点ではなく、一つの刺激でしかないのだ。

プラトンやアリストテレスの説明から、また暗にラリー・デイヴィッドの苦境から、われわれは次のことを学ぶ。つまり、単なる選択や意思決定とは対照的に、判断におけるポイントは、何らかの目的を達成したり、何らかの善を最大化したりすることではなく、態度を明確にすることなのだ、と。重要なのは、個性を主張し、自分の行動に責任を持つことなのである。

生命を奪うテクノロジーの危険な誘惑を回避する

専門家の知識への素朴な信頼に基づく判断の危険さをさらに悪化させているのが、テクノロジーの進歩だ。それは生活を快適にするよう約束するものの、冒険の機会や人格を陶冶する機会を奪ってしまう。携帯電話からネットフリックス、GPSナビゲーション、そして、いまや自動運転車の登場に至るまで、テクノロジーはコミュニケーションや移動の手段をますます合理化しつつある。こうしたイノベーションは、目標志向、効率重視の文化を物語っている。欲しいものを手に入れるための長く苦しいプロセスを経ることなく、それを手に入れるのを助けてくれるのだ。アップルのハイテク腕時計の最新の宣伝文句——「Hey, Siri。私のために何でもして」——は、まさに現代のモットーなのかもしれない。

アップルの言葉を借りれば「手首を上げるだけで、道順を調べたり、流れている曲がわかったり、言葉を翻訳したりさえできる」という奇跡とも思える能力には、次のような問題がある。そうしたことを実現するためにわれわれが携わっていたプロセスは、ときに退屈だったとしても、多くの場合、単に欲求を満たすだけでなく、人格を陶冶したり欲求を形成したりする機会だったのだ。

土曜の夜にビデオショップに行って夜の娯楽を選ぶという、いまとなっては古風な経験について考えてみよう。それには多少の努力が必要だった。立ち上がり、歩いて、あるいは車で店まで行き、レンタルしようとする作品の在庫があることを祈らなければならなかった（事前に電話する手間を惜しんだ場合）。だが、それは冒険でもあった。思いもよらない映画に出くわす、通路をぶらつくうちに斬新な作品が目に留まるという可能性が常にあった。ときには、特に目当てもないまま出かけ、店員におすすめを訊《き》くこともある。自分はどんな映画が好きで、なぜそれが好きなのかを彼や彼女に語る。会話を通じて、自分の好みを表現し、解釈し、洗練させる能力が養われる。店員との付き合いはいつも楽だったわけではない。延滞料という影が絶えずついてまわり、それを逃れるための口実を探そうとするのは厄介だった。しかし、そのぎこちなさが、交渉術や機転を利かせる能力を若いうちから発揮させることになった。こういったことが、交友関係において、面白い逸話や基準点を生み出した（「返却が遅れた言い訳をしている途中で思わず笑い出して、受付のおじさんに追い出されてしまったことを覚えているかい？」）。ビデオショップへ行くことは、まだ映画を観てもいないのに、それなりに刺激的で充実したイベントだったのだ。

ネットフリックスの場合、そのすべてが失われる。ふと心に浮かんだ欲求を即座に満足させることはできても、自分の望みや個性が形成される旅程が失われてしまうのだ。ネットフリックスでも作品を見て回ることはできるが、店に行くのとはちょっと違う。ネットフリックスが「見回り」のために提示する選択肢は、以前に選んだものによってすでに決まっているからだ。サプライズの要素は薄れている。現代のテクノロジーの多くは、「ネットフリックス的構造」に準拠している。それは、主体性や自制心を犠牲にして、安易な喜びを与えてくれる。

GPSナビゲーションはその最たる例かもしれない。これは、A地点からB地点まで可能なかぎり効率的に移動できるようにするテクノロジーだが、自力で道を探すという主体性を完全に奪ってしまう。もちろん、GPSが登場する前もゼロから道を探す必要はないのが普通だった。地図もあれば標識もあった。標識は、すでにGPSへと向かう途上のものだとも言える。それは、ドライブやハイキングで道を指示するテクノロジーの一形態であり、ランドマークだけを探したり、北極星を追跡したりして長い距離を移動するしかないという負担から解放してくれる。だが、標識を活用するには、依然としてかなりの主体性と注意力が求められる。標識に従うには、それが指し示すものを探し、それを認識できる必要がある。標識は人を導くものではあるが、同時に、周囲の状況の中に人を位置づける――あるいは、自分自身の位置を見定めるよう強制する――ものでもある。これは地図の場合に最も顕著であり、GPS装置の移動する青い点や自動音声とは著しく対照的だ。地図上の交差点やランドマークに注目する際には、記号を実際の事物に変換する必要がある。たとえば、西に向かって車を走らせているとき、ある一定の高さの山が、ほかの山々を背景にして右手に現われるはずだと予期しなければならない。地図上で小さな三角形の記号を見ることと、その実物を認識することはまるで別だ。認識という行為には、あるイメージを想像によって現実に適用することが含まれる。厳密に言えば、地図に従うことなどできない。地図とはそれ自体、解釈を必要とする特殊な標識なのだ。地図は人を導いてくれるが、自分で物事を考えるよう強制もする。そのおかげで、物事を創造的に思い描き、それに出くわしたときには認識できるので、結果として、帰り道の道しるべとして思い出せるようになるのだ。

自分の拠《よ》り所となるランドマークを描写し、その特徴を引き出すことで、われわれは、自分が命を吹き込んだ導きの源としてそれらを理解するようになる。風景を自分の延長として見るようになり、風景を守り育てることに関心を持つようになる。GPSのようなテクノロジーが助長しがちな周囲との調和の欠如が、環境の軽視とどの程度結びついているのかを考えてみよう。場所から場所への移動をアルゴリズムに頼るとき、われわれは身の回りのものを、個人的なつながりの薄い「あちら側」の物事として、漫然と没個性的に見る傾向がある。

旅を徹底的に機械化するGPS装置（それが誤動作しなければの話だが）とは異なり、地図は方向を示しつつも、旅の魅力を高めてくれる。地図に描かれたランドマークは私が思い描いている通りのものだろうか？　それをきちんと認識できるだろうか？

思い返せば、私が七年生と八年生〔日本の中学一、二年生に相当〕のとき、社会科の授業の主要課題の一つでありハイライトでもあったのが、地図の作成だった。GPSの時代にあっては古くさく思える学習である。われわれは大きなマイラーシート〔丈夫で薄いポリエステルフィルム〕を用意し、所定の地図に重ね合わせ、地域の輪郭をトレースしなければならなかった。地元のマサチューセッツ州から始め、ほかの国へ、さらにはほかの大陸へと手を広げていった。都市や町、河川、湖沼、山々を特定しなければならない。見つけるのが容易なものもあれば、難しいものもあった。すべてを正しく理解するには、複数の地図を見比べなければならないことも多い。特別単位を取るために、地形や気候によって濃淡をつけたり、その土地の野生生物や文化を地図の周辺に描いたりすることもできた。

どこに何があるのかを学び、ある場所から別の場所へ誰をどう案内しようかと想像することで、その場所自体への理解がいっそう深まることになった。その場所に愛着を抱いていたのは、そこに自分が手を加えた痕跡が刻まれていたからでもあるが、同時にその場所が謎めいていたからでもある。実際の場所は、自分が思い描いたものに一致しているだろうか？　地図を作っていると、自分が位置を突き止めたりトレースしたりした場所に行ってみたくなる。道筋を地図に描き、自分がナビゲーターであると想像することで、目的地に関心を抱くようになったのだ。

地図を作る、道を探す、自分の進む道を見つけることで自己意識を養うといった経験は、GPSの普及によって脅かされている。GPSは行き先を教えてくれるにすぎないからだ。最近では、地図の作成を課題としている教師はどれくらいいるのだろう。GPSがあれば、何かを描写したり解釈したりする必要はなく、ただ命令に従うだけでいい。周囲の環境に道しるべとして関心を抱くことがなければ、自力で歩みを進める場合とは異なり、わざわざ手間をかけて物事を詳細に描写するわけがない。

われわれはまた、周囲の世界を認識し、自らに誇りを持つという、旅の別の側面を自分自身から奪っている。ナビゲーターの注意深い目を持っていなければ、予期せぬ見どころ――特徴のある岩層や道端の農産物直売所など――を見落としやすい。アルゴリズムが行き先を教えてくれるなら、方向を確かめるために立ち止まる必要がないため、思い出に残るような出会いの機会はほとんどない。より早く、障害に出くわしもせず、目的地に到着できるかもしれない。しかし、到着先の価値を高めてくれるかもしれない背景事情が失われてしまう。友人宅に到着したとき、そこまでの道のりを面白おかしく話せば、訪問先での会話が陽気に盛り上がるだろう。グランドキャニオンのような自然の驚異に遭遇して車を停めるとき、そこに至るまでの対照的な風景を思い浮かべれば、その物自体の荘厳さを増幅することができる。

一二歳のとき、家族でオーストラリアへ旅行する機会があった。その六年前に一族再会のためにスペインに行って以来の国外旅行だったのだが、オーストラリアに着くまでの道のりが、実際の経験にとって、なくてはならないものだったことをはっきり覚えている。オーストラリアに到着すると、伝説のグレートバリアリーフでシュノーケリングを楽しんだ。グレートバリアリーフについては、この旅に備えて多くの自然ドキュメンタリーで読んだり見たりしていた。この経験をするずっと前、はるか上空から広大なサンゴ礁を目にしたことを思い出す。ニュージーランドのオークランドからケアンズへのフライトで猛スピードで北上しているとき、747型ジェット機の西側の窓から外を眺め、自分の位置を確かめようとしていたときのことだ。辛《かろ》うじて水に浸かって黄金色に輝く広大なサンゴ礁は、両側をターコイズブルーの海に挟まれ、無限の大きさを感じさせた。のちにその真上を泳いだとき、私は別の視点からそれを理解することができた。

もちろん、GPSを使いながら周囲の状況を理解することも不可能ではない。テクノロジーマニアなら、いつ、どこで曲がるかを心配する必要がない分、周囲の物事をよりよく理解できるはずだと指摘するかもしれない。ただ見るだけでいいのだから、と。しかし、「ただ見るだけ」という理論は、われわれは無関心な観察者である場合に物事を最もよく理解するという仮定に立っている。ここで見落とされているのは、知覚には評価の基準――人が何かを理解する際の拠り所――が必要だということだ。確かに、ナビゲーションに興味を持たなくても、そうした視点を手にすることはできるだろう。もしかすると、車でのドライブを楽しみながら、最近読んだ詩や小説の描写の美しさに照らして風景を眺めるかもしれない。あるいは、以前の旅の記憶を頼りに、いま見ている風景とかつて見た風景を比較するかもしれない。観察の視点は無限にある。しかし、GPSが提供するルートに対する態度、つまり目的地に到達する効率を最大化しようとすることは、道に対するいかなる評価も排除しがちである。われわれは道をほれぼれと見つめるどころか、時間をつぶすために道から遠ざかる。車の中に閉じこもり、電子的な娯楽に没頭する。

GPSナビゲーションを論理的に拡張したものが自動運転車だ。それによって、あちこち移動する際に、人は自ら積極的な役割を果たす必要がなくなる。とはいえ、自動運転車のおかげで景色を楽しめるようになったり、周囲の世界の中に自分を位置づけられるようになったりするという考え方は、あまりにも単純だ。むしろ、「自由」の身となったわれわれは、目的地までの道すがらEメールをチェックしたり、SNSをぼんやりスクロールしたりする可能性が高い。グーグルが自動運転車のテクノロジーの開発を先導してきた原動力は、人びとがただ車に乗るだけでよくなれば、彼らはスマホの画面に釘付けになり、グーグル検索をより多く行なうようになるだろうという想定であることは想像に難くない。

険しい道のりがもたらす精神的な恩恵に対しては、いくつか異論もありうるだろう。「急いでいるときはどうするのですか？」。ときどき、教え子にそう尋ねられることがある。確かにGPSは役に立つ。真の緊急事態にGPSが有用であることは否定できない。ケガ人を一刻も早く病院に運ぶためなら、われわれは、自力で進路を探すという主体性を喜んで犠牲にすることだろう。だが問題は、GPSが時として善いものであるかどうかではない。真の問題は、なぜわれわれは常に急いでいるのかということだ。そのせいで、地図や自分の方向感覚ではなく、GPSが主力のナビゲーション・システムになってしまっている。GPSに頼ることが可能だからこそ、われわれは予定をギリギリまで詰め込んだり、そもそも急いだりするのではないだろうか？　そのうえ、携帯電話の登場によって四六時中連絡が取れるようになり、会社を出てからもずっと上司の言いなりであることを考えれば、テクノロジー自体が、生活のペースが慌ただしいという問題を悪化させていないと見るのは難しい。

GPSは「方向音痴」の人にとって有用だという主張に対しても、似たような疑問が提起できる。そうした欠点は、どの程度まで、ナビゲーションのスキルを培う必要をなくしてしまうテクノロジーの産物なのだろうか？　いったんGPSに頼るようになると、それなしではどうしようもなくなる。われわれは、方向感覚をあたかも自然の事実であるかのように語る。しかし、もし方向感覚に頼らなければならないのなら、われわれはその使い方を練習し、熟達するはずだ。

GPSへの批判に対して教え子が提起したもう一つの反論は、こうした批判は道に迷うことを美化しているというものだ。だが、「美化する」というのは、目標志向の枠組みにとらわれている人が使う軽蔑的な言葉ではないかと自問する必要がある。われわれが、曲がる場所を間違えることをそんなに恐れるのはなぜだろうか？　できるかぎり早く到達しなければならないほど重要な日常的目標や目的地とは、どこなのだろうか？　病院に行くのは一つの例だ。しかし、どこに行くにも時間通りでなければならないのはどうしてなのか？　プラトンの『饗宴』では、ソクラテスがアガトンのパーティーに食事の途中で現われる。そこまでの道すがら、頭に浮かんだ考え事に耽って道草を食っていたからだ。じっくり考えるには、隣家の玄関先で立ち止まらなければならなかった。ソクラテスがようやくアガトンの家に着くと、彼は温かく迎えられ、その遅刻が会話の入口となる。

ソクラテスの逸話を通じて、われわれはこう考えるよう促される。目的地の重要性は、そこに到達するための道のりから——また、道草を食ったり、遅れたり、道に迷ったりする可能性から——きちんと切り離すことができるのだろうか、と。もしオデュッセウスがGPSを利用し、トロイからイタカまで比較的簡単に航海できたとしたらどうだろう。彼は妻のペネロペのもとにもっと早く戻れたはずだ。しかし、妻に対して同じような愛情をもって帰還することはなかっただろう。というのも、試練を受けることなくすぐに戻ってくる場合の妻と、怪物と戦い、スキュラやカリュブディスをかわし、セイレーンの誘惑に耐えた末に戻ってくる場合の妻は、同じではないからだ。

オデュッセウスの英雄譚《たん》は、次のことを物語っている。つまり、われわれが冒険家やナビゲーターに憧れを抱くのは、彼らが困難な道のりで発揮する、創意、機知、不屈の精神といった美徳のためなのだ。われわれ自身が旅に出るときはＧＰＳを頼りにするかもしれないが、テレビ番組『Man vs. Wild』の主人公、ベア・グリルス（元特殊部隊の工作員）が見せるサバイバルのための知恵にはワクワクさせられる。彼はまったく未知の辺鄙《へんぴ》な土地にパラシュートで降下し、一本のナイフと身に着けている衣服だけを頼りに文明世界への道を見つけなければならない。しかし、ベア・グリルスが本当に称賛に値すると思うのなら、われわれは彼の行動を手本とし、その冒険精神を多少なりとも自らの生活に活かすべきだろう——地図を手に取ったり、テクノロジーが与えてくれる手軽さを埋め合わせるような抵抗の状況を求めたりすることによって。

ネットフリックスやＧＰＳといったテクノロジーを批判的に検討するポイントは、「生活を悪化させた」としてそれを拒絶するのではなく、その利用には疑問の余地があり、重大なトレードオフを伴うという視点でそれを扱うことだ——映画館に行く代わりにビデオを観ることや、馬ではなく車を選ぶことが、かつてトレードオフを伴っていたのと同じように。われわれはこうしたイノベーションを、理性や科学の進歩の証しとして、純然たる前進と見なしてしまうことがあまりにも多い。テクノロジーは啓蒙と人知の到来を示しているという考え方は、単純すぎるし自滅的でもある。昔の人がわれわれの作ったものや開発したものを見ていたら、それに驚嘆し、「当時」それを考えつかなかった自分を悔やんだはずだと思い込んでいるのだ。しかし、古代ギリシャの思想をざっと調べただけでも、ギリシャ人はテクノロジーの将来性をよく知っていながら、その受け入れに消極的だったことがわかる。アリストテレスのような哲学者は、生産と操作の能力を何よりも尊ぶ目標志向の枠組みに批判的だった。

こんにち、われわれが発明家を偶像化するのに対し、古代のアテナイ人は政治や市民権を重視し、議会で人格的な美徳を発揮する人にいっそう感銘を受けていた。ギリシャ人がテクネーと呼んだもの（「テクノロジー」という言葉はここから生じている）を、アリストテレスは実践知（フロネシス）よりも間違いなく格下だと見なしている。テクネーが何かを作ったり生産したりする際の土台となる知識を言うのに対し、フロネシスとは何かを有効に活用できるようにする知識を意味する。古代ギリシャの技術開発を抑止していたのは、実践知、判断力、人格形成への絶えざるこだわりだった。率直に言って、現代のわれわれの熱心な技術開発は、古代ギリシャ人なら悪徳と見なしたであろう事態を示している。つまり、欲しいものを手に入れるためなら、進んで奴隷にもなるということだ。ここで問題となる究極の奴隷化とは、何をすべきか、どこへ行くべきかを教えてくれる機械の言いなりになるということではなく、自分自身の欲望の対象に隷従するということだ。それは一種の内的奴隷状態であり、達成、獲得、旅の目的地などの見通しによって、われわれは人生を支配されてしまうのである。

人生を全体として理解する

高邁さを特徴づける自己への信頼は、自己とは何かをめぐる一定の理解を暗示している。この自己をめぐって、アリストテレスは「実践知」についての自説を強調している。アリストテレスは実践知を「富や力といった人生の一部に関してではなく、全体としてよく生きることに関して」、何が善であるかを熟慮する能力であると定義している。[24] 部分と全体を区別することによって、アリストテレスは、履歴書に書くような目標や役割の多様性よりも、自己には常にそれ以上の何かがあるということの意味を考えるよう促す。この「それ以上の何か」とは、人生のさまざまな部分を、それぞれが独自の目的と卓越性の基準を持つ孤立した領域ではなく、統合された全体の一部として、また相互関係の中で鍛錬され、明確にされるべきあり方として理解する力である。

たとえば、私は教師として、どんな宿題を出すかとか、クラスのお調子者にどう振る舞わせるかなど、教室という限られた領域に関わる事柄だけでなく、この特殊な職業の習慣や特性を利用して、あらゆる状況において自分が生きている精神をどのように伝え、明らかにできるかについても熟慮するかもしれない。もしかすると、教え子たちの一見素朴だが、よく考えてみると実に奥深い疑問に取り組むことに慣れるにつれ、私は新たな仕方で世界に注意を払うようになり、以前は自明としか思っていなかったところで自ら疑問を提起するようになるかもしれない。もしかすると、仕事帰りの渋滞で乱暴な割り込みをされるという不快な経験に対処するために、私は「教師的」なやり方でその場に臨み、そのドライバーの個人的な生活に何があってそのような行動に出たのかを考えることで、怒りを抑えるかもしれない――気難しい生徒に対するのと同じように。このように、私は特定の領域（教師としてのあり方）に関する知識だけでなく、ある領域とほかの領域との関係に関する知識、ひいては比較、類推、「全体」の理解ができる者としての自分自身に関する知識をも培うのである。

こうした理解を育むことは、事故や不運、失敗に対する恐れから自己を解放することでもある。特定の領域で何が起ころうと、どこに行っても応用できる教訓や洞察を引き出す準備ができているからだ。こうした観点に立てば、どんな敗北や損失も最終的なものではない。自分が払った努力や費やした創造的エネルギーは依然として自分の中にあり、いざ新たな難局に直面した際に方向を変えてさらに増強されるのを待っている。したがって、「高邁な人物は、富、権力、さらにはいかなる幸運や不運に関しても、バランスのとれた態度を保ち、それがどのように生じようと、良いことを過度に喜ぶことも、悪いことを嘆くこともない[25]」

こうした感性を見事に表現したのが、レッドソックスのスーパースターで強打者のJ・D・マルティネスだ。二〇一八年のオールスターゲームに選出され、「クリーンナップ」（伝統的に打順の中で最も尊敬されるポジション）を打つよう指名されたあとのことだった。J・Dはこの栄誉を「超現実的」で「本当にクール」だと喜んだが、チームのメンバーに選ばれたことで舞い上がり、われを忘れるようなことはなかった。それどころか、スターダムにのし上がるまでの困難な道のりを振り返り、最終的に肯定するいい機会として、この栄誉を受け止めたのだ。若い頃、彼はドラフト二〇巡目で指名された。ほとんどのマイナーリーガーが到達できないメジャーリーグ入りをついに果たすものの、三年で放出された。しかし、徐々にスイングをつくり直し、オールスターゲームの最強打者へと上り詰めたのだ。J・Dはそれらの出来事を振り返ってこう言い切る。「過去に戻れたとしても、それを変えようとはまったく思わない。失敗して良かった。しくじって良かった。そのおかげで、いまの自分があるような気がする[26]」。オールスターゲームに出場できたこと自体は、J・Dにとって大げさに祝うようなことではなかった。むしろ、自ら歩んできた軌跡全体を広い視野から眺め、自分の旅を肯定する機会を与えてくれる瞬間だった。次の点を考慮しないかぎり、J・Dの態度が並外れた謙遜などではないことを理解するのは難しい。つまり、われわれ自身の功績は、それに伴う物語を通じてのみ、重要性を増して永続的な幸福をもたらすのである。

私はときどきネットに接続しては、二〇〇九年にイングランドのミルトンキーンズで開催された世界ドラッグフリー・パワーリフティング連盟選手権の成績表を引っ張り出す。この大会が開かれたのは、懸垂の記録を追求するようになる前のことで、私は大学院のオックスフォード大学パワーリフティング・クラブに所属していた。

七五kg級をスクロールして自分の名前と数字を見つける。スクワット：一七五kg、ベンチプレス：一二〇kg、デッドリフト：二一二・五kg。これが、パワーリフティング競技会での私の最高成績だった。小規模ながらも競争の激しいリーグで、私は自分の階級で四位に入った。最後となる三回目のデッドリフト試技のあと、審判団が三つの緑のランプをつけるのを見たときの興奮を思い出しながら、私はひとり微笑む。しかし、自己ベストという勝利が過去のものとなって久しいいま、私の心を動かしているのは、競技会に至るまでの旅だ。

オックスフォード大学パワーリフティング・クラブのチームメイトたちとのハードなトレーニング・セッションを振り返ってみよう。月、火、木曜日の夕方、われわれはイフリーロードに面した小さな箱のようなジムにどやどやと集まった。一九五三年にロジャー・バニスターが、世界で初めて一マイルを四分以内で走った歴史的なトラックのすぐ隣の場所だ。トレーニングのあとによくプロテインシェイクを飲んだ、アスレチックセンターに併設された小さなカフェは、その名も「カフェ・サブフォー」といった。ジムには、バー、プレート、ベンチ、それにスクワットラック二台という基本的なものしかなかった。チームメイトのダンがビッグリフトの前にさらなるエネルギーを得ようと、アンモニアのスティックを鼻の前で割る。するとわれわれを有害ガスが包むのだが、いまだにその臭いが漂ってくる。リフトに成功すると、ダンは威勢よくバーベルをラックにかけてこちらを向き、どうだ見たかとばかりに叫ぶ。「ベンチってのはこうやるもんだぜ、くそったれ！」。その粗野で傲慢な振る舞いは、オックスフォード大学の堅苦しさとは著しい対照をなしていた。午後の授業が終わり、教授たちとのミーティングで駆け引きの力をすり減らす頃には、私はジムでの不作法で遠慮のない冗談を渇望していた。そしてトレーニングが終わる頃には、ときとして、日中にはうんざりしていた堅苦しさを少なくとも多少は望むこともあった。

また、選手権のわずか一カ月前にひどいインフルエンザにかかり、ケガなくトレーニングを続けていた最高の期間が中断されてしまったことも覚えている。一週間は熱で寝込み、さらに一週間は倦怠《けんたい》感でトレーニングどころではなかった。選手権に出場できるだけの体力を取り戻せるのか、ましてやいい成績を残せるのか。ブラッド・ピットがアキレウスを演じた映画『トロイ』を観たりして、二週間ほど家でごろごろしたあと、自分を奮い立たせてジムに行くことができた。一カ月前には羽毛のように軽く感じたウォーミングアップ用の六〇kgのウェイトが、まるで一トンのレンガの塊のように重くのしかかったのを覚えている。頭はふらふら、足はがくがくだった。しかし、徐々にウェイトを増やしていくと、数カ月のトレーニングの成果が現われ始め、当初の疲労を乗り越えて力がついていった。まさにこのとき、その後繰り返し自分に言い聞かせることになる貴重な教訓を学んだ。つまり、アスレチック・トレーニングであれ、執筆活動であれ、朝仕事に出かけることであれ、ある活動を始めたときにどう感じるかは、その活動中にどう感じるか、最後にどんな結果になるかを決めるものではないのだ。インスピレーションは、思いもよらないときに訪れることがある。

最後になるが、競技会の前夜、ベッドに横になっていたときのことも覚えている。翌日のことを考えないよう努力し、試技の場に出るよう自分の名前が呼ばれるのを予見して湧き上がる不安をなだめようとしたものだ。競技会を広い視野から捉えようと、アテナイの五〇〇人の市民陪審員の前に立ち、死刑を決める裁判で自分を弁護しようとしているソクラテスを思い浮かべた。ソクラテスがあれほど冷静沈着に裁判に立ち向かえたとすれば、翌日の三回目の試技にも失敗して味わう失望にもどうにか耐えられるはずだ！　「私を破壊するに至らないすべてのことが、私をさらに強くする」というニーチェの格言によって、私は自分を慰めた。歌手のケリー・クラークソンが流行らせたスローガンだが、この言葉をつくったのはニーチェである。現代の一般的なアドバイスやモチベーションの多くが、はるか昔にこうした格言を考え出し、それについて現代のわれわれよりもはるかに深く考え抜いた哲学者から徐々に浸透してきたことを示す好例だ。競技会のことを前もって考えながら、私は自分に言い聞かせた。「明日何が起ころうとも、少なくとも人格が試されることにはなるだろう。つまり、敗北を埋め合わせるか、勝利を広い視野から捉え直すいい機会だ」。何世紀も前に生きた思想家の言葉や行動を振り返るという単純な行為が、気持ちを楽にしてくれた。表現するのは難しいが、これらの哲学者はある意味で、彼らの肉体や身体能力が過去のものとなったあともずっと、私の中で生きつづけていたのだ。

私はこれらのことを、またさらに多くのことを覚えている――そのすべてが、当時と同じようにいまも生きている。もっとも、その結果が良かったからというわけではない。結果とは束の間のものだ。その瞬間はわくわくしても、すぐに過去のものになってしまう。しかし、洞察は決して古くならない。現時点で助言やインスピレーションを得るために立ち戻るやいなや、その洞察は最初に頭に浮かんだときと同じように生き生きとよみがえるのだ。

結果を示す成績表を振り返り、その日に至るまでのすべてを思い起こすと、目標には二つの捉え方があることに気付かされる。成功するか失敗するかという限界のある追求として捉えるか、人生全体のある側面が明確になるポイントとして捉えるかだ。

アリストテレスは『ニコマコス倫理学』の冒頭で、目標が持つこのような二面性に注意を促し、特定の目的、すなわち善い物事と、善そのものを区別している。人間のあらゆる行為は「何らかの善」を目指していると、彼は書いている。それは、特定の目的（テロス）のための行動である。アリストテレスが例として挙げるのは馬勒《ばろく》だ。これは乗馬のための道具であり、さらに乗馬は戦争でリーダーシップをとるためのものだ。[27]しかし、われわれの行動に意味があるとすれば、われわれはあらゆることを何かほかのことのために行なうというのは、事実ではありえない。われわれは常に、何らかの最高善を目的として行動しなければならない。[28]だが、アリストテレスによれば、最高善とは、快楽、名誉、知識など、われわれが追求する特定の目的の彼方にある何らかの目標ではない。最高善とは幸福、すなわちエウダイモニアであり、それは存在状態ではなく生き方である。幸福とは、瞬間や状況を比較し、対立する主張のバランスをとり、すべてを考慮して態度を明確にするという、熟慮と判断の継続的な実践から切り離せないものなのだ。

自立する道としての孤立vs.統合

失敗、不幸、喪失の恐怖に直面するとき、あるいは強迫観念や心配の種による支配から逃れようとするとき、人生に対する冷淡な無関心、あるいは少なくとも、諦めによる自制心に逃げ込みたくなる。「私がすること、あるいは必要だと思うことでさえも、より大局的な見地に立てば究極的な意味などない。私が何者であるかを決めるのは、私がしている仕事でも、私が属しているとされる国でも、私が愛着を持っている人びと——家族や友人——ですらない。そうではなく、一歩引いて自分の人生を遠くから眺める能力であり、物事を拾い上げては手放す能力なのだ。だから、ほどほどの熱意をもって、執着しすぎることなく、物事を楽しもう」。感情に動かされないこうした主体性は、節度ある成熟した態度であり、自己統御の典型ですらあると自分自身を納得させるのは簡単だ。しかし、高邁、実践知、人生の「部分」と「全体」の関係についてこれまで考えてきたことからすると、こうした態度の愚かさがわかる。

恐怖や執着の本当の源は、自分が大切にしているものに対する過剰なまでの情熱ではなく、それらに対するある種の目標志向的な関わり方にある。私は仕事を続けられるのか失うのか、国は統一を保つのか崩壊するのか、ある人がいまはここにいてもいつかいなくなってしまうのか、こうしたことが不確実な状況になって初めて、ある種の恐怖が生まれる。そして、この恐怖のせいで、私はこうした諸事から自分を切り離し、遠くから人生を眺めて評価する能力に「本当の」自分を見いだすよう自分に言い聞かせるのかもしれない。しかし、私を動かしている物事を、実践知の源として、また、互いに力を及ぼし合いながら絶えず現われ、重要性を増していく可能性として捉え、それに気を配るかぎり、私はまったく別の意味で自分自身を制御するようになる。つまり、多くのものをまとめて捉え、類似性を引き出し、一つにする力を手にするのだ。

苛立ちや不安にとらわれた瞬間に望まれる、積極的な関与からの冷淡な距離感とは対照的に、ニーチェが提案する自省の実行について考えてみよう。「あなたがこれまで心から愛してきたものは何だろうか、魂を魅了されたものは何だろうか、それを支配する一方で、同時にそれを幸福にしたものは何だろうか……これらの対象を比較し、そのうちの一つがほかのものをいかに補完し、拡大し、凌駕《りょうが》し、変容させるか、また、それらが、あなたがこれまで自力でのぼってきた脚《きゃ》立《たつ》をいかにして形づくっているかに目を凝らしてみることだ」[29]。このように考えてみると、自分が心から愛するものは、人生の旅路を支え、インスピレーションをもたらす源泉として、常に自分とともにあるのだ。

アリストテレス、大きさと小ささの道徳について

高邁についての説明の中盤で、アリストテレスは二つの根元的な主張をしている。第一に、高邁はほかのあらゆる美徳を内包しているという。というのも、高邁な人物が「大慌てで戦闘から撤退したり、正義にもとる行動をとったりする」[30]のを想像することは不可能だと、アリストテレスは書いているからだ。よって、高邁は多くの美徳の一つにすぎないものではない。それは最も包括的な美徳であり、勇気、正義、寛大さを何らかの形で含んでいるのだ。すると、高邁につながるとアリストテレスが論じている美徳は、最高の美徳に到達するための入口となる美徳であるように思われる。あたかも、高邁という次のレベルへの資格を得るには、まずは勇気、正義、寛大さを備えた自己を確立しなければならないかのように。だがアリストテレスは、さらに大胆な第二の主張をすることによって、こうした進歩の可能性に疑問を投げかける。彼は、高邁は美徳にとって一種の「決着」あるいは「頂点をなす飾り」だと書いている。高邁は美徳を含むだけでなく、「それらをより偉大にする」ものなのだ[31]。アリストテレスはこのように、高邁さこそが、

真の意味で、あるいは最高の意味で、あらゆる美徳の源であることを示唆している。高邁さがなければ、それ以外のすべての美徳は輝きを失ってしまう。つまり、高邁さが欠けていれば、人はいかなる形であれ、完全に正義、勇敢、寛大、高潔であることはできないのだ。厳密に言えば、高邁は唯一無二の美徳であり、ほかのあらゆる美徳の根底にあってそれを真の善の表現とする気質である。多くの美徳は、高邁さの要素あるいは派生物として理解できる。こうした主張は、美徳と自己統御との関係に対して重要な意味を持つため、注意して考察する必要がある。

ほかの美徳に対する高邁の優先性について考える一つの方法は、次のようなものだ。すなわち、あらゆる美徳について、より大きなものと小さなものが存在する。つまり高邁さを証明する美徳そのものと、美徳そのものに類似しているが、ある種の小ささによって傷つけられた美徳だ。アリストテレスは、この示唆に富む提案について詳しくは語っていない。しかし、アリストテレスの頭に何があったのかを想像することは、やってみるだけの価値がある。

正義の美徳を例にとってみよう。正義にかなうとともに高邁さを示す振る舞い方が存在する。すなわち、人生で出会うさまざまな人に、当人にふさわしいものを与えるよう絶えず心を配りながら生きる。借金を払い、都合が悪くても約束を最後まで守る。約束したわけではなくても功績を認めるべきときには認める（しばしば意見が対立する相手であっても）。法律や慣例によれば厳密には自分のものであっても、ほかの人がよりよく使ったりより正しく評価したりできるものは譲る——などといったことだ。正義にかなうこれらの振る舞いが、高邁さの印となる。高邁であるためには、誰が何に値するかをめぐる旧来の評価基準に対して、自分自身で判断することが必要になる。そこには、自分はどんな「おかげ」をこうむっているかという広範な概念も含まれている。それは物質的なものを超えて、単に自分の注意や関心である可能性もある。

しかし、別の種類の正義もある。それは、卑屈さを示す正義であり、けち、弱さ、恨みの一形態だ。これは、何が「公平」かを常に計算する「しっぺ返し」の正義であり、特定のケースにおいて何が正しいかを犠牲にして「ルール」に訴える無情な官僚主義的正義であり、釣り合いという衣をまとった復讐としての懲罰的正義——損失に直面した際の一種の無益な主体性の行使として「目には目を」を求める報復的衝動——である。「自分が被った損害を回復することはできないが、少なくとも加害者に仕返しすることはできる！」というわけだ。こうした正義の近縁（そうしたものであることに気付いていないことが多い）が、日常生活でおなじみの他者に対するつまらない監視や道徳主義的な叱責《しっせき》であり、実際には姿を変えた怒りである。

この種の正義を垣間見るために、もう一度『ラリーのミッドライフ★クライシス』（現代の文化的弊害の戯画として最高に興味をそそる番組）に目を向けずにはいられない。ラリー・デイヴィッドは、アイスクリームを買おうと列に並んでいるのだが、彼の前にいる女性がすべての味を試食している。しびれを切らしたラリーは、友人のジェフに、とはいえその女性に聞こえるように、彼女は「試食特権」を乱用していると訴える。非難された女性はラリーをキッとにらむと、ようやくバニラに決める。女性が立ち去ると、ラリーは不満をぶちまけ、アイスクリーム売りの女性に同情を寄せようとする。「バニラだってさ！　結局はバニラなんだ！　冗談じゃない！」と彼は言う。彼の憤りに共感を示すことなく、カウンターの向こうの女性は黙って注文を待っている。少し間を置いて、ラリーは自分の好きな味を迷わず頼むのだろうなと見る者に思わせてから、彼は口調を変える。探るように一瞥して、「バニラはどうだろうね？」と尋ねるのだ。ラリーは、女性を非難する原因となったまさにその試食を自分も楽しみたいのだとわかる。しかし、彼は社会的な不評を恐れて気まずさを感じている。ラリーの正義への訴えは、憤りから生まれたものだ。自分に意気地がないために抑え込んでいる性癖を、他人が好きなように解放していることが気に入らず、相手に向かって人さし指を立てて振っているのだ。[32]

高邁さに照らして、その他の美徳、たとえば正直さを吟味することができるかもしれない。真実を語り、信念を口にすることは、自尊心のなせる業だ。自尊心とは、自分の都合で、あるいは結果を恐れて嘘《うそ》をつくことは、個人的な弱さの一形態だという信念である。困難な状況を利用して自分の立場を主張する機会とするのではなく、たとえば、デリケートな質問に答えるのを拒否したり、皮肉っぽくはあるが本当らしく答えたりすることによって、人は状況に合わせて自分を曲げてしまう。嘘をつくことが他人に対して有害であるか無礼であるかはともかく、自分自身の品格にとっては無礼なのだ。

しかし、正直さは一種の弱さにもなりうる。それは、過剰な良心の呵責《かしゃく》や罪悪感から、心のうちにあることを何でも言ってしまおうとする一種の衝動強迫であり、どんな質問にも律義に誠実に答えなければならないという欲求だ。映画『ライアー ライアー』でジム・キャリー演じる主人公の正直さは、こうした見境のない、罪悪感にさいなまれた率直さを物語る例だ。警察官に信号無視で停車させられ、自分のしたことが間違いだとわかっているかと尋ねられると、キャリー演じる主人公は、自分の人生のあらゆる違反行為を告白せずにはいられなくなる。求められてもいないのにグローブボックスを開けると、未払いの駐車違反切符がどっさり出てくるのだ。

おそらく、高邁さあるいは卑屈さを最もわかりやすく表現できる美徳は、寛大さだろう。寛大さは、恩恵を施す者が自分の贈り物に充実感を覚える美徳かもしれない。たとえば、ある生徒の才能を伸ばすためにリソースを投じたり、自分の人生の何らかの側面を満足させるようなミッションを持つ慈善団体を支援したりする場合がそうだ。しかし、寛大さが自分を消耗させてしまうこともある。自分より貧しい人びとへの罪悪感や、苦労している人びとへの憐れみから、すべてを捧げなければというプレッシャーを感じる人もいる。自分を利用する人びとに与えつづける人さえいるのだ。

こうした落とし穴を戯画化したのが、古典的なコメディ映画『アパートの鍵貸します』でジャック・レモンが演じる「バド」・バクスターのケースだ。バクスターは、自分の勤める保険会社の経営幹部の一団に脅されて屈服し、彼らが不倫に耽《ふけ》るための人目につかないホテルの一室として自分のアパートを提供する。バクスターは律儀にアパートを明け渡し、上司たちが夜を楽しんだあとに戻ってくる。あるときなど、バクスターは一晩中路上で寝ることを余儀なくされ、翌日ひどい風邪をひいて出社する。バクスターは初期形態のAirbnbを運営しており、その見返りは昇進の見込みだと言っていい。上司の火遊びを助け、その意味では彼らの不道徳な行為に加担しているが、バクスターのもてなしは歪んだ意味で寛大である。彼は「ゲスト」が楽しい時間を過ごせるよう、ドリンクトレイを入念に補充するなど、任務以上のことまでする。しかし、これはきわめて限定的で魅力のない寛大さであり、高邁さよりもむしろ卑屈さから生まれたものなのだ。

リトルリーグのグラウンドにおける寛大さと自己統御

バド・バクスターのひ弱な寛大さとは好対照をなすのが、教え子や弟子の育成を誇りとし、そこに自己統御を見いだすメンターや教師の寛大さだ。私がリトルリーグで野球をやっていた頃のメンターが思い浮かぶ。だが、彼の美徳を正当に評価するには、リトルリーグの球場ではよくある不愉快な競争について簡単に説明しておかねばならない。主に、親コーチ（その多くはリーグ役員を兼ねている）が、球場における自らの想像上の栄光の日々を追体験したいという願いから、子供たちに過度のプレッシャーをかけ、是が非でもタウンリーグの優勝を勝ち取ろうと躍起になっているのだ。私が一二歳だったある春のことを覚えている。わがチームは三連戦のプレーオフの初戦で勝利を収めた。われわれがリードしていた第二戦は、試合の途中で降雨により中止となった。すると、たまたま相手チームのコーチだったリーグ役員が、事態を「効率化」するためにサドンデスの一試合をやって勝ち抜くチームを決めようと提案してきた。この同じ親コーチは、わがチームのエースピッチャーがチームメイトの打席でストライクの判定に大声で不満を訴えたために球審に退場させられたあと、プレーオフの全試合で彼を出場停止にするよう運営側に働きかけていた。わがチームのピッチャーは球審に向かい、ストライクゾーンが広すぎるとしてこう叫んだのだ。「ヘイ、ショーン、どこか行かなきゃならない場所でもあるのかい？」。結局、サドンデスの一試合というアイデアよりも、ひとかけらの公正さが勝り、わがチームのピッチャーが登板することになった。

だが、ときには、けちな欺瞞とは無縁の人物に出会うこともあった。私より少し年上の三人の男の子の父親で、穏やかな話し方をする人がいた。彼は自分の子供たちとともにリトルリーグのシステムを経験し、そのすべてを目《ま》の当たりにしてきたが、些細なことにはこだわらなかった。勝っても負けても、ただ野球を愛し、投球動作を鋭く分析した。彼が自分の子供たちを教えるのに相当な時間を費やしていたことは間違いない。しかし、彼らの一挙手一投足に気をもむわけではなく、私の指導や、私の父とのピッチング談義にも時間を割いてくれた。自分の息子が公園の反対側でプレーしているときでさえ、私をマウンドに引っ張っていき、投球を見守ってくれたのを覚えている。それが彼の寛大さだった。だがそれ以上に、それは与える行為であり、その行為を通じて与える者としての喜びと充実感に浸っていたのだ。それは、自分が愛する活動をそれ自体が持つ形式と品格とともに伝え、次世代のプレーヤーのあいだで発展するのを目にする好機だった。

この父親は、勝利にこだわって騒ぎ立てるリトルリーグの親たちよりも、他人の育成に力を入れていただけではない。自分に自信があり、落ち着いてもいた。ほかの親たちは、敵対的な姿勢を崩さず不寛容で、いつも不満を抱えていた。負けるたびに不平を言い、言い訳をした。勝つと自慢し、たいていは高飛車にアドバイスし、さらに勝とうと画策した。子供たちが円熟したプレーヤーの素質を発揮して、ダブルプレーを演じたり、本塁から二塁へ送球してランナーを刺したりと、両チームが見事にプレーした試合でも、彼らにはそれを喜べるだけの余裕がほとんどなかった。

また、試合から学べる人生の教訓を正しく理解することもできなかった。たとえば、チームへの忠誠心の意味もその一つだろう。われらがエースピッチャーがベンチから球審に対し、不満げに、しかし勇敢に異議を叫んだのは、チームメイトを援護していたのであり、自分の投球についてて文句を言っていたわけではない。ボールかストライクかで抗議するのは不作法とされているものの、カッとなった一二歳の子供であればやりがちなように、球審に悪態をついたり、罵声を浴びせたりはしなかった。彼の腹の立て方にはどこか称賛すべきところがあった。しかし、相手チームのコーチの目には、彼を犠牲にして自分たちが優位に立つ好機としか映らなかった。勝ち負けにこだわるあまり、彼らはいつも不満だらけだった。それとは対照的に、時間を割いて私を指導してくれた件《くだん》の父親は、試合の浮き沈みにかかわらず、節度ある態度を崩さなかった。コーチングという活動が本質的にやりがいのあるものであり、あとあとまで影響を及ぼすということを知っていた。自分がピッチングを教えた子供が試合で勝利を収めるかどうか、高校を卒業しても野球を続けるかどうかは、まったく別の問題だった。彼の寛大さは自己統御を伴っていたのだ。

地位や相対的な成果が重視されるきわめて競争的な環境、あるいは、生産、達成、出世が焦点となる社会では、自己肯定的な寛大さを見失ってしまう危険がある。「すべては自分のため」という不安で狭量な態度にとらわれてしまう危険がある。そうなると、「なぜ勝つ必要があるのか?」という問いにぶつかったとき、途方に暮れてしまうのだ。

セルフサービスが当然のこととされるという背景のもとでは、寛大さは利他主義という空虚で不安定な美徳の形をとる。これは、ほかの誰かのために自分の何かを進んで放棄するということだ。最も必要としている人びとに財を提供する手段として、利他主義は有用である可能性があるものの、与える側も受ける側も満たされないため、十分な道徳的資源とはなり得ない。アリストテレスの言葉を借りれば、利他主義とは高邁さを伴わない寛大さなのだ。与える側は時間やお金を使い果たし、他者からの称賛や、ちょっとした犠牲を払っていいことをしたのだという道徳的感情にのみ満足感を味わう。受け取る側は、有用ではあるが外面的な何か、いまや形の上では自分のものだが、自分の美徳や能力を示すわけではない何かを手に入れる。慈善という形で利他的な贈り物を受け取った人の多くが、それを不快に思い、拒絶するようになるのはこのためだ。彼らが本当に望んでいるのは、自分自身の力を発展させる能力なのだ。リトルリーグの件の父親が、私を指導してくれた際に示したような本物の寛大さとは、それを通じて受け取る側と与える側の両方が高められ、力を与えられるものだ。こうした場合の贈り物は、共有される活動や生き方なのである。

誠実、寛大、正義――これらいずれのケースにも、高邁と卑屈の道がある。最高の意味での美徳は第一の道だ。それが、アリストテレスの主張だと私は思う。たとえそうだとしても、道徳性の卑屈な表現にも何らかの美徳はある。多くの場合、人は何かを失うことで誰かを助けたり、抽象的に守る価値のある原則を尊重したりしている。しかし、そのような道徳には個人的な代償が伴うし、ときにはそれが莫大なものとなる。そこに欠けているのは、高邁さから生まれる美徳の輝きなのだ。

別の見方をすれば、卑屈さから生まれる美徳の場合、「なぜ美徳を備える必要があるのか」という疑問があらゆる行為にのしかかってくる。こうした美徳は自己の消耗を伴うため、人は何らかの見返りを期待する。必ずしも金銭ではなく、評価や幸運によって、世界が自分に報いてくれることを望むのだ。「なぜ善良な人に悪いことが起こるのか」という疑問が必ず生じ、人を悩ませる。強さから生まれた美徳の場合、その疑問は生じない。あなたの道徳的行為は、あなたが何者であるかを物語るからだ。高邁さという観点から見れば、あなたの「善行」とそれ以外のすべての行為に違いはないのである。

第二章　自己統御その二
——ソクラテスの生と死

高邁に関するアリストテレスの説明を初めて読んだとき、私は彼が典型的なアテナイ紳士の理想像——威厳と高い身分に伴う義務《ノブレス・オブリージュ》を強く意識する人物——を示しているのだと思った。しかし、本書の企画のために改めてその説明に立ち戻ってみたところ、少し違った見解に達した。私が注目したのは、アリストテレスが名声よりも真理に関心を寄せていたことだ。そして、実際にアリストテレスの念頭にあったのは別のモデルだと結論するに至った。すなわち、プラトンの対話篇の主人公で、外見的にはぱっとせず、しばしばだらしない哲学者にしてヒーローのソクラテスである。

プラトンのものを含め、ソクラテスに関する多くの記述によれば、ソクラテスは妙な格好をした醜くささえある男で、アテナイの貴族のような見かけの威厳はまったくなかった。ソクラテスはアテナイの街を裸足でうろつき、外国人や市民といった幅広い人びとと付き合い、正義、敬虔、名誉、美、魂、善き生など、人間が最も深い関心を寄せるテーマについて自分と語り合おうとする人なら誰とでも交わることで知られていた。

平民や奴隷と長々と話すのは自分にふさわしくないと考えるアテナイの貴族とは異なり、ソクラテスはしばしば、アテナイ社会の名士に劣らぬ関心をもって普通の人びとに質問を投げかけた。たとえば、プラトンの対話篇『メノン』では、ソクラテスはメノンの従者である奴隷と長時間にわたって議論する。その結果、少なくともわれわれ読者にとって明らかになるのは、この奴隷は彼の傲慢な主人よりも実は学ぶ能力が高いということだ。良家に生まれ、教養も高いメノンが、ソクラテスとの議論で有名な詩人や雄弁家の見解をオウム返しにすることで賢く見られようとするのに対し、メノンの奴隷は世間一般の常識にそこまで染まっておらず、守るべき名声も持っていないため、ソクラテスの質問に正直かつ率直に答える。こうしてソクラテスは、メノンの奴隷が根本的な意味でメノンよりも自由であることを明らかにする。立派な人間は何を言うべきかという規範に縛られることなく、奴隷は自分の頭で考えているのだ。

アリストテレスの「高邁な人物」もかくやとばかりに、ソクラテスは当時の社会の気取った貴族たちを皮肉たっぷりにからかう一方で、あまり知られていない人びとの常識を擁護した。プラトンの対話篇を通じて、ソクラテスのお気に入りの会話相手はアテナイの若者たちであり、世に認められた彼らの父親たちではない。

ソクラテスははるか昔の人だし、街頭で長々と会話するという変わった暮らしをしていたが、私は彼をモデルとして研究し、そこから学ぶことを提案する。少なくともプラトンの描くソクラテスの姿は、理想化されたものかもしれないが、自己統御のすばらしい模範を示している。ソクラテスについて私が興味を抱いているのは、その率直な提案の多くが自己統御というテーマに関わっているにもかかわらず、彼が弟子たちに提示した見解の内容だけではない。そうではなく、彼が討論を通じて、その振る舞い方と、反対意見——それは敵意となる場合さえあった——への対処法において示した美徳でもあるのだ。

ソクラテスが何者であり、何を考えていたかを示す重要な指標として、ソクラテスの態度に焦点を当てることは、プラトンの叙述が対話形式であることからして理にかなっている。論文や解説文とは異なり、対話においては、提示される内容とその伝え方を切り離すことはできない。したがって、ソクラテスの教えを、ソクラテスが人生の中で抱いていた精神から切り離すことは不可能だ。ソクラテスの提案や主張を理解するには、行為の文脈において、とりわけ、彼が対話する特定の人物とどのように論争することが予想されるかという観点から、それらを考えなければならない。

ソクラテスの提案と同様、その態度に注目すれば、彼の行動が自己統御に関するアリストテレスの説明と驚くほど一致していることがわかる。ソクラテスは、アテナイの名士、アテナイの紳士の息子、著名な外国人、奴隷、そして彼が交流したあらゆる人びととの議論を通じて、評判、礼儀、敬意にまつわる不安や、賢者と見なされる人びとの前で愚かに見えることへの恐れなど、よくある懸念を見事に免れていた。すぐあとで検討するように、彼は不幸を克服するモデルともなっている。

意見の合わない相手を理解する

ソクラテスが名誉ある者にも社会に取り残された者にも分け隔てなく接したのは、名声よりも真理に対して変わらぬ関心を抱いていたからだ。当時の教養あるエリートたちとは異なり、ソクラテスは、賢く、洗練され、博学に見えることなど気にしていなかった。彼は、愛とセックスの関係や神々は本当に全能かといった、きわどい、あるいは冒瀆《ぼうとく》的でさえあるテーマを持ち出すことも恐れなかった。有名な詩、偉大な出来事、靴職人にも同じように興味を向けた。彼のただひとつの関心事は、自己を知ることだった。善き生を形づくる人格を理解し、それに従って生きようとした。その唯一の目的に突き動かされるように、地位や肩書き、名声に関係なく、何か面白いことを言う人から話を聞きたいと熱望していた。

ソクラテスは、世間一般の通念を疑って初めて何かを得られるのだという信念から、懐疑と論争を歓迎した。ソクラテスは、自己を知ることに関しては勝者も敗者もないという洞察をもって生きていた。誤りを正してもらうこと、あるいは、いかに生きるかについて新たなよりよい視点を示してもらうことは、他人の誤りを正すよりもはるかに善いことだからだ。有名な雄弁家のゴルギアスに対し、ソクラテスはあっさりとこう認めている。「私が真理を語っていないのであれば、反駁《はんばく》されるのを喜ぶだろうし、ほかの誰かを反駁するのを喜ぶことだろう……だが、私は前者をより大きな善と見なす。最大の害悪から解放されることの方が、ほかの誰かを解放することよりも大きな善であるかぎり」[1]

ソクラテスが自己を知ることに関心を集中していた点は、当時の有名な演説者や教育者、つまり雄弁家やソフィストとは一線を画するものだった。こうした人びとは、議会で、あるいは陪審員を前にして、自分自身がその議論を真実だと考えているかどうかにかかわらず、議論に勝つことができるとして自慢していた。「詭《き》弁《べん》(sophistry)」という言葉の語源となったソフィストは、ギリシャ中を都市から都市へと移動しながら、若い野心的な市民に、相手を矛盾に陥れるための巧みな話術を教えて授業料をとる巡回教師だった。彼らは裕福なアテナイの父親たちに雇われ、息子たちに公開討論で勝つのに役立つ弁論術を伝授していた。ソクラテスのソフィスト批判を描くことによって、ソフィストに悪評をもたらし、こんにちの「詭弁」という軽蔑語への道を開いたのがプラトンだった。

ソフィストや雄弁家は、いかに第三者を説得するかということだけに関心を寄せ、善悪の内的基準を培うことができなかったため、彼らが自称する専門的技能が疑われそうになると、議論の場ですぐに苛立ちや怒りをあらわにした。対照的に、ソクラテスはどんなに厳しい状況に置かれても、堂々として自信に満ちた態度を保っていた。たとえば、せっかちで野心家の若き雄弁家、トラシュマコスが正義の意味をめぐる対話に割って入り、質問するだけで答えを与えないとしてソクラテスを非難したとき、ソクラテスは落ち着き払ったまま、純粋な好奇心からトラシュマコスにこう答えている。「トラシュマコスよ、つらく当たらないでくれ。もしわれわれがこの議論に鑑みて何か間違いを犯しているとすれば……それが不本意な間違いであることはよく知っているはずだ……したがって、われわれは君のような賢い男につらく当たられるどころか、気の毒に思ってもらう方がはるかにふさわしいことは間違いない[2]」。トラシュマコスがソクラテスに、もし自分が正義の意味に関する問いに対して「よりよい」答えを提示できたら、ソクラテスはどんな罰を受けるべきかと尋ねると、ソクラテスはその「罰」は単に「知っている人から学ぶこと」であるべきだと答えている[3]。

ソクラテスが正直に返答していることに気付かないトラシュマコスは、勝利への愛に心を奪われ、言葉による征服の方法を研究する以外の学びの概念がわからない。彼はソクラテスが皮肉を込めて話しているのだと考え、議論に勝つのは自分だと確信している。しかし、ソクラテスはトラシュマコスが何を言いたいのかを本当に知りたがっていることがわかる。トラシュマコスが、正義とは「より強い者にとって有利なものなら何でもよい」（トラシュマコスは気付いていなかったが、この見解は彼の独創ではなく、論争に耽《ふけ》る人びとのあいだではありふれた常套句《じょうとうく》だった）という、賢明とされるきわめて現実的な正義の理解を仰々しく披露すると、ソクラテスはその意見を真剣に受け止め、「まず、君が何を言わんとしているのかを学ばなければならない」と言う。ソクラテスはトラシュマコスに反論しようとはせず、彼の意見を明確にすることを目的とした単純な質問を投げかける。正義とは支配者が自分たちの利益になると考えるものなのか、それとも純粋に彼らの利益になるものなのか？　というのも、最も強大な暴君でさえ、ときには誤った判断によって自らを害することがあるのではないだろうか？　暴君に仕え、それゆえ「正義」にかなう行動をとるべき市民が、そうすることが暴君を傷つけると知っているとき、それでもそうすることが正義なのだろうか？[4]　これは、共感を示すと同時に批判的でもある、いい質問だ。トラシュマコスが正義の一面を知っている可能性を残しつつ、トラシュマコスの言う「より強い者にとって有利なもの」が実に曖昧で混乱していることを明らかにしている。ソクラテスはこの問いを投げかけることで、正義の意味がより明確に見えてくる幅広い議論への道を開いたのだ。

　対話が展開するにつれて、ソクラテスはトラシュマコスが完全に間違っているわけではないことを明らかにする。というのも、ソクラテスが若い友人たちを導いて発見させたように、正義とは善、すなわちある種の魂の調和に関わっているからだ。この調和において、知恵への愛が名誉への愛と利益への愛を導く。そう理解すれば、正義とは、いわゆる強者を含むすべての人にとって「有利な」ものなのだ。トラシュマコスは「有利」を狭く捉え、「善」を名誉や物質的な富に還元していたものの、完全に道を踏み外していたわけではない。彼は、正義とはただ他人のために自己を犠牲にすることではないと認識していた。正しく理解された正義とは、ある意味で、それを持つ人を豊かにし、力を与えるものなのである。

対話の終わりには、ソクラテスがトラシュマコスを、本人以上に理解していることが明らかになる。ソクラテスは、トラシュマコスが最初の定義で捉えようとしていた正義に関する真の包括的な見解を提示する。こうしてソクラテスは、法廷で勝訴する雄弁家のように相手を打ち負かすことによってではなく、当初の意見の相違の根底にある暗黙の共通基盤を明らかにすることによって、トラシュマコスの反論を克服するのだ。

トラシュマコスとのやりとりのように、ソクラテスは自分に反対する人びとに上機嫌で質問し、彼らの最も論争的な見解の含意を明らかにしようと真剣に試みた。論争を呼ぶ見解の魅力を引き出すために、より詳細かつ正確な言葉で述べるよう対話の相手を励ましさえした。たとえば、グラウコンとアデイマントスという二人の若い対話相手には、透明人間になれる魔法の指輪のおかげで、自分の望むいかなる不正もやり放題の全能の泥棒について考えることで、トラシュマコスの「力が正義を生む」という正義観をうまく演出するよう勧めている。こうした泥棒のような人物は、他人の権利を律義に尊重するものの、いつも損をしている正義の人よりも幸せではないだろうか？　この大胆で示唆に富む問いは、プラトンの『国家』における中心的テーマであり、ソクラテスはこのテーマを通じて、暴君、あるいは暴君になろうとする者に対し、彼自身のやり方で語りかける。民主的な政治体制の文脈では、こうした探求の前提――暴君の生き方にも一理あるかもしれないということ――自体がタブーに思えるだろう。しかし、ソクラテスは道徳主義やポリコレには無頓着だった。彼は心をそそるあらゆる衝動を探求したかったのだ。

ソクラテスは最終的に、暴君自身の視点から暴君を批判するよう友人たちを導く。やりたい放題に不正を働き、富と女性と称賛をかき集めることによって、暴君ははかなく空疎なもので欲望を満たしているにすぎない。富と称賛を「たらふく食べ」ても、満足と空しさの自滅的なサイクルに陥るだけだ。同時に、自分に力を与えてくれる人びとへの媚《こ》びへつらいに絶えず没頭しなければならない。ソクラテスによれば、真の幸福は哲学を追求することにしか見いだせないという。哲学は、すべての美しく望ましいものに内在する意味を引き出し、善き生のヴィジョンの中でそれらを堅持するからだ。

だが、これが意味するのは、暴君と哲学者は外見こそ著しく異なるものの、まったく違う存在ではないということだ。暴君も哲学者も、評判のいい昔ながらの枠組みを超越した満足を求める熱烈で限りない欲求に突き動かされている。両者の違いは、同じ基本的欲求を満たすためのそれぞれの試みにある。

ソクラテスの質問の仕方と率直な発言から明らかなように、彼が指針とする想定は、どんな意見にも少なくとも一片の洞察が含まれているということだった。ソクラテスが留保なしに述べる数少ない断定の一つが、最も無知で不道徳な者でさえ、あらゆる人間は善を欲しているということだ。[5] 全能の泥棒という理想に誘惑される者でさえ善を望んでいる。つまり、他人を出し抜いてその財産を盗むことによって、幸福になれるはずだと誤信しているのだ。われわれはみな、多少とも効果的な自分なりの方法で魂の一貫性と調和のために努力しているのだから、道に迷って途方に暮れているようにしか見えない人でも、まったくの見当違いをしているわけではない。

ソクラテスは、人びとを彼ら自身の立場で理解しようと努め、悪意ではなく無知という観点から悪徳を想像することができたので、ほとんどの人を悩ませる悪への憤慨から驚くほど自由だった。自分の哲学的な生き方が直接に攻撃された場合でさえ、ソクラテスは落ち着きと好奇心を保ち、自分が影響を与えるかもしれない同席者の前で哲学を擁護するという難題を楽しんでさえいた。

最も印象的な例は、カリクレスという名の野心的な若き雄弁家に対するソクラテスの応答だ。カリクレスは哲学を「男らしくない馬鹿げた」探求であるとし、子供がやるなら可愛げもあるが、成熟した大人にはふさわしくないと非難する。[6] カリクレスはソクラテスに、雄弁術が必要とされる「より大きなこと」、つまり国家の問題に向かうよう力説する。カリクレスによれば、哲学者は私事や公務に秀でるのに必要な能力をまったく欠いており、人間の快楽や苦痛に盲目であり、人の性格を見極める資質もないという。さらに、哲学者は名声なき人生へと追いやられ、「三、四人の少年を相手に街角でこそこそと話をしている」[7] と付け加える。カリクレスは哲学への異議の締めくくりとして、ソクラテスの運命を予見する。

もし誰かがあなたやあなたの同類を捕らえて、牢獄《ろうごく》に連行し、犯してもいない不正を告発したら、あなたはどうしたらいいのかわからず、何を言えばいいのかわからず、頭が混乱してぽかんとすることだろう……そして、裁判にかけられると、たとえ告発者が知性の劣る悪党だったとしても、彼が死刑を望めばあなたは死ぬしかないだろう。ソクラテスよ、自分自身を助けることも、自分自身やほかの誰かを最大の危険から救い出すこともできない芸術の中に、どんな知恵があるというのか[8]？

カリクレスの非難は、ソクラテスの時代にも珍しくなかった古くからの哲学批判を象徴している。哲学者は抽象的な理論的研究に没頭し、そのせいで現実的な問題から遊離し、日常生活に関しては一種の道化になってしまうという考え方だ。ソクラテスと同時代の有名な喜劇詩人アリストファネスは、まさにこうした言葉でソクラテスをふざけ半分に嘲笑し、空想に耽っている無力な子供として彼を描くと、自分の「シンクタンク」で虫めがねを使って昆虫の研究をしているとした。カリクレスの異議を通じて、プラトンはソクラテスに対する最も重要な批判と思われるものを提示する。それは、アテナイ市による告発（ソクラテスが若者を堕落させたというもの）よりも徹底的な告発だ。アテナイ市の告発は重い罰則を伴うが、ソクラテスの生き方の核心を突くものではない。哲学そのものではなく、哲学の影響を標的にしているのだ。プラトンはカリクレスを使って、最も直接かつ説得力のある言葉でソクラテスの真価を問う。

カリクレスの痛烈な批判に対して、ソクラテスは少しも怒らない。それどころか、思っていることをはっきり口にし、それゆえ、最も重要なテーマについて議論するにふさわしい相手と対話する機会にわくわくしている。つまり、人生をいかに生きるべきかというテーマだ。

君と出会えたのは何と幸運なことだろう！……というのも、人生の正しさについて、あるいはその逆のものについて魂を十分に試そうとする者は誰でも、三つのものを携えて仕事に臨むべきだが、君はその三つ、すなわち、知識、善意、率直さをすべて備えていると思うからだ……私はかつて、君が知恵の涵養はどこまでなされるべきかを議論しているのを耳にしたことがあるし、［君がいま提示したような］見解に賛成していたことを知っている……だから、君が自分の親友にしたのと同じ助言を私にするのを聞けば、私に好意を持ってくれているという十分な証拠になる……そして、カリクレスよ、君が私を非難したようなテーマ——人が持つべき人格や、人が追求すべきものは何かといったこと——ほど、栄誉ある問いを立てられるテーマはないのだ[9]。

ソクラテスはそれから、カリクレスの論点を一つずつ取り上げていく。哲学者が現実的な問題に無知であるとされることをめぐっては、快楽と善の関係についてカリクレスに質問する。カリクレスは、善き生とは自分の欲望を解放し、そうした欲望に思う存分おぼれることだと唱えていた。そのためには、自分の欲するものを与えてくれるよう他人を説得できる雄弁術が必要だと主張する。ソクラテスは、カリクレスが善と快楽を同一視している点に目をつけ、両者は本当に同一だと思うかと問う。当初、カリクレスは両者に違いはないという見解に固執する。善き生とは、快楽が最も多く到来する人生のことにすぎないというのだ。しかし、この問題をめぐってソクラテスに問い詰められると、彼は違いを認めざるを得なくなる。ソクラテスはカリクレスの動機に注意を払いながら、彼の関心が本当はどこにあるのかをテストしようと簡単な質問をする。「愚かな子供が快楽に浸っているのを見たことはないかい？」。カリクレスは「ある」と答える。

「では、愚かな人間が快楽に浸っているのを見たことはないかい？」。「あると思う」とカリクレス。[10] ソクラテスは続いて、カリクレスが認めているまさにその事実によって、すべての快楽が善いわけではないという避けがたい結論に彼を導く。善く生きるということは、欲望のあいだに区別をつける感覚、すなわち知恵を持つということであり、そのときどきにたまたま湧いてくる欲望に見境なくおぼれることではないのだ。ソクラテスは、カリクレスが自分に向ける非難を基にすると、カリクレスが否定できなくなる主張を提示することによって、彼をこの結論に導いている。というのも、カリクレスはソクラテスが哲学を追求することを愚かな子供だと非難しているからだ。ところがソクラテスは、カリクレスの目の前で、哲学の活動にはっきりと快楽を感じている。哲学者の人生は無価値であるという彼の見解と矛盾しないようにするには、カリクレスはまさに自分が否定する区別、つまり「善と快楽は異なる」という区別を認めなければならない。

　しかし、こうした容認は、哲学に対するカリクレスの中傷を暗黙のうちに弱めるものだ。彼が哲学よりも雄弁術を支持する論拠は、雄弁術は人を支配することを可能にし、その結果、自分が望むものを手に入れることを可能にするが、哲学は弱く無力であるという点にあった。カリクレスによれば、哲学者は自分が欲するものに浸ることができず、禁欲的な自己否定の生活に追いやられるという。しかし、いまやソクラテスがカリクレスに示したのは、善き生を送るにはある種の良識や知恵が必要だということであり、こうした良識や知恵には、自分が欲するものを手に入れる手段だけではなく、それについての批判的評価が含まれるということだ。ところが、カリクレスが提示する雄弁術は、自分が欲するものを与えてくれるよう第三者を説得することを目的としているにすぎない――まるで、何が善であるかはすでにわかっているかのように。雄弁術が無視しているのは、他人をとやかく言う前に、いかにして自分の問題を解決するかというきわめて重要な考察なのだ。

　哲学に対するカリクレスの非難は、実のところ、美徳や善き生に注意を払わない抽象的な学問、あるいは自然の研究として考えられた哲学に対する非難である。哲学はこうした評判を得てきたし、ソクラテスが登場する以前もある程度はそうだったが、それはソクラテスが実践したような哲学ではない。カリクレスが、ソクラテスの哲学を浮世離れした哲学と同一視することで見逃しているのは、追求するに真に値するものは何かを見極めるべく、正しい行動指針について熟考し、自分自身の人生全体を吟味することの変わらぬ必要性だ。この究極の課題にとって、他人の説得だけを目的とする雄弁術は何の役にも立たない。ソクラテスはこうして、雄弁術ではなく哲学こそが真に実践的な試みであることを明らかにする。賢明な助言を与える力を本当に備えているのは、法廷での勝利に注力する雄弁家ではなく、自己を知ることを目指す哲学者なのだ。

　哲学は法廷において人に説得力を与えないし、自分自身や友人を守る力ももたらさず、最も恐ろしい不正に対して人を無防備なままにしてしまうというカリクレスの告発に対して、ソクラテスは難しいジレンマを提起する。説得力があるということが、陪審員に対して、無罪判決につながりそうなことなら何でも言うのと同じように、第三者を満足させることだけを意味するとすれば、そこには代償が伴う。というのも、自分の安全を確保するために意地の悪い陪審員を満足させることは、自分の魂を歪めることであり、自分自身に対して重大な不正を犯すことだからである。魂の高潔さを維持しつつ、不正な扱いを避けるためには、法廷を満足させることなく、どうにかして揺さぶりをかけなければならない。この先で見るように、これはまさにソクラテスが自分の裁判で直面した苦境である。

ソクラテスは、次のように指摘してカリクレスの議論に最後の一撃を加える。アテナイの歴史上最も偉大な雄弁家たち、たとえば、いまではカリクレスをはじめ多くの人が崇《あが》めるペリクレスのような雄弁家が、混乱の時代にあったアテナイの民主主義が彼らに敵対したとき、自分自身を救えなかったのだ、と。雄弁術は、カリクレスが考えるような万能の力ではない。雄弁術よりも強力なのは哲学であり、哲学は自己を守ることと自己の立場を表明することの適切なバランスをとることに関わっているのである。

ソクラテスにも悪い所があったとすれば、それは柔和さや説得力の欠如ではなく、高邁な人物にありがちなことだが、人びとを高みから見下す傾向があったことだ。それによって、人びととの堕落が滑稽であること、つまり、哲学者仲間と笑いを分かち合える未熟な子供の愚かさであることを明らかにしたのだ。

プラトンの対話篇の中で、ソクラテスが対話の相手に無慈悲な態度をとり、たとえば誰かを論理的矛盾に追い込もうとするのは、横暴な参加者から議論を解放しようとするときに限られる。こうした人物は若くて遠慮がちな参加者を黙らせたり、間違った理由で彼らに感銘を与えたりしがちだからだ。ソクラテスはトラシュマコスとの議論のある時点で、正義の意味を明らかにするのではなく、むしろ曖昧にしてしまう言語的混乱に彼を陥れる。[11] しかし、彼がそうするのは、トラシュマコスがソクラテスを論破しようとするだけではなく、見たままの真実を語ることがなぜ重要なのかという疑問を頑強に提起したあとのことにすぎない。それに対してソクラテスは、ソフィスト流の抽象的で敵対的な議論になれば、相手の土俵でトラシュマコスを打ち負かせることを見せつける。ソクラテスは専門用語を巧妙に使い分け、同じ言葉をさまざまな意味で使うことによって、トラシュマコスが明らかに矛盾したことを言うように仕向ける。彼がそうするのは、理論的にトラシュマコスを打ち負かすためではなく——ソクラテスにとってそれはどうでもいいことだ——注意を引きたい二人の若者、グラウコンとアデイマントスの前でトラシュマコスの鼻をへし折るためだ。グラウコンとアデイマントスが、強健な男に恥をかかせて顔を真っ赤にさせることができる人物に感銘を受けるのは間違いない。そこで、ソクラテスはこの機会を捉えてトラシュマコスが自分の得意分野で無力であることを明らかにするのだ。もっとも、ソクラテスがそうするのは戦略であり、若者たちとともに本物の知恵を探求するという、より大きな目的のためだ。アリストテレス的な高邁な人物らしく、ソクラテスは「故意に過ちを犯す理由がない限り」人を屈服させることはない。[12]

ソクラテスの自己統御のさらなる特徴は、その正直さ、アリストテレスの用語で言えば「表現の率直さ」だった。ソクラテスは自ら投げかけた問いを通じて間接的に語ることが多かったものの、常に本心を語っていた。彼は自分が正しいと思っていることを言い、私の見るところ、嘘をついたことは一度もなかった。彼はしばしば、特定の人物から軽率な同意を誘うような誘導尋問をする。しかし彼がそうするのは、議論に参加しているもっと注意深い人びとのためであり、少なくともわれわれ読者のためなのである（ソクラテスはプラトンの主人公であり、われわれはプラトンの愛読者であることを常に忘れてはならない）。しかし、ある問いが誰かを間違った方向に導くとしても、それが嘘だというわけではない。それは注意深く提示された正直さの一形態であり、答える者に識別の責任を負わせるものなのだ。ソクラテスは自分の考えを見境なく世に問う人ではなかった。彼自身の意見は、ほとんど常に他人への質問の中に暗示されており、彼自身の主張として提示されることはめったになかった。

ソクラテスは、友人や敵から自分の考えをはっきり述べるよう迫られると、しばしば皮肉っぽくこう語った。自分は真実を言うが、一部の人びとのために、彼らには通じない言葉で語るのだ、と。皮肉のおかげで、ソクラテスは多くの対話を通じて自己統御を保つことができた。彼は嘘という自己歪曲に屈することもなかったし、侮辱や誤解を招きやすい不注意な正直さにおぼれることもなかった。

ソクラテスの皮肉の有名な例は、これから検討する彼の人生のクライマックス、つまり彼の裁判で語られたものだ。そこでソクラテスは、自分が賢いとは少しも思っていないと告白した[13]。ある観点からすると、その発言は正しかった。ソクラテスは、確かな事実や真理への明確な認識というおなじみの意味で、知識を持っているとは決して主張しなかった。彼は知恵の探求を大いに楽しみ、あらゆる洞察を、人生の展開の中で解明され修正される可能性のあるものとして扱った。ソクラテスをよく知る人なら、彼の皮肉な発言の真意を理解しただろう。ソクラテスを知らない人たちは、彼が人生を捧げた暴露的懐疑主義のせいで空っぽな人間になってしまったことを、ソクラテスが率直に語っているのだと思ったかもしれない。

裁判におけるソクラテス

七〇歳のとき、ソクラテスは三人の著名なアテナイ人によって法廷に引っぱり出された。若者を堕落させ、国家が認めていない新しい神々を持ち込んだとして告発されたのだ。死刑に値する重大な罪だった。ソクラテスの罪状認否と裁判を取り巻く状況は、彼が陥った逆境を際立たせるものだ。プラトンの対話篇を読めばわかるように、ソクラテスは生涯を通じて、市民の怒りを買うことなく哲学を実践するために注意を払っていた。権力闘争に巻き込まれるのを恐れて政治は避けていたが、デリオンの戦いでの兵役を含め、市民としての責任は忠実に果たしていた。しかし、裁判にかけられたとき、彼は不運な状況に置かれていた。スパルタとのペロポネソス戦争によるアテナイの衰退という背景のせいだ。

政治が混乱している時代には、安定した状況に比べて、権力者が異端の見解や生き方に寛容でなくなるのはよくあることだ。ソクラテスが法廷に召喚された当時、ギリシャの大国であり文化の中心であったアテナイは、敗戦の危機に瀕《ひん》していた。さらに悪いことに、勲章を受けた若き将軍で、ソクラテスの著名な弟子の一人でもあったアルキビアデスが、すでにシチリアへの遠征に乗り出していた。この遠征は、アルキビアデスがスパルタに亡命したあとに悲惨な事態を招くことになる。この軍事作戦は、当初はアテナイ史上最も輝かしい勝利に終わるものと期待されていたが、それに先立ってアテナイの民主主義を揺るがす不敬行為が世間の耳目を集めていた。ヘルメス神の神聖な彫像の多くが、何者かによって陰茎を破壊され、汚されたのだ。それがアルキビアデスであるという噂が広まった。アルキビアデスは、アテナイの宗教的信仰に対して自らの権威を主張しようとしていたからだ。プラトンの『饗宴』を読むと、ソクラテスがアルキビアデスに節度を教え、名声と栄光への熱狂を鎮めようとしたことがわかる。しかし、この若き将軍の野望は、最悪のタイミングで彼を飲み込んでしまった。アテナイの民政当局がシチリア遠征からアルキビアデスを呼び戻し、告訴すると脅すと（この行為が遠征を台無しにしたという説もある）、アルキビアデスはスパルタに逃亡した。この亡命をきっかけに、ソクラテスがアテナイの若いリーダーたちの忠誠心を損なっているのではないかという疑念が広まった。

同時に、アテナイのすべての自由民のためにいっそうの権力を望む民主主義者と、エリートのために権力拡大を望む寡頭制支持者のあいだで対立が激化していた。後者の人びとは自らの権力を維持すべく、ソフィストを雇って巧みな弁論術と統治術を息子たちに教えさせていた。こうした雰囲気の中で、ソクラテスがソフィストと間違われるのは容易だった。ソクラテスは（とりわけ）裕福な貴族の息子たちと交わり、世間一般の通念を疑うよう促した。彼はまた、アテナイ人と同じく外国人も気軽に議論に参加させた。

しかし、実際には、ソクラテスはソフィストではなかった。彼が陪審員たちに注意を促したように、自分の教えに対して料金を請求することはなかった。また、自分が知識の水差しで弟子が空の器であるかのように、美徳を授けるのだとは決して主張しなかった。彼が実践した哲学の要諦は、知識を伝授することでも、議論に勝つことでも、終着点に到達することでさえなく、さらなる疑問を引き出すような自己認識を他人とともに探求することだった。

ソフィストの詭弁に対するソクラテスの絶妙な批判は、彼を遠くから見ていた人びとには理解できなかった。彼がアテナイの伝統的な民主主義者たちから嫌われるようになったのは、とりわけアルキビアデスの大失態のあとのことだった。ソクラテスが「教えるとは、弟子がすでに自分の中に持っているものを引き出すことである」という考えを擁護する対話篇『メノン』の最後で、アニュトスという人物にソクラテスへの憎悪が見て取れる。アニュトスはソクラテスの告発者の一人となる政治家だ。アニュトスは突然議論に割り込むと、ソクラテスがソフィストと関わろうとしているとして非難する。ソクラテスが、ソフィストに不当な扱いを受けたことがあるのか、あるいは会ったことくらいはあるのかと尋ねると、アニュトスは激怒する。アニュトスがそうした経験はないことを認めると、会ったこともない人をどうして糾弾できるのかとソクラテスは問う。アニュトスは彼らの「本性」を知っているのだと答え、ソクラテス自身がソフィストとして非難されないよう慎重に行動するよう警告する。[14]

ソクラテスにとって、アテナイ市が科すことのできる最も重い刑罰に直面しながら、自らを取り巻く複雑な誤解――詭弁を弄《ろう》するのではないかというイメージを含む――を解くことは、特におよそ五〇〇人もの市民からなる陪審団の前では容易なことではなかった。しかし、彼は落ち着き払っていた。彼は自分の運命の転機に対処する方法だけでなく、自分の人生を肯定し、弟子たちにインスピレーションを与える方法を見いだしていた。怒りも恐れも自己憐憫もなく、彼はアテナイの陪審員に対して哲学を巧妙に擁護したのだが、その様子はプラトンの対話篇『ソクラテスの弁明』で詳しく語られている。プラトンはこうして、ソクラテスは決して、いかにも哲学者を連想させるような、またタレス（空の観察に熱中するあまり井戸に落ちてしまったという思想家）などの伝説で揶揄《やゆ》されるような、この世のものとは思えない超俗的な人物ではなかったことを示している。ソクラテスが人間的な動機付けの問題に関して賢明であり、他人に振り回されない方法を知っていたことを、プラトンは描いている。

プラトンが伝えているように、ソクラテスの抗弁は不屈にして分別のあるものだった。ソクラテスは、プラトンを含めその場にいる教え子たちが哲学への信頼を失わないように、「吟味されざる生に生きる価値なし[15]」とはっきり主張した。同時に、哲学者には似つかわしくない弁舌の力をふるい、自分が陥った運命から弟子たちを守るような形で哲学を提示しようとする。彼は、哲学には法を遵守する市民性が伴っていることを示し、アテナイ市はその腐敗のために、市民を向上させるような言説を容認できないと示唆しようとする。

有名な雄弁家のゴルギアスに勝るとも劣らない巧みな言い回しで、法廷の作法には無知なふりをしながら、ソクラテスは哲学がいかに法の尊重を促すかについて手の込んだ説明を組み立てる。彼は過去の経験から、大衆の情熱に抗して法を守るために自ら立ち上がった事例を二つ挙げている。哲学を破壊的な力としてではなく、都市を保全する防波堤として提示しようとすることによって、彼は自分の生き方を鼓舞し、維持するためにできる限りのことをする。彼の最大の望みが、哲学を守り、かつ無罪を勝ち取るという、一見不可能とも思えるクーデターだったとすれば、ソクラテスはそれをほとんど達成している。しかし、陪審員は僅差（ほぼ五〇：五〇）で有罪の評決を下す。

評決を聞くやいなや、ソクラテスは正直な自己評価を主張する。アテナイの死刑囚に許されていたように、死刑よりも軽い刑を懇願する代わりに、彼は図々《ずうずう》しくもこう言い放つ。つまり、自分への「罰」として、無料の食事を含む生涯の公共宿泊設備を市が提供すべきだ、と。これが、アテナイの品格を向上させた自分への正当な見返りだというのだ。言うまでもなく、陪審員たちはそれを認めなかった。アテナイ市はソクラテスに死刑を宣告した。

ソクラテスは刑の宣告を冷静に受け止めると、告発者と支援者に交互に辛抱強く語りかけ、後者には自分の死を不幸だとは考えていないと断言する。もっと時間があれば、告発者たちにその愚かさを納得させることができるとソクラテスは主張する。

ソクラテスは、たいていの人が自分の生き方を否定し、ひれ伏して慈悲を乞うであろう状況に直面した。ソクラテスにとって、少なくともアテナイでは哲学を放棄すること、あるいは死刑ではなく国外追放を懇願することがどれほど容易だったかを考えてほしい。ところが、自分自身を歪め、危機を脱するために哲学を放棄する代わりに、彼は不幸に立ち向かい、それを自分の生き方を肯定する機会とすることを選んだ。こうして彼は、「危険を好まず」、「些細な理由で危険に飛び込もうとはしない」が、「重大な局面では一命をなげうつ」[16]高邁な人物の美徳を示した。ソクラテスは不幸を自分自身のものとした。そうすることで、彼は告発者たちに勝った——法廷で論破したり、打ちのめしたりすることによってではなく（彼はそれを試みたが）、彼らを利用することによって。つまり、哲学に心を動かされた人びとに、こんなメッセージを伝えるために彼らを踏み台にしたのだ。決して諦めるな、死を恐れるな、吟味されざる生に生きる価値なしだ、と。ソクラテスが人を感動させるこうした態度を取らなかったら、プラトンを含む弟子たちに同じような影響を与えたかどうかは疑わしい。

ソクラテスの死——不幸を埋め合わせ、自分自身であるための教訓

自らの信念を強調するため、ソクラテスは脱獄のチャンスがあったときでさえ獄中にとどまった。当時は看守に賄賂を渡し、別の都市にゆうゆうと逃亡するのがごく当たり前だった。プラトンは一つの対話をまるまる割いて、ソクラテスが友人のクリトンの申し出たこの選択肢を拒否した様子を描いている。処刑の日、ソクラテスはいかにも彼らしい断固とした陽気な態度を保つ。友人であるパイドンはこう伝えている。「別の友人に死が迫っているときとは違い、私は憐みの

情で満たされることはなかった。というのも、「ソクラテスは」そうした恐れ知らずの気高さで死と向き合っており、行動も言葉も幸せな人間に見えたからだ」[17]。日没とともに処刑される覚悟を決めたソクラテスは、その日を普段と変わりなく過ごした。真剣に、冗談を交えながら、取り乱すことなく、美徳と魂の問題について友人たちと対話したのだ。

間近に迫った死を前にして、ソクラテスは、この状況において最も心をかき乱すと思われる問題、つまり魂は不滅かどうかについて、率直かつ広範な議論をリードする。シミアスやケベスを含む若い友人たちは、ソクラテスとともにこの問題を探求したがっている。当初、彼らは魂は不滅であるというソクラテスの示唆に異議を唱えることを恐れる。ソクラテスの最後の瞬間に厄介な可能性を持ち出して彼を動揺させたくないからだ。しかし、ソクラテスは彼らのためらいに気付くと、議論を惜しまないようにと励ます。父親のような穏やかさで、ソクラテスは彼らの最も深い恐れを打ち明けるよう促す。

シミアスとケベスが順番に彼らの恐れを告白したあと、ソクラテスは彼らに質問する。ソクラテスの言動を伝えるパイドンによれば、注目すべきは、ソクラテスがその場にいた全員の恐れを和らげた方法だ。

私はしばしばソクラテスに驚かされてきたが、このときほど驚いたことはなかった。「若者たちが魂について尋ねたことに対して」彼が答えたことは、驚くには当たらなかったかもしれない。しかし、最も驚いたのは、ソクラテスがそれらに答えるときの態度であり、若者たちの言葉に耳を傾けるときに、彼がいかに快活で、穏やかで、敬意に満ちていたかであった。さらに、彼らの言葉がわれわれに及ぼす影響をいかに素早く察知したか、そして最後に、どれほど巧みにわれわれを癒やし、逃避と敗北からわれわれを呼び戻し、回れ右をして彼に従うよう誘《いざな》い、「魂についての」議論を彼とともに検討するよう導いたかだった。[18]

運命の時が近づき、対話が終わろうとするとき、ソクラテスはシミアスとケベスを魂の不滅の「証拠」へと導く。ソクラテスの一連の質問の要点は、次のことを明らかにするところにある。つまり、若い友人たちの恐れは、暗黙のうちに魂を肉体に還元することを前提にしているということだ。死によって魂が飛散したり消滅したりする可能性について語るとき、彼らは暗黙のうちに、寒い日に一瞬だけ見えては消えてしまう白い息や、燃え尽きる残り火のような物理的なものの観察に依存している。しかしソクラテスは、魂の運命の問題には、もっと徹底的な検討が必要だと示唆する。

そうしているあいだもずっと、死を前にしたソクラテスの揺るぎない冷静さは、どんな議論や証明も完全には捉えることのできない霊魂的意識の深さを示唆している。つまり、肉体を駆り立て、生命を与えるものは魂であり、それは単に肉体だけでなく、言葉や行動が伝える意味の中に現われる。こうした意味は、認識されず、誤解され、長きにわたり忘れ去られることさえあるが、息や煙のように消滅したり飛散したりすることはない。ソクラテスがプラトンの言葉やわれわれの思考と行動の中に生きるとき、また、われわれがプラトンの対話篇を解釈し、その洞察によって生きようとするとき、それらの意味に感動した人びとの行動の中で生き続けるのだ。

友人のクリトンから、君の子供たちのために何かできることはないかと尋ねられると、クリトンへのいくつかの最後の指示の中で、ソクラテスは一つの単純な願いで答える。「私がいつも言っているように、クリトン……もし君たちが［哲学を探求することによって］自分自身を大切にするならば、私と私のもののために尽くすことになるだろう[19]」

ソクラテスが望んでいるのは、記憶され、称賛されることではなく、彼の生き方の価値を認める者のために生きる力として存続することである。ソクラテスの願いを十分に理解していないクリトンは、どう埋葬されたいかとソクラテスに尋ねる。ソクラテスは、おなじみの大まじめなユーモアのセンスで、穏やかな笑いを浮かべてこう答える。「君の好きなようにするといい。君が私を捕らえ、私が君から逃げ出さない限りね[20]」。この冗談は、ソクラテスはすでにクリトンから逃れているというものだ。クリトンは人間としてのソクラテスを、まもなく死体となる肉体と素朴に同一視している。クリトンがソクラテスを説得して脱獄させようとしていたのは偶然ではない。肉体とその保存に気を取られているクリトンは、魂のより大きな力を理解できない。

プラトンは、ソクラテスがどこまで不幸を受け入れ、自分のものとしたかを強調するかのように、ソクラテスに自分の処刑を指揮させる。処刑人を呼ぶよう友人のクリトンに指示するのもソクラテス。処刑人が泣き出して部屋を出て行くとき、ドクニンジンの杯《さかずき》を快く受け取るのもソクラテス。震えることもなく、自分の運命を嘆くこともなく、まるで祝杯のワインのようにソクラテスは毒杯を仰ぐ。

毒が回って死が迫ると、ソクラテスはすすり泣く友人たちを慰める。彼はクリトンに最後の願いを伝える。それが、彼が口にする最後の台詞となる。「われわれはアスクレピオスに雄鶏を捧げるべきだ。必ずそうしてくれ[21]」。ソクラテスの謎めいた台詞は、生を拒否する遺言と解釈されることが多い。アスクレピオスは医術の神であり、雄鶏を捧げるとは贈り物を意味する。ソクラテスのクリトンへの指示の意味するところは、肉体に縛られた生は、死によって治療される病であるということらしい。したがって、死をもたらすことによってわれわれの身体性を治療してくれる神に、生贄《いけにえ》を捧げなければならないというのだ。しかし、ソクラテスの最後の言葉に関するこうした解釈は、ソクラテスがそれを口にする際の遊び心を見落としている。処刑の日、裁判中、そして死ぬまでのあいだに、ソクラテスが行ない、語ったあらゆることが、来世的であるのと同じく現世的でもある知恵への愛に満ちていた。したがって、アスクレピオス神を哲学の象徴と解釈してもおかしくはない。ソクラテスは何度も、哲学者を（現世における）魂の治療者のような存在と見なしているからだ。

ソクラテスが、真の生は肉体からの解放、すなわちこの世の苦悩からの解放においてのみ達成されると信じていたという考え方は、キリスト教のある種の教義の影響により、新プラトン主義者が彼の思想に押し付けたものであることは間違いない。ソクラテスは肉体に対する魂の優先を唱えてはいるが、肉体を魂への障害として否定することは決してない。プラトンの対話篇『饗宴』において、ソクラテスは、美への情熱的な愛であるエロスを哲学の起源であり原動力であるとさえ述べている。彼はそこで、美しい肉体の美しさは、美しい人と一緒にいたいという肉体的な憧れだけでなく、美そのものを理解したいという知的な憧れも呼び覚ますと示唆している。ソクラテスは、目に見えるもの、形あるものという肉体の世界を放棄するどころか、それを驚嘆の念で見つめ、いかに生きるべきかを示す寓話にたゆみなく取り込んでいるのだ。

ソクラテスが身体性を理解し、自分が生きた人生へあふれんばかりの熱意を持っていたことを物語る格好の例が、処刑の直前に友人たちに語る最後の神話だ。つまり、善き人びとの魂が死後にそこで暮らすとされる、上空から見た「地球の真の表面」の神話である。こうした地球のイメージは、哲学に動機付けられた生のモデルであることがわかる。地球の大きさも性質もわれわれが思っているようなものではないと、ソクラテスは言う。池の畔《ほとり》のアリやカエルのように、われわれは地球のほんの一部に住んでいるにすぎない。地球の表面で暮らしていると思っているが、水、空気、霧で満たされた多くのくぼみの一つに埋没して生きているのだ。海底で暮らしている生物が、海面に住んでいると思い込んでいるのと似たような状況だ。こうした生物は水中から太陽や星を見て、海を空と勘違いしている。怠惰と弱さのせいで、彼らが海面に浮かび上がり、われわれのいる見晴らしの利く地点から、輝きを放つ太陽や星がどれほど純粋で美しいかを見ようとすることは決してない。われわれも同じ立場にいる。怠惰と弱さのために、空気を星々が動く天空だと思い込んでいる。しかし、この空気は実のところ、純粋な天空の単なる沈殿物にすぎない。多くの人がエーテルと呼ぶものだ。もしわれわれが翼を手に入れ、この濁った大気から飛び出すことができれば、星々を含むあらゆるものをありのままに見ることができるだろう。[22]

多くの層を持つ地球が表わしているのは、さまざまなレベルの自己認識だ。われわれが「くぼみ」に住んでいるということによって、従来の常識に疑問を抱かせ、人生には仲間内で語られる「真実」以上のものがあると認識させようというのだ。それらの真実とされるものは、実際には意見であり、善を目指して思慮深く疑問を投げかければ、現にわれわれの念頭にあるものより包括的な洞察を指し示してくれる。われわれの意見が指し示す包括的な視野とは、「上空から見た地球」であり、紫、金、白、その他多くの鮮明な色の多様な連なりとして輝きを放っている。というのも「水、空気、霧に満ちた地球のくぼみは、美しい色合いで輝きを放ち」、「区分された単一のイメージの中で」共にきらめいているからだ[23]。

　ソクラテスが思い浮かべる色彩の「多様な連なり」は、それぞれの区分がほかの区分と関わる中でその美しさを獲得するものであり、自己統御された生の一体性、あるいは全体性を理解する方法を提供してくれる。こうしたイメージはまた、どんな意見も完全に間違っているわけではないというソクラテスの見解と調和する、無知に関する見方を示してもいる。つまり、われわれの知識の欠如は、幻影を実在と見誤ることではなく、強迫観念や視野狭窄の犠牲になること、すなわち、地球の多くのくぼみの一つで自分自身の瑣《さ》末《まつ》な問題に没頭し、それぞれのくぼみが寄与している色彩の多様な連なりを見失ってしまうことにあるのだ。正しい視点で見れば、地球のほかの地域との関わりにおいて、それぞれのくぼみは一つのきらめくイメージの不可欠な一部なのである。

　実のところ「善き魂」の美しい住処《すみか》は、真の比率と色彩で見たこの世界なのであり、それは哲学によって照らし出される。ソクラテスは、知への愛に導かれた生は絶え間ない旅だと示唆する。この旅を通して人は、すでに知っており愛している世界について、より高い視点とより見晴らしの利く立場を手に入れるのだ。

　有罪判決を受けたあと、ソクラテスは自らの弁護の最後に、死後の最大の望みは哲学を続けることだと陪審員に語る。彼が黄泉《よみ》の国（神話上の冥界）でアキレウスやオデュッセウスに会うことがあれば、いつも友人たちと議論しているのと同じ問題について、ただただ彼らに質問したくなるだろう。

知への愛と自己認識のたゆまぬ追求から生まれたソクラテスは、彼の人生を最も自由なものにしたのとまったく同じ姿勢で裁判と処刑に臨んだ。敵対する対話相手と対峙し、彼らの意見に難癖をつけたように、告発者に立ち向かい、裁判を利用して哲学を肯定したのだ。ソクラテスは自分の人生を旅として理解していた。そうであったからこそ、死さえも大局的な視点から眺めることができたのだ。ソクラテスの処刑は、彼の物語におけるもう一つの出来事にすぎなかった。それは、ほかの人びとの思考や行為の中で記され続けることになる。

『ライフ・イズ・ビューティフル』——現代のソクラテス的物語

ソクラテスの生と死の物語が明らかにするのは、哲学とは単に議論や言説、思索に関わるだけのものではないということだ。それは何よりも、哲学的であること、つまり、人生の試練や苦難に冷静に対応することに関わるのだ。それが正しければ、高度な知識人にとどまらない哲学者を見つけることができるはずだ。

ロベルト・ベニーニの映画『ライフ・イズ・ビューティフル』には、その説得力ある例が出てくる。これは、献身の中で自分自身を知る救いの力を通じて、計り知れない苦難を乗り越えていく現代の物語だ。この映画では、間抜けで厚かましいうわべの奥で冷静さが光るという点で、驚くほどソクラテス的な思いもよらない主人公が登場する。

当初、主人公のグイド・オレフィーチェを取り巻く状況は喜劇的なものだ。グイドは質素に暮らす面白い顔をしたウェイターで、高嶺の花の女性を追いかけている。美しい淑女のドーラだ。ドーラはある鼻持ちならない政府の役人と婚約している。ウィット、ロマンチックなセンス、さらには拒絶に対する不屈の忍耐によって、グイドはやがてドーラの心をつかむ。婚約披露のディナーの席で、グイドはウェイターになりすましてドーラの座る長テーブルの下に忍び込み、彼女の脚を叩《たた》いて駆け落ちしようと説得する。数年後、グイドはドーラの夫にして、五歳になるいたずらな息子、ジョズエの父親となっている。彼の物語はありそうにない成功譚、すべてが収まるところに収まる喜劇のようだ。

ところが、事態は突如として悲劇的な展開を見せる。ナチスが政権を握り、グイドがユダヤ人であることがわかる。ある日の午後、ドーラが帰宅すると、アパートは荒らされ、夫と息子の姿は消えている。強制収容所へ向かう列車に家畜のように連行されていく二人を、彼女は必死になって駅まで追いかける。ドーラ自身はユダヤ人ではないが、家族と一緒に列車に乗りたいと懇願する。

物語の続きは、強制収容所の過酷な空間で、グイドが創意を凝らして妻と息子を守るという予想もしない話だ。焦点となるのは、ほかの子供たちが殺されてしまったあと、ナチス当局からジョズエを隠しておくためのグイドのしたたかな戦略である。ほかの子供たちが「シャワーを浴びる」よう命じられているあいだ、ジョズエはバラックに残っていたおかげで、ガス室での処刑を免れる。グイドはいかにも彼らしい独創的な発想で、自分たちはほかの収容者たちとの壮大な競争に参加しているのだとジョズエに信じ込ませる。ゲームの最も重要なルールは、刑務官の目を逃れることだ。ほかのルールには、お腹が空いたとかお母さんに会いたいとか、文句を言ってはいけないというものもある。ルールを注意深く守り、最も多くのポイントを獲得した者は、戦車を手に入れることができる。そんなすごい賞品がもらえるのかと目を丸くしたジョズエは、父の言いつけに従い、隠れたままでいる。

物語が展開するにつれ、この作品が手の込んだサバイバル物語に収まるものではないことがわかってくる。映画のタイトルが示唆するように、極端に抑圧された状況で、人間が成長し自己統御を保つ可能性を描いているのだ。グイドが考案したゲームは、単に息子を守るための手段ではない。それは、彼自身の陽気さと創造的センスの表現であり、こうした精神がドーラと出会った瞬間から彼の人生を規定してきたのだ。したがって、このゲームは、子供のためを思って彼を騙すための奇抜な妄想と見なされるべきではない。グイドは自分の置かれた現実からそのゲームを生み出した。彼の置かれた現実が――その恐怖と抵抗のすべてが――ゲームの資源となっている。裁判や処刑の場におけるソクラテスと同じように、グイドは最も厳しい状況の中に自分自身を見いだすことができるのだ。

このゲームの自己表現的な特質は、グイドがそれを最初にやり始めた場面に現われている。列車から降りてバラックに押し込まれたグイドとほかのイタリア人たちは、無言のまま、ある者は座り、ある者は立ったまま、丸いヘルメットをかぶったがっしりしたナチス親衛隊将校の命令を待っている。こうした状況で、彼らはまったく無力であるように見える。将校が、低くいかめしい声で、ドイツ語からイタリア語に通訳できる者はいないかと尋ねる。グイドはドイツ語を一言も知らないが、チャンスとばかりに、危険を顧みず思い切って進み出る。

ほかの囚人たちの驚きと困惑をよそに、グイドは将校の一言一句に集中するようなふりをし、翻訳では厳しい口調を保ちながら、ゲームを考え出し、ジョズエに従わせたいルールの概略を説明しはじめる。その間、イタリア語のわからない将校は、グイドが自分の命令を忠実に伝えているものと思っている。グイドの突飛な思いつきは、将校に一矢報いるための抵抗の行為だ。さらに、ドーラの高慢な婚約者に仕掛けたいたずらや、彼のしゃれっ気を示すその他の悪ふざけを、はるかに深刻な状況で繰り返すようなものでもある。

グイドは、収容所で離ればなれになっても、ドーラへの愛情を表現すべく、同じような機転と自己統御を発揮する。ある朝の始業時、ジョズエが隠れている一輪車を押しながら、グイドは通信制御室に誰もいないことに気付く。捕まれば親子ともども確実に死ぬことになるが、その危険も顧みず、彼はこっそりと列を離れて拡声器を操作し、ジョズエを手招きする。「おはよう、お姫様！」。どこにいるのかわからない妻に向かって、彼はそう告げる。「一晩中、君の夢を見ていたよ。僕たちは映画を観に行って、君は僕の大好きなピンクのスーツを着ていた。僕の頭の中は君でいっぱいなのさ、お姫様！」。それからジョズエに二言三言しゃべらせると、二人は大急ぎで逃げ出す。収容所の別の一角で捕虜の女性たちと重労働に励んでいたドーラは、それを聞き、驚きと希望で目を輝かせる。グイドは拡声器を盗用することで、ナチスの将校のために「通訳」したときと同じように、抑圧の道具を自分らしく振る舞う手段に変えたのだ。

彼の最後の行動も同じ性格のものだ。連合軍が収容所を解放するために近づいてくると、ナチの将校たちは囚人を殺してしまおうと駆り集めはじめる。グイドは息子を廃炉の中に隠すと、三人で一緒に逃げるため、急いでドーラを探しに向かう。慌ててドーラを探すものの、数メートル先の廃炉の扉から覗《のぞ》いている息子に丸見えの場所で、看守に捕まってしまう。銃を突きつけられているのを息子が見ているのはわかっているので、隠れている息子の方を向き、こっそりとウインクする。処刑される通路へ向かって看守に引き立てられると、グイドは滑稽なほど大げさな足取りで行進する——自由の身で息子と遊んでいた頃の歩き方とまったく同じように。グイドが視界から消えると、彼の死を意味する機関銃の音が聞こえる。その直後、連合軍が迫り、収容所を解放する。ジョズエとドーラは生き残り、再会を果たす。

グイドの生と死には、驚くほどソクラテス的な何かがある。表面的には、ソクラテスとグイドはまったく異なる人物だ。一方はほとんど家族を顧みない哲学者であるのに対し、もう一方は献身的な夫にして父親であり、その理論的思考はなぞなぞ（グイドの趣味の一つ）にしか及ばない。しかし、両者とも同じ哲学的気質を示している。自分が何者であり、どこに関心があるのかという確固たる意識から、彼らは災難に立ち向かい、それを埋め合わせることができる。こうして、ソクラテスは裁判と処刑を哲学を擁護する舞台に変えてしまう。グイドは強制収容所の拡声器を利用して、ドーラへの愛を表現する。こうした救済の行為によって、ソクラテスとグイドの人生は一巡して元に戻る。彼らは極度に敵対的な状況から、本来の自分に戻ることができる。引き裂かれた世界から、生きるに値する人生を救い出す。ある面では強要されたそれぞれの死においてさえ、自己の統一を表現し、自分たちが生きてきた精神そのもので、こうして自由に死んでいく。ソクラテスとグイドの人生は、苦しみは人生を否定する証しではないという洞察を与えてくれる。最も暗い瞬間でさえ、人生は救済と喜びの可能性に満ちているのだ。

苦しみに直面した際の真の共感の意味

政治的不正であれ、病気であれ、個人的な悲劇であれ、苦しみの意味を考え抜くとき、われわれは、起こったことの恐ろしさを認めることと、それに気高く立ち向かい、悲惨な状況から自力で人生を切り開いた人びとの強さを称賛することの、微妙なバランスに直面する。われわれは、痛みや恐怖そのものに焦点を当てることがあまりにも多い。苦しんだ人びとに同情し、彼らが直面した状況によって人間性を奪われたあり方を強調するのだ。

そのよくある理由の一つは、正しいか間違っているかはともかく、自分がその苦しみに加担していると感じることだ。もしかすると、われわれ、あるいはわれわれの祖先は、抑圧体制に一役買っていたかもしれないし、災難の犠牲者を援助できたはずなのにしなかったかもしれない。罪の意識から、われわれは助けられなかった人びとの痛みに思いを致し、それがいかにひどいものであったかを際立たせることに関心を寄せる。そうすることは、健全な共感と責任感を反映する場合もあるが、倒錯した自己批判の一形態ともなりかねない。そうなれば、苦しみを抱えつつそれを乗り越えた人びとの美徳を貶めることになる。

自分が加担していない災難の場合、苦しんでいる人びとへの同情は、自己憐憫に基づく浅薄な一体感を培うにすぎない。自分自身がそんな苦しみを味わったらどれほど恐ろしいかを想像してしまうからだ。しかし、彼らがどれほど苦しんだかを嘆くだけなら、ただちに、想像される自らの対処能力のなさを（共感と称賛して）美化し、彼らの強さを貶めることになる。われわれは次のような教訓を見落としている。つまり、極度の困窮、苦難、不正といった状況にあってさえ、挽回の可能性は十分にあるし、単に生存するだけでなく、豊かな人生を救い出す義務があるということだ。苦しんだ人びとをただの犠牲者と見なすことは、彼らを否定することであり、われわれ自身から高邁さを奪うことでもある。そうする代わりに、彼らを最高の美徳の模範としてとらえ、そこからインスピレーションを引き出すべきだ。そうした関係は、憐れみに基づく共感よりもはるかに深い尊敬の形である。

共感の茶番劇とは、他人の苦しみ（あるいはその人が属する集団の歴史的な苦しみ）を、現代の政治的正しさの観点から避けて通ることだ。その際、「私自身の立場からは理解できるはずがない」という趣旨の免責事項が含まれることが多く、おかげで、同情と罪の意識という反応は例外なく「安全な」表現方法となる。苦難を味わった人びとの強さに主たる焦点を当て、不正や深刻な苦難の中でも彼らが豊かに生きられたことを指摘すると、断罪するような多くの問いを招くことになる。「彼らに起こったことはそれほど悪くはなかったというのか？　重大な過ちには正当性があったというのか？」と。こうしたよくある反応は、次の点を認識し損ねている。つまり、ある行為がその加害において不正なものであったとしても、それに直面した人びとの創造的な適応によって救済され、ひいてはより深い意味で正当化されることもあるのだ。抑圧の苦しみを、自ら肯定できる人生に変えた人びとを研究し、評価し、学ぶことは、真の共感の最高にして唯一の形だ。共感（sympathy）とは、ギリシャ語の語源によれば「共に苦しむ」（syn-pathos）ことを意味するからである。誰かと共に苦しもうとするなら、彼らが味わった苦しみを乗り越えるには、自分だったらどんな努力をするかを全力で想像しなければならない。われわれは、（快適で特権的な立場にあるとされる）自分と彼らのあいだに埋めがたい差があると仮定することで、そうした実践を最初から排除してしまうことがあまりにも多い。

『ライフ・イズ・ビューティフル』は、典型的なホロコースト映画の徹底した重苦しさや厳粛さに忠実ではないとして、一部の批評家から非難を浴びた。彼らによれば、強制収容所の悲惨な状況をゲームに変えてしまうコミカルな感性のキャラクターを登場させることで、ホロコーストを軽んじているというのだ。こうした批判は、主人公の場違いな陽気さに必要な途方もない洞察力と創造力を見落としている。彼の陽気さは、その背景となる惨状——主人公の息子が間一髪で逃れた子供の大量殺人、家族が引き裂かれ、男女を問わず強いられる重労働、ある晩、主人公がナチスの将校たちの退廃的なパーティーで給仕をした帰りに道に迷って出くわすすぶる死体の山——と釣り合いが取れてはじめて、納得できるものとなる。このきわめて恐ろしい現実から、主人公は生きるための不屈の精神を奮い立たせなければならないのだ。

登場人物の強さのこうした描写をあり得ないものとして拒否することは、理想の力を否定することだ。しかし、それはまた、歴史的記録の現実を無視することでもある。エルサレムのホロコースト博物館に展示されている資料の中で最も感動的なものの一つが、指輪、イヤリング、髪飾りなど、丁寧なつくりの実にエレガントな装身具である。強制収容所の囚人たちが、わずかな時間を見つけては一からつくったものだ。これらの品々がとても印象深いのは、美しいものではあるが、生き残りを図る状況ではまったく役に立たないからだ。『ライフ・イズ・ビューティフル』の主人公が、収容所の拡声器で妻にこっそりと宣言する愛と同じ性格を持っているのだ。それは、人が目にするどんな家庭用装飾品よりも、アリストテレスの次のような言葉と深く共鳴する。「高邁な人物が、美しいが役に立たないものを大切にするのは、それらが自分の独立性をいっそう肯定してくれるからだ[24]」

要するに、不正の存在を認める一方で、苦しめられた人びとが彼らへの抑圧の根源を、自ら肯定できる人生に変える際の意識を理解することは可能なのだ。遠い場所から共感を試み、哀れみを誘う災難しか見ようとしない傍観者の視点ではなく、闘う者の視点から見れば、「ほかにどうしようもない」という言葉は、最大の強さと最高の美徳の真の表現なのである。

われわれは、自分自身のために、そうした強さを認めるべきだ。というのも、厳密に言えば、ショッキングで恐ろしい様子で苦しむ人びとの運命にとって、われわれは決して単なる傍観者ではないからだ。一七世紀の哲学者であり神学者であったブレーズ・パスカルは、「芝居の最後の幕は常に血まみれだ」と書いている。[25] これによって彼が意味しているのは、死はわれわれ全員に立ちはだかるものであり、究極の状況では、ほかの人より特権を与えられている者は誰一人いないということだ。苦しみの直接的な原因が病気であれ、政治的弾圧であれ、単なる老いであれ、すべては神がもたらす災難の戦場である。ある種の死はほかの死より良くも悪くもあるという昔ながらの感覚は、時の流れに絶えず立ち向かう責任から逃れようとするわれわれを慰めてくれる。パスカルは病的な感性を持っていたことで知られている。しかし、人生のはかなさについての彼の不穏な見解を、悲観的な見通しを暗示するものと解すべきではない。むしろ、ソクラテスや『ライフ・イズ・ビューティフル』の主人公のように、われわれの中に救済と陽気さの精神を呼び起こすものであるはずだ。あらゆる瞬間が貴重なのは、われわれが責任を負う人生、美しく、魅力があり、不気味で、感動的な、いまここにある人生を、それが物語るからなのである。

第三章　友　情

学期末になると、哲学によって私の生き方が変わったとすればどう変わったかと、学生から尋ねられることがある。かつては、世間的な常識について内省したり批判的な目を向けたりすることの価値をめぐって一般的な答えを返していた。しかし、この問いについてより深く考え、学生時代の自分に答えるとしたらどう言うかと熟慮してみた結果、いまではもっと具体的に答えるようになっている。つまり、哲学のおかげで友情がいっそうしっかり理解できるようになってきた、と。

これまで哲学を研究してきた経験から、進路を模索している意欲的な大学生に一つだけアドバイスするとすれば、協力者だけではなく友人をつくる努力をせよということだ。協力者とは、学生新聞の編集委員会で一緒に仕事をする人や、社会正義のために共に闘う人のように、自分と同じ関心を持ち、目標の達成を助けてくれる人のことだ。友人とは、目標を大局的に捉えたり、失敗の恐怖を克服したりする力をくれ、人生には実績より大切なものがあると気付かせてくれる人のことだ。

協力関係が、掲載される記事、実施される改革、獲得される勝利といった何らかの完成品を絶えず切望しているのに対し、友情が友情以外のものを目指すことはない。いわば友情の「果実」とは、誰かが自分を支えているし、自分も相手を支えているという認識から生まれる強力な自己意識だ。とはいえ、協力者は友人にはなり得ないし、友人は協力者になり得ないというわけではない。私の親友の何人かは、トレーニング・パートナーでもあり同僚でもある。しかし、年齢を重ねて仕事に没頭するようになると、ふと気付けば、何かの紹介や「仕事の話」となるとすぐに駆けつけてくるのに、あなたの結婚式には「忙しくて」出席できないという人に囲まれていることになりやすい。こうした手段としての友情を克服するのはなかなか難しい。実のところ、友情は目標志向の努力とは折り合いが悪い。物事をさっさと片づけようとするとき、われわれは真の友人ではなく協力者を求めがちだ。

この問題はいまに始まったことではない。アリストテレスはそれに気付いており、互いの付き合いから利益をやりとりしようとする友人――「有用性に基づく友人」――と、美徳への関心を共有することから互いに惹《ひ》かれ合う友人を区別していた。有用性に基づく友人は、「彼らそのもの」のためにお互いを大切にするのではなく、相手が提供してくれる物やサービスだけを目的とする。このような友人は、一方が他方にとって役に立たなくなるとすぐに袂《たもと》を分かつ。[1] 取引を目的としていたり、特定の目標に限定されていたりする関係では、こうした友情によって公正さが求められる場合が多い。有用性に基づく友人同士が一緒にいると、相手が役割を果たしているか、やりとりは公平かということに、絶えず目を光らせることになる。

それとは対照的に、真の意味での友人は一緒にいることを純粋に楽しんでおり、それによって何が達成されるのかはまったく気にしない。彼らが互いに惹かれあうのは、美徳、すなわち互いの高邁さを認めているからだ。ほかの交友関係が利害の変化とともに解消されるのに対し、美徳に基づく友情は、相手の人となりが変わらないかぎり続く。こうした友情は正義より高い次元に存在する。友人双方が、まるで自分自身を支えるかのように、自発的に相手に手を貸すからだ。取引が公平かどうかという問いが生じることは決してない。「友人のあいだでは正義など必要ない」のである。[2]

われわれはしばしば「友情」という一般的な表現を使って、有用性に基づく関係も美徳に基づく関係も同じように指しているが、実際には二つの異なる種類の交友について語っている。つまり、一方は徹底して目標志向であり、アリストテレスの言葉を借りれば「偶然的」（人はあれこれの目標を持つ必要があるわけではないため）な交友、もう一方はそれ自体を目的とする交友だ。

それ自体を目的とする友情は絶対必要な幸福だと、アリストテレスは主張する。「たとえ、それ以外の善きものすべてを持っていたとしても、友人なしで生きることを選ぶ者はいないだろう」[3]

友情と自己統御

友情のない自己統御というのは、理解することさえ難しい。われわれが自立したり、判断を下したり、逆境をはね返したりする瞬間を考えてみると、たいていの場合、友人の支えがあってそうしていることがわかる。真の友人は「共に活動に携わり、互いを正しい道に導くことによって、より善きものとなる」と、アリストテレスは書いている。[4]

自己統御という意味で最も偉大な行為もまた、友人（もしくは広い意味で「友好的」と言える関係にある大切な人）のためのものである場合が多い。映画『ライフ・イズ・ビューティフル』で、主人公がきわめて厳しい環境下でも誠実さと生きる喜びを失わないのは、妻と息子への深い愛情があればこそだ。妻ドーラへの愛を広言し、息子ジョズエのために独創的な抵抗行動をしているとき、彼は本来の自分になる。ソクラテスが「吟味されざる生に生きる価値なし」と明言して自らの生き方について謝罪するのを拒むとき、彼は自分自身を、また同時に弟子たちを擁護しているのだ。アテナイ市民の前で哲学を正当化することによって、哲学を追究する人びとを守り、鼓舞しようとしているのである。

友人のために行動していることが明白ではなくても、われわれが喜びを感じ、自分自身の理解につながる活動は、さまざまな形の友情をそれとなく立証していることが多い。ソクラテスの哲学への傾倒はその一例だ。ソクラテスが理解するような哲学の対話的性質は、そもそも友好的なものと言えるかもしれない。一方が他方を出し抜こうとする詭弁や裁判のレトリックに見られる敵対モードの対話とは異なり、ソクラテスの対話は相互の向上を目指している。そこで共有されているのは次のような姿勢だ。つまり、誠実な自省を通じて善き生の意味を明らかにする、真理あるいは謎とされるものに基づく問いに答えたり問うたりする、ただ議論のためだけに仮定的な反論を持ち出そうとする誘惑に抵抗する、など。真の哲学に取り組もうとする相互の努力を念頭に、ソクラテスはしばしば、哲学とは友情の一形態だと語る。ソクラテスを騙されやすい対話者から隔てる彼の有名なアイロニーでさえ、ソクラテスを訳知り顔の参加者と友情で結びつける。アイロニーを相互に理解することは、共通の気質を示すものであり、友情自体を目的とする友情の好例なのだ。

アリストテレスが高邁さに欠かせないと見なす「アウタルケイア（自足）」という言葉で示唆するように、自己統御は独立、すなわち個人性を含意しているように思えるかもしれない。だが、こうした独立は友情と両立する。アリストテレスの理解によれば、自己を律するというのは、孤立した個人として生きることではなく、世間一般の慣習、ありふれた意見、服従のあり方に対する批判的な姿勢を身につけることだ。その際、友人が助けとなるのは間違いない。社会環境の圧力に負けずに自分らしくあれと注意してくれる、あるいは、いつの間にか自分を見失っていることをそっと指摘してくれるのは、たいてい友人だ。

アリストテレスは、高邁な人物が「他人に従って生きる」ことは決してないと書く一方で、重要な但し書きを付け加えている。つまり「その他人が友人であれば別の話だが」と。[5] アリストテレスは、高邁さに関する説明の至る所で友情についてさりげなく言及し、のちに明確に友情を扱ったいくつかの章で、それらの論点を取り上げてさらに掘り下げている。たとえば、高邁な人物は善行を好むため、その受益者が必要となる。アリストテレスは、真の受益者は友人、つまり、知恵の恩恵を受け取り、次いでそれを発展させる者だと述べている。

苦境や心理的動揺の原因に一人で立ち向かっていることに気付く瞬間でさえ、われわれは、対話を通じて自分自身に助言を与えている。無言で、あるいは声に出して、まるで友人に話しかけているかのように自分に問いかけ、やる気を高める言葉を繰り返すのだ。アリストテレスは、人間は自分自身の友人になれるとさえ述べている。というのも、人間は「二重性と多様性」を帯びているからだというのだ。[6] このやや謎めいた表現は、よくある経験を指している。つまり、われわれは自分自身と一体である、あるいは魂の調和に恵まれているものの、内面の分裂の瞬間を避けることはできない。ときには、正しいとわかっている行動方針と、それとは別の何かへの誘惑とのあいだで板挟みになることもある。こうした場合、自分自身の友人であるとは、善のために行動する力を見いだすことだ――鏡を長いことじっと見つめて「お前ならできる！」と言うことによって、あるいは、机の上に貼ってあるやる気を刺激する画像に目を向けることによって。またあるときには、自分では正しい道がわからないこともあるだろう。矛盾する方針の狭間で、そこから抜け出す方法を見つけるのに悪戦苦闘する。異なる忠誠心を一度に満たす方法について熟慮し、目の前の状況と人生のより大きな背景のなかで一方を他方と比較しながら、われわれは自分自身の友人として行動するのだ。

こうした内なる友情からわかるのは、友情と自己統御は、実は同一の美徳を見る二通りの方法だということだ。自分自身に対する友情の特徴である熟慮は、自己統御の本質でもある。それは、友人の支えがあれば、自己統御を達成しやすいというだけではない。自己統御は本来、自分自身の内面にあるさまざまな声のあいだの一種の友好関係でもあるのだ。ソクラテスはそれゆえ、調和のとれた魂とは、その各部分が相互に「友好的」であり、学びと知恵への愛が名誉と利益への愛より優位にあるものだと語っている。アリストテレスは、善き人とは何よりもまず自分自身の友人であり、こうした友情こそ美徳の最も基本的な形だと結論する。[7]

われわれが一般に友情と呼んでいるもの、つまり自己と他者との親密な関係は、自分に対して持つべき友情の延長線上にあると見なすことができる。いわば自分の家がきちんとしていなければ、つまり、責任のバランスをとり、損失を前向きに捉え、自分自身を守る方法をわきまえていなければ、われわれは善き友人になれない。というのも、友情の源泉となる励ましや助言を提供する基盤そのものが欠けてしまうからだ。恨み、復讐、怒り、執着といった悪徳に陥りやすい人は、友情の本質をなす支援を与えることができないだろう。

アリストテレスは、徳の高い者だけがお互いに真の友人になれると主張している。そして、善き人の自分自身に対する気質を参照して、善き友人のテンプレートを描いている。

周囲の人びととの関わりにおける友情の印は、友情を定義するものであり、自分自身に関する事柄から生じるように思われる。というのも、友人とは相手のために善いこと、もしくは善さそうなことを願い、行なう者であり、友人が友人自身のために存在し、生きることを願う者だと言われているからだ……しかし、これら［の印］はそれぞれ、彼自身と関わりのあるまっとうな人物に関係している……まっとうな人物は、彼自身と似たような考えを持ち、同じ事柄を心から望むからだ。実のところ、彼は自分自身のために善いことを願うとともに……行ないもする。そして、彼がそうするのは自分自身のためだ。というのも、彼は自分自身の思考する部分のために行動しており、この部分は、実はそれぞれ［の人物］の真の姿であるように思えるからだ。彼はまた、自分自身が生き、守られること、とりわけ、彼を賢明なものとする［彼自身の］その部分が守られることを願っている。[8]

アリストテレスが自己統御と友情をそれほど密接に結びつけるのは、果たして正しいのかという疑問が湧くかもしれない。自分自身に必要以上に厳しかったり無礼だったりしても、依然として善き友人だという者もいるのではないか？　卑下や自己不信は、われわれが他人に与えるはずの支援を必ず損なうものだろうか？　アリストテレスは次のように考えているに違いない。つまり、われわれが厳しく自己批判している瞬間にふと我に返り、それは間違いだと自覚するという事実そのものが、少なくとも自分自身にとって友人でありたいという願望を示しているのだ、と。こうした願望を持つのは、真の自尊心が何をもたらすかをすでによく知っているからだ。われわれが友人を誠実に助けるとき、暗黙のうちに伝え、強化しているのは、こうしたなじみ深さである。自分自身に対して、また他人に対して、一瞬美徳に背くことがあるからといって、善き友人である資格を失うわけではない。完璧な人間などいないのだ。善き友人として行動するとき、われわれはある意味で自分自身に適用せずにはいられない友情に頼っている。われわれはあらゆる瞬間を自分自身と過ごしているため、自分のなかに広がる友情を見失い、自己嫌悪に陥りすぎる傾向がある。あてどなさ、執着、絶望といった例外的な瞬間は鮮明に覚えているが、自己統御の瞬間は見過ごしてしまう。よって、われわれが他人にとっては友人でありながら、自分自身にとっては敵だなどということは決してあり得ない。友人のために状況を大局的に見られるということは、その力がわれわれの中にあり、われわれが十分には理解できない仕方で自分自身に適用する準備ができているということなのだ。

友人がもたらす大きな恩恵の一つは、われわれが持っていながら忘れてしまいがちな美徳を指摘し、思い出させることで、自尊心を高めてくれることだ。アリストテレスは、次のような疑問に答える中で、友情のこうした利点を示している。つまり、徳の高い人びとはすでに美徳を備えており、それ以上何も必要としないはずなのに、なぜ友人を求めるのかという疑問だ。どの程度の美徳を備えているにせよ、人間の徳が高いことの意味を完全に理解するには、それを他人の中に映し出してみる必要がある。アリストテレスはこう論じている。

幸福であることが、生きることや活動することにあるとすれば、また、善き人の活動がそれ自体として真摯で心地よいものだとすれば……そして、われわれが自分自身よりも身近な人びとを、また自分自身の活動よりも彼らの活動をよりよく眺められるとすれば、友人である真摯な人びとの活動は、善なる人びとにとって心地よいものとなる……よって、祝福された人物は、まっとうな活動や自分自身の活動を眺めることを望むなら、この種の友人を必要とするだろう……これは、ともに生き、言論と思想の共同体を分かち合うことで実現するはずである。[9]

われわれは、自分自身よりも身近な人びとのほうをよりよく眺められるし、理解もできるというアリストテレスの考え方は、すぐに検討するように、ストア哲学者の主張とは著しく対照的だ。ストア哲学者は、われわれは何よりもまず自分自身を知っており、自己愛に陥りがちだが、他人に親切にしたいならその自己愛を抑制しなければならないと説いた。他人から切り離された状態で、われわれはどの程度まで自分を知り、愛することができるのかは、のちに見るように、友情と個人のアイデンティティとの関係や、友情と正義との関係について、重要な意味を持っている。

アリストテレスによれば、自分自身を本当に理解できるのは、友人の行為に具現化された自分の活動を目にしたときだけだという。自分の身の処し方——犠牲を払う、リスクを冒す、たいていの人が気後れするような状況でどう振る舞うかなど——において、われわれはすばらしく高潔かもしれないが、ただ自分らしくあろうとすることが癖になると、自分自身の美徳を意識しなくなってしまう。きわめて誠実な生き方を世界に向かって示しているのに、自己不信に陥ってしまうことさえある。こういうときこそ、われわれを支えてくれる友人の出番だ。友人は、あまりにも近くにあるせいで自分には見えないものに気付かせてくれる。アリストテレスに言及することはほとんどないニーチェも、同じ考えを持っていた。ニーチェは友人をこう表現している。つまり、世捨て人の内なる対話によって、彼が絶望へ陥るのを食い止めてくれる救命ブイのようなものだ、と。「私は自分との対話にすでに没頭しすぎている。友人がいなかったらどうやってそれに耐えられるだろうか？　世捨て人にとって、友人は常に第三者である。第三者とは、二者の会話が深みに沈むのを防ぐ浮きなのだ。悲しいかな、あらゆる世捨て人をあまりにも多くの深みが待ち構えている。したがって、彼らは友人とその高みを切望するのだ[10]」

それ自体を目的とする友情

自分の人生において友情の好例となるエピソードを思い浮かべてみよう。それはおそらく、大なり小なりの困難にともに立ち向かうことに関わっているはずだ。少なくとも私の心に浮かぶ友情は、インドのバンガロールでともに交通渋滞に巻き込まれるという困難に関わっている。結婚式に出席するため飛行機で地球を半周したものの、すでに二時間遅れていた。救いようのない状況にどうにか耐えようと、われらが運転手にユーモアを見いだそうとする――雇った運転手はきちんとした身なりで見た目はプロらしいのだが、いかんせん、どこに行けばいいのかまったくわかっていないのだ。友情とは、一対一で複数種目を行なう運動持久力の競技会を、ともに最後まで戦い抜くようなものだ。その際、勝者はわれわれ二人にしかわからないし、その真の目的は、お互いをできるかぎり高く、遠くまで押し上げることだ。すべてが終わると、お互いに冷たいタオルを投げつけ合い、ジムの外の芝生に大の字になり、戦いを振り返る。

　こうした振る舞いは、別の目的を達するための手段ではない。そう振る舞うこと以外、何かが達成されるわけではないのだ。アリストテレスの言葉を借りれば、その行為の意義は「エネルゲイア（活動している状態）」にあり、その先の成果にはない。こうした理解を踏まえると、交友という行為は、生産、たとえば靴作りという行為とは区別される。靴作りの価値は完成した物（使用可能な一足の靴）にあるからだ。不運な交通渋滞を一緒になって笑い話にする、あるいは競技の後に冷たいタオルを投げつけ合うのは、何かを作ったり達成したりするためではなく、単に自分らしくあったり相手を励ましたりするためだ。往々にして困難の創造的救済を伴うこうした支援の瞬間が、友情を定義する。それは、友情は旅の所産であるという感覚を支えている。友人とは、私と同じ物語を共有する誰かであり、人生の紆《う》余《よ》曲折にともに立ち向かいながら、私が自己統御を実現するのになくてはならない人物だ。もしも親友がいなければ、私が人生の物語を語ることは、不可能ではないにせよかなり難しくなるだろう。

　さらに、交友という行為はそれ自体のほかに何の目的もなく、いわば「その瞬間」に実現するにもかかわらず、一足の靴のような生産物にはない永遠性を帯びている。一足の靴はその完成の時点で価値が最大になる。そこから、使用され、履き古されるにつれて、価値は減っていく。対照的に、交友の振る舞いは生きつづけ、成長しつづける。未来の扉を開き、来るべき状況への基準点や洞察の源となる。たとえば、次に渋滞に巻き込まれたときには、「バンガロールであのときは……」と振り返り、友情の表われとして自分自身の忘れ難い旅の一部となっている似たようなエピソードを思い浮かべ、苛立ちを鎮めることができる。

友情と個人的な旅の関係を真剣に受け止めれば、次の点を認めることになる。つまり、ある人を友人たらしめるものは、抽象的な善性という観点からは捉えられないのだ。世界中には、思いやりがある、寛大、公平、といったもろもろの意味で善い人はたくさんいる。だが、彼らすべてがわれわれの友人というわけではない。また、われわれは必ずしも彼ら全員と友人になりたいとは思わないはずだ。ネルソン・マンデラのような人物を、その人間離れした忍耐力や和解の精神ゆえに称賛することはあるにせよ、彼の生き方やそれがわれわれ自身の生き方とどう関係するかについてさらに多くを学ぶまでは、実際には友人になれないだろう。そのための最も簡単な方法は、一緒に時間を過ごし、物語を共有し、ともに議論することだ。

友情には、一般的な意味で善い人だという認識以上のものが含まれている。お互いに誠実であること、経験を共有することが欠かせない。友情が目指していると言える美徳は、一般的な善の概念ではなく、実際に生きている自分自身の人生の統一性だ。

友情はある意味で次のことを物語っている。つまり、有徳な人生とは、抽象的な善ではなく自分自身にとっての善を追い求めることだ、と。アリストテレスはときに、善き生は誰にとっても同一であるかのように語っているように思えるが、友情を説明する際にはもう少し含みのある見方を示している。善き友人を定義する文脈で、善そのものとある人自身の善との関係を考慮に入れているのだ。「ほかの誰かになることで、善きものをすべて所有しようとする者はいないだろう」。「神が善を所有する」あり方でさえ、「神がいかなる種類の存在であるか」に依存する。[11]

このいくぶん曖昧な見解は、美徳とはある意味でわれわれに相対的なものだというアリストテレスの主張を思い出させる。勇気が向こう見ずと臆病の中間であり、高邁さが虚栄心と従順の中間であるように、美徳とは両極端の一種の中間であると定義したのちに、アリストテレスはこの中間とは絶対的なものか、それとも「われわれに相対的」なものかと問い、後者であると結論している。[12]

アリストテレスはこう言いたいようだ。美徳はいかなる場合も一般的な構造――統一性を追求する努力、熟慮し判断する能力、不運を肯定的に見る力など――に従うにもかかわらず、熟慮、判断、救済といった行為にまつわる特定の取り組みや関係は、自分に相対的なのだ、と。たとえば、家族、仕事、趣味にどれだけの重みを置くかは、自分自身の環境、つまり、これらの各要素が自分の人生全体にどんな位置を占めるかに依存する。ところが美徳は、いかなる場合も取り組み全体を考慮し、目の前の状況に合わせて各取り組みのバランスをとり、全体としての自己に忠実に行動するよう要求する。「全体」、すなわち統一性という原則は誰にとっても同じだが、全体における具体的な配列は同じではない。誰もが等しく美徳に関与していたとしても、われわれの環境や人生の物語が千差万別である以上、別々の友人を持つことになる。

言い換えれば、ある人物がわれわれの友人で、別の人物がそうではない理由は、何らかの普遍的な基準に照らして測定された相対的な美徳に基づいている必要はない。われわれが没頭している取り組みが特定の範囲にあることを考えれば、支援や助言を与えるのにある人物が特にふさわしいだけのことかもしれない。アリストテレスは、真の友情は有徳な者のあいだでのみ可能だと述べているが、有徳な者は全員が同じ徳を持っているとか、有徳な者は誰とでも友人になれるはずだなどとは一言も言っていない。

抽象的な善によって友人の善を説明できない理由はほかにもある。われわれはみな完全な人生を目指しているが、完璧な人間は一人もいない。完璧であれば、自分を理解するための努力は必要ないし、友人からの支援や承認を求める必要もないだろう。善き生の特徴をなす活動の本質は、ある種の落ち着きのなさにある。つまり、より多くのものを達成するためではなく、より大きな自己統御を獲得するために努力するということだ。自己統御がどう欠けているかは、人によって異なる。怒りっぽい人もいれば、他人を哀れむ人、執念深い人、無気力な人もいる。他人のために尽くし、自分自身のプロジェクトに費やす時間がなくなってしまう人もいる。そうかと思えば、自分の仕事に夢中になるあまり、他人に親切であろうという意識を失ってしまう人もいる。自分を向上させたいと願うほど、当然ながら、自分の弱みを強みにしてくれる友人、一緒にいて学ぶものがあり、成長させてくれる友人を求めることになる。一般的な意味で善い人というだけでなく、自分と相性のいい人に引き寄せられるのだ。

友情は抽象的な美徳に関わるわけではないということの最後の意味は、友情の活動的・創造的な側面に関係している。友情とは最初から与えられているものではなく、何かに取り組む行為を通じて築かれるものだ。各人が美徳に献身しつつも、互いに補い合うような強みと弱みを持つ成熟した二人の人間が出会い、すぐさま友人になるというようなものではない。こうした親しみやすさは、友情の始まりかもしれないが、友情そのものではない。共に生きること、つまり、ジレンマに直面し、互いに支え合い、助け合うと決意し、全力を尽くすことを繰り返し主張することを通じて初めて、友情は本領を発揮する。アリストテレスの言葉を借りれば、真の友情は「時の経過と、共に暮らすことを通じて形成される習慣を必要とする」。人は少なくとも食事を共にするまでは友人になれないと、彼は書いている。共通の経験と支え合いの歴史を積み重ねることによって初めて「お互いがお互いにとって、愛すべき、信頼できる存在に思えるのだ[13]」

アリストテレスは、最も深い愛情とは単に発見されるものではなく、築かれるものだと述べている。アリストテレスが一目惚《ぼ》れという概念を疑問視するのは、友人として受け入れる前に相手のことをもっと知らなければならないからというだけではない。二人の関係に対するわれわれ自身の積極的な姿勢、つまり、献身的な行為を通じてその関係に寄与するものこそが、その関係を特徴づけるからなのだ。われわれは、ある意味で自分がつくりあげたものを最も愛している。アリストテレスは、自分の作品を愛する職人や自分の詩を愛する詩人になぞらえている。「われわれは活動の中に存在する……自分の活動において、あるものの制作者は何らかの意味でその作品である。したがって、彼が作品に愛着を覚えるのは、存在に愛着を覚えるからだ[14]」。こうした理由から、母親はわが子にあれほど深い愛情を抱くのだとアリストテレスは続ける。というのも、母親は子供の存在に貢献し、出産の痛みを経験しているからだ。もちろん、われわれは友人をつくり出したり出産したりはしない。人生の途上で友人と出会うのだ。しかし、相手を知るにつれて、支援、熟慮、助言という行為を通じて人格形成に貢献する。お互いに与え合うという行為を通じて、友人同士はお互いを自分自身の延長として愛するようになるのだ。

友情と正義の緊張関係――『第三の男』のホリー・マーティンズとハリー・ライム

活動的で献身的な友情の裏には、難しい道徳的トレードオフの可能性が隠れている。われわれは、別の場所にいることもできたのに誰かのためにその場にいることによって、自分たちが真の友人であることを証明する。善き友人であるとは、困っている友人を助けるために、ほかの約束を延期したり、リスクをとったりすることかもしれない。さらには、慈善事業をないがしろにしたり、社会のルールを曲げたりすることさえあるかもしれない。人を雇う立場にいる場合、仕事を必要としている友人にいっさい便宜を図らないとすれば、それはおそらく間違いだろう。公平無私な正義の観点からすれば、こうした優遇は腐敗の一形態に見える。だが、友情という観点からすれば、それは正しいことかもしれない。同じことは、自分は出入りできるが一般には公開されていない領域で友人を舞台裏に招く行為にも当てはまる。あるところまでいくと、友人の悪事を隠蔽《いんぺい》することさえ、友情に含まれるかもしれない。

友情の特別な課題が前面に出てくるのは、まさに友情が正義と衝突するときだ。ここで、少なくとも美徳のための友情であれば、友情と正義は対立すべきでないと言う人もいるだろう。アリストテレス自身、真の友人にふさわしい有徳の士、つまり高邁な人物は、不正を働くことはないと主張している。こうした人物は、大半の人がそれを求めて競い合ったり、そのためにお互いを裏切ったりする事柄にほとんど関心がないからだ。高邁な人物は自己を確立しているので、損害をこうむったり侮辱されたりしても、恨んだり復讐したりすることは少ない。だが、高邁さ、すなわち自己統御は不正を不可能にし、真に善き友人は常に正義にかなうと主張するのは、人生をあまりにも単純に考えすぎだろう。まず、われわれは不完全な存在だ。たいていの場合は道徳を守って暮らしているとしても、恐怖、恨み、怒り、絶望などに不本意ながら屈することもある。そんなとき、われわれは他人を不当に扱ってしまうかもしれない。さらに、われわれが最善の意図を持っていたとしても、世界が完璧ではない以上、自己統御に長けた人びとが不正な献身を強いられることもありうる。不正を働く友人にどこまで寄り添うか、さらには彼らが罰を逃れようとするのをどこまで助けるかは、きわめて難しい問題だ。だが、それが問題となるのは、われわれが友情をそれ自体で成立する美徳と見なす場合に限られる。

友情が要求できるのはどこまでかをめぐる示唆に富む例が、キャロル・リード監督の映画『第三の男』に見いだせる。主人公の売れない若手作家ホリー・マーティンズ（ジョゼフ・コットン）は、幼なじみのハリー・ライム（オーソン・ウェルズ）から仕事の依頼を受けて、アメリカから第二次世界大戦後のウィーンへ向かう。ウィーンに着いたマーティンズは、ライムがすでに亡くなっていることにショックを受ける。まもなく、ライムの死が不可解な自動車事故によるものだったことを知る。マーティンズは殺人ではないかと疑い、現地に残って調査に乗り出す。やがて、寡黙なイギリス人警察幹部と出会い、私的な捜査をやめるよう忠告される。彼によれば、ライムは悪党で冷酷非道な闇商人であり、いないほうが世のためだという。マーティンズは、ライムが関わっていたのはタイヤやタバコの密輸といった比較的害のない企みなのだろうと考え、友人を擁護すべく、その死について粘り強く調べようと決意する。

しかし、ショッキングな紆余曲折の末、マーティンズは恐るべき真相にたどり着く。ハリー・ライムは実は生きているのだ。死を装い、組織的犯罪で逮捕されるのを逃れていたのである。その犯罪は、件《くだん》の警察幹部が最初に明かした内容よりさらに冷酷で非人間的なものだった。ライムとその一味は、地元の病院から大量のペニシリンを盗み、効果がなくなるほど薄めて、戦場で負傷して脚が壊疽《えそ》した男性、出産後に感染症にかかった女性、髄膜炎に苦しむ子供など、絶望的な状況にある患者たちに闇市で売っていたのだ。彼らはその後亡くなった。

マーティンズは、戦争で荒廃したウィーンのとある地域の不気味な観覧車の上でライムと対峙し、友人がどれほど冷酷になってしまったかを知る。ライムは頂点に達したゴンドラから下を見下ろし、地上の点のように見える人びとを指さす。彼はマーティンズに、それらの点の一つが永遠に動かなくなるかどうかなど本当に気になるかと尋ねる。「もし俺が、点が一つ動かなくなるたびに二万ポンド出すと言ったら、お前は本当に俺の金など要らないと言えるか？　それとも、点をいくつ見逃してやる余裕があるかを計算するか？」。こうして、ライムはぞっとするような台詞で自分を正当化すると、企みに乗るか、さもなくば引っ込んでいろとマーティンズに迫る。

正義の人であるマーティンズは嫌になり、ライムの誘いを断る。彼はまた、友人がこれほど非情な皮肉屋になってしまったことを知って打ちのめされる。それでもマーティンズは、警察幹部がライムを捕らえて告訴するのを手助けするつもりはない。

マーティンズは、故郷のアメリカでライムとともに育った。子供の頃、二人はありとあらゆる冒険に乗り出し、いたずらをした。ライムはいつでも窮地を脱する方法を見つけたものだ（もっとも、振り返ってみれば、ライムは当時から何よりも自分を第一に考えていたことがわかる）。いまでもライムは、正道を踏み外してはいても、マーティンズを後押ししている。ウィーン行きの航空券を買ってくれたし、マーティンズが非道な企みに加わるものと考えていた。絡み合った二人の人生の物語に思いを馳せ、マーティンズはライムを裏切ろうとはしない。ハリー・ライムには絞首刑がふさわしいという点で、マーティンズは警察幹部の意見に同意する。「だが、私が彼の首を絞めるとは思わないでほしい」のである。

ライムの恋人であるアンナ・シュミットも、同じような姿勢をとっている。ライムが彼女を裏切り、雲隠れして悪事に加担しているにもかかわらずだ。マーティンズの心境が変わりはじめ、警察幹部がライムを逮捕するのを手伝おうとすると、アンナはそれに抗議してライムへの変わらぬ忠誠心を告げる。「彼のことはもう必要としていないわ。会いたくもないし声を聞きたくもない。だけど、彼はまだ私の一部なの。それは事実よ。彼に害が及ぶようなことはできない」。彼女はライムのために東側へ送還されることさえ厭《いと》わない。警察幹部は、アンナがライムの偽造した不法パスポートでウィーンに暮らしていることを突き止めていた。彼は、ライムの逮捕を手伝わないなら強制送還すると言って彼女を脅す。

結局、マーティンズとアンナは決別する。警察幹部は手を貸してくれるようマーティンズを説得するための最後の試みとして、彼をある病院に連れて行く。そこには、ライムが売りさばいた希釈されたペニシリンのせいで脳に永久的な損傷を負った子供たちがあふれていた。ついに正義感に心を動かされたマーティンズは、身を隠しているライムをおびき出すべく警察幹部を手助けする。劇的な追跡シーンの最後で、マーティンズはライムを捕まえる。ライムは警察官に撃たれて負傷していた。もう逃げられないと観念したライムは、マーティンズに意味深長な視線を送る。「これでおしまいだ。引き金を引け」とでも言うかのように。カメラが二人の男から引いていくと、一発の銃声が響きわたる。マーティンズがライムの望みを聞き入れ、道を踏み外した友人にとどめの一撃を放ったのだ。

一方、アンナはライムへの忠誠を貫いた。最後のおとり捜査の情報を漏らそうとさえした。映画は、アンナとマーティンズがそろってライムの葬儀に出ている場面で結末を迎える——今度こそ本物の葬儀だ。最後のシーンで、アンナはマーティンズの脇を冷淡に通り過ぎる。マーティンズはアンナの注意を引いて関係を修復しようとするが、アンナは彼のことなど一顧だにしない。

この結末は、われわれ観客に対し、正しいのは果たしてマーティンズかアンナかを議論する余地を残す。最後に正義の側に立ったマーティンズの決断が、友情の側に立ったアンナの決断より高潔か否かは、とても明らかとは言えない。明らかなのは、どちらの登場人物も、二つの美徳の相反する要求を悲劇的な形で意識せずにはいられないということだ。こうした意識は、友情はそれ自体で重要な美徳である——正義と同等であり、それより下ではない——と認識して初めて可能になる。

友情と正義のバランスの取り方を決めるための一つの試金石は、友人の悪辣《あくらつ》さや欺瞞が友情そのものにどこまで入り込んでいるかだ。常日頃から他人を出し抜こうとしている人物が、最後まで友人を出し抜こうとしないとは考えにくい。マーティンズがライムを裏切って警察に協力することにした理由は、ライムが単に正義にもとる人物であるだけでなく、不誠実な友人であることが明らかになったことにもある。観覧車での重苦しい対決の際、ライムはマーティンズを脅すとともに、アンナのことを道具としか思っていない態度をあらわにする。アンナはライムが本当に愛してくれていると信じている。マーティンズは、故郷で友情を育んだ子供時代でさえ、ライムがつねに自分自身の利益を優先させていたことに思い至る。

だが、こんな友人を想像してもそれほど無理はないだろう。つまり、その友人の不正行為——「体制」すなわち公正の抽象的規範に違反する行為——が槍玉《やりだま》に上がり、制限されているのだが、そのせいで友情が危機に陥ることはないという人物だ。映画『オーシャンズ11』に登場する泥棒たちの熱い友情や、中西部のあちこちで一緒に銀行強盗をするボニーとクライド〔一九三〇年代前半にほかの仲間とともに銀行強盗や殺人を繰り返した二人組。のちに映画『俺たちに明日はない』の題材になった〕の揺るぎない忠誠心を考えてみればいい。彼らの不正行為が友情を傷つけるとは思えない。こうした友情は特に高潔なものではないかもしれないが、ある程度は品性の美徳に基づく友情だ。単なる損得勘定として片づけられるものではない。逆説的だが、不正行為が友情をさらに強めているようにすら思える。それが、一緒に悪事を企て、話し合い、お互いを支え合い、生き方を分かち合う機会になっているからだ。

フョードル・ドストエフスキーの『罪と罰』では、重大な不正を犯しながら法を逃れている人物との友情の可能性が、ラスコーリニコフに対するソーニャの愛の中に力強く表現されている。ラスコーリニコフ自身の告白によって、ソーニャは高利貸しの老婆とその義妹リザヴェータを殺したのが彼であることを知るが、彼を許す。殺人という行為に衝撃を受け、恐怖を感じ、それが事実であるとはほとんど想像すらできないが、ラスコーリニコフが示してくれた誠実さを信じて、ソーニャは彼を裏切らない。あてどなさと堕落のせいで、力と自立を示すための一種の倒錯した証しとして陰惨にも二人を殺すに及んだにもかかわらず、ラスコーリニコフは、自らの犯罪のあとも自分を見失わないよう努め、ソーニャへの揺るぎない真心を示す。表向きはサンクトペテルブルクの名士である多くの人びとが、貧困にあえぐ家族と幼い妹を支えるために娼婦に身を落としたソーニャを見下していたが、ラスコーリニコフは彼女の汚れなき心を見抜いていた。彼はソーニャを愛し、ソーニャの父マルメラードフに同情する。マルメラードフは落ちぶれた元官吏で、家族のなけなしの蓄えを大酒を飲んで使い果たしてしまっていた。マルメラードフが悲惨な事故で馬車に轢《ひ》かれると、ラスコーリニコフは救助に駆けつけ、命を救おうとする。マルメラードフが亡くなると、ラスコーリニコフはあり金すべてをソーニャとその家族に渡す。彼はまた、ソーニャに窃盗の濡れ衣を着せて名誉を傷つけようとする男の告発に対し、彼女を擁護する。ラスコーリニコフがソーニャに示した支えと愛――この愛のおかげで最終的にはラスコーリニコフ自身が救われることになる――があればこそ、彼が殺した女性の一人であるリザヴェータがソーニャの友人だったとわかっても、ソーニャは彼に忠義を尽くしつづける。

ラスコーリニコフがソーニャの中に善を見ているように、ソーニャもラスコーリニコフの中に善を見ている。ラスコーリニコフが自分自身の動機について認識しているよりもはるかに明確に、ソーニャは、ラスコーリニコフがひどい自己不信に陥っているにもかかわらず、彼が道を大きく踏み外してしまった善き人であることを理解している。彼女はラスコーリニコフに対し、悔い改め、彼が冒瀆した「大地に接吻《くちづけ》」するよう諭す。ラスコーリニコフがそれを拒んでも、ソーニャの愛は揺るがない。結局、ラスコーリニコフは自首して八年の重労働刑を言い渡される（この刑が殺人罪にしては比較的軽いのは、裁判官がラスコーリニコフの真の動機を理解できず、彼を正気ではないと思ったからだ）。ソーニャはラスコーリニコフとともにシベリアに移り、毎日監獄を訪れては面会する。ソーニャの愛を通じて、ラスコーリニコフはついに救済を見いだす。物語は、ラスコーリニコフがソーニャの腕の中で生まれ変わり、彼女の希望と目的を分かち合おうと決意する場面で終わる。

ソーニャが正義だけに傾倒していたら、ラスコーリニコフの犯罪を知ったとたんに彼を警察に突き出していただろう。あるいは、少なくとも彼が法の網をかいくぐっている限り、縁を切っていたことだろう。だが、ラスコーリニコフに対する友情と愛が勝利を収める。われわれがソーニャの忠誠心に敬服するのであれば、正義は友情に優先すべきであることを、そう簡単に認めるわけにはいかないのだ。

友情に対して正義を優先させる現代の偏見

われわれの多くは、心の底で、友情の重要性をそれ自体における美徳として認識している。だが、仕事に追われて交友に時間を割けないとき、裏切りによって友情への希望が潰《つい》えるとき、物事の大きな枠組みで考えれば友情はそれほど重要ではないと、簡単に自分を納得させてしまうことがある。一般に、より普遍的とされる関心事を優先して友情を貶める現代哲学の伝統のおかげで、われわれは、友情に反対する独善的で、表面上は啓発的な多様な論拠をよりどりみどりに利用できる。

　現代のストア的なある自己啓発書で、その例に出くわしたことがある。それによると、友情は「好ましいがどうでもよいもの」とされる。つまり、友情はあるに越したことはないが、善き生にとって不可欠なものではないということだ。この本の著者は続けて「好ましいがどうでもよいもの」ではない唯一のものは、徳性だと説く。彼が友情と徳性はまったくの別物であり、前者は単なるエゴイズムと大差ないと考えているのは明らかだ。彼は印象的な一節でこう書いている。「犯罪者のあいだに（ストア的な）友情などというものはあり得ない。犯罪者が友人である犯罪者を助け、たとえばその人物が法の網をすり抜けるのを手伝うたびに、他人への友情を道徳的高潔さよりも優先させているからだ。これは、まさにストア的な優先順位と正反対のものである」[15]

ストア的な説明で見逃されているのは、道徳的高潔さは正義よりもかなり広い概念だということだ。アリストテレスが気付かせてくれるように、正義は救済的な美徳と見なされることさえある。われわれは、より深い絆が損なわれた後になって初めて、正義の規範に訴える。正義より高度なのは高邁さや友情であり、勇敢さや寛大さ――アリストテレスもそれ自体が美徳だと論じている――は言うまでもない。犯罪者だからというだけで、ある人が悪人や悪い友人になるわけではない。ボニーとクライドは犯罪に手を染めたから真の友人ではないと主張するのは、彼らの不正行為がお互いの忠誠心を蝕《むしば》みはじめるのを示すことができないかぎり、ほとんど意味をなさない。

正義の追求こそ「真の」友情の基準であると単純に主張すれば、相反する美徳の複雑さを見失ってしまう。マーティンズとライムの例が強く示唆するように、友人が法の裁きを逃れようとするのを助けること自体が、一種の道徳的高潔さを表わす場合もある。自分の相棒を警察に密告することが友人の利益になるケースでは、特にそうだ。『ゴッドファーザー』のような映画に登場する犯罪者をつい応援してしまうのには理由がある。彼らの犯罪を非難しつつも、ファミリーや友人への揺るぎない忠誠心に感服するのだ。こうした忠誠心を、欲得ずくだとか自分勝手だとして否定することはできない。それは、ある種の品性の美徳、すなわち友情のための友情を物語っている。

犯罪者のあいだに真の友情は成り立たないという想定は、互いに支え合うという道徳的要求を説明できない。プラトンの『国家』でソクラテスが語っているように、犯罪を成し遂げるために一致団結しているかぎり、泥棒のあいだにもある種の美徳があるかもしれない。犯罪自体は非難すべきものかもしれないが、その過程で維持されたり培われたりするさまざまな形の忠誠心まで否定するのはそう簡単ではない。

このストア派の著者に見られる友情の蔑視は、現代の道徳哲学において珍しいものではない。友情とは自分の仲間に対する一種の情緒的で狭量な親近感だというのは、現代の哲学者のあいだでは驚くほどありふれた見解だ。友情とは、誰と一緒に育ったとか、日々の暮らしの中でたまたま誰と出会ったといった偶然性のみに依拠する習慣的な忠誠心であると、多くの人が思っている。彼らによれば、本当に重要で理性の努力を必要とするのは、私心のない正義だという。善き友人になるのは身近な人に好意を寄せる本能的な性向であり、たやすいことだが、善き「人」になること、人間全般に対して善き存在になることは、努力を要するというのだ。この見解によれば、広範な道徳意識を獲得することは、友情を含む利己的な傾向の引力に抵抗することを意味する。

友情に対するこうした偏見は、元をたどると、スコットランドの啓蒙主義哲学者、アダム・スミスにまで遡る。スミスは友情を、習慣的に目にする人びと――まず第一に家族、次に近隣の住民、さらには祖国――に過剰に同化してしまうために生じる「強いられた共感」だと表現している[16]。スミスは自己愛の原則から出発し、ストア哲学者にならって関心の円を徐々に広げていく。それぞれの円は少しずつ弱まる「習慣的な共感」によって規定される。最後には習慣の影響を完全に排除し、見知らぬ人への普遍的な共感へ到達する。スミスはそれを最も高度な道徳的感情と見なしている。「賢明にして有徳な者は……自分自身、自分の友人、自分の属する社会、自分の国に降りかかるあらゆる不運を、世界全体の繁栄にとって必要なものと考える」[17]。ほぼ同じ考え方が、フランスの啓蒙思想家であるモンテスキューにも見られる。彼は「人間が完全な徳を備えていれば、友人を持たないだろう」と主張している。[18]しかし、友情を理性や内省と相容れない、狭量で感情的にすぎない性向と見なすのは誤りだ。正義の要求を真剣に受け止めつつも友情の側に立つことができる（『第三の男』のアンナ・シュミットのように）という事実そのものが、友情には深い考慮と痛みを伴うトレードオフがつきものであることを示している。友人であるということは、関わり方のバランスをとることであり、やみくもに言いなりになることではない。

友情が正義と衝突して内省の必要が生じるのではなく、日常生活の中で自然に発展していく場合でも、友情には創造的な解釈の能力が伴っている。たとえば、交通渋滞に巻き込まれながらも冗談を飛ばすような、ありふれた振る舞いを通じて友情が表現され、育まれるケースについて考えてみよう。こうしたやり方で友情を深めるのは、自分の気質に忠実でありつつ友人のユーモアのセンスに訴えることで、お互いの関心事である状況に気を配るということだ。きちんとアイロンがかかった制服を着込み、自信満々の様子の運転手が行き先をわかっていないという馬鹿らしさを理解できなければならない。また、こうした馬鹿らしさを、その時点で友人が楽しんでくれることを知っている必要がある。これは実践的な知恵であり、距離の近さによる単なる感情的な親しみではない。バンガロールで渋滞に三時間も巻き込まれるという試練を共にしたあとでも、好きになれない人はたくさんいる。

最終的に友人になる人びとは、同じ町の出身だったり同じランニングクラブに所属していたりという理由で、たまたま出会うのかもしれない。だが、彼らが育む関係は単なる偶然として片づけられるものではない。この広大な世界に思いを巡らせ、出会いさえすれば友人になれるかもしれないと想像するとき、われわれは友情を近さが築く絆へと矮小化することで、次のような明白な事実を見逃している。つまり、一番身近な人、文字通り毎日顔を合わせている人であっても、われわれはその多くと距離を置いたままなのだ。しかも、場合によっては正当な理由があってそうしている。顔を合わせれば合わせるほど嫌いになる厄介な隣人を考えてみるといい。われわれは、身近にいる特定の人とだけ仲良くすることを選ぶ。それは、自らの誠実さを証明し、われわれが自己統御を実現できるよう助けてくれる人だ。

友情において相互に学び、認め合うという側面は、アダム・スミスの感情的な見解が軽視しているものだ。アリストテレスが共有される活動から出発し、われわれは他人との対話を通じて初めて自己意識を育むと考えるのに対し、スミスは個人の自我から出発し、この自我が当然のごとくさまざまな関係性を受け入れたり受け入れなかったりすると考える。アリストテレスは、自己理解や自己愛は交友においてのみ可能であり、われわれは友人がいなければ完全な自分自身になれないし、自分自身を正しく理解することもできないと主張する。一方スミスは、家族愛に先立って持つことができる自己愛の原則から出発する。習慣や風習といった偶然の事態を通じて初めて、われわれは自分の家族や友人を愛するようになるとスミスは言う。彼は、こうした愛を一種の希薄化した自己愛と解釈している。

スミスが「徳のある友人」と言うときは、人類全体への愛という共通の感情で結ばれた人びとを意味しているにすぎない。相互の交友のなかで、実践知、判断力、自己統御を育むような美徳について、彼は気付かないままなのだ。

友情の要求と普遍的関心の要求

人類への普遍的な共感が友情に優先すべきだという考え方は、そもそも人間とは何かを友情が定義している可能性を見落としている。友情に対する世界主義的《コスモポリタン》な批判は、友情とは偶然の産物であり、人生を送る中で手に入るかもしれないし入らないかもしれないものと想定している。対照的に、われわれが人間として何者であるかは必然的に、あるいは生まれつき決まっており、友情とは完全に切り離して特定し理解できるとされる。友人がいようといまいと、われわれは人間であり、何らかの基本的特徴——たとえば、合理性、言語、感覚、もしくはそれらの組み合わせ——によって、ほかの人間を人間として識別できる。アダム・スミスは「知覚可能で理解可能なすべての存在からなる社会」について語ることで、人間とは何か、また尊敬に値するのは何かを定義するのは、感覚と知性であると示唆している[19]。スミスの見解によれば、人間の本質は友情に先立つのだ。

しかし、アリストテレスによれば、人間のあり方は共有される活動から切り離せない。こうした活動を通じて、われわれは自己統御を実現する。自己統御の美徳は、すでに見たように友情を伴うものであり、ほかの基準によってすでに人間であると決定された存在が有する特質ではない。人間であるということは、自己統御を得るために努力することであり、それはまた、自分自身にとってであれ他人にとってであれ、友人であることをも意味する。アリストテレスが示唆するように、人間に特有の活動（エルゴン）、つまり美徳を追求する魂の活動を抜きにして人間を定義することはできないのだ。

アリストテレスが暗示するところによれば、人間とは、その人間性の中に見いだせるものではないし、客観的に知りうるものでもない。そうではなく、関与や献身といった視点からのみ理解できる活動的な力なのだ。アリストテレスは『ニコマコス倫理学』の冒頭で、すでに倫理的な生活に傾倒している読者だけが、「美徳」、「実践知」、「判断力」について詳述した本書の意義を理解できると断言している。友人と力を合わせて人間性を高めようとする奮闘を通じて初めて、われわれは人間であることの意味を理解できるようになるのだ。

このため、友情や普遍的な人類愛に反対するだけの説明は、どれも見当違いだ。われわれが遠く離れた人びとを正しく認識するようになるには、こんな想像を巡らせる必要がある。われわれ自身の多忙な生活を規定する活動、つまり、さまざまな主張のあいだでバランスを取る活動に彼らを引き入れるにはどうすればいいだろうか、と。見知らぬ人を別の人間として尊重するようになるには、彼らを自分の友人の輪の中に入れるにはどうすればいいかを想像してみる必要がある。われわれが、見知らぬ人を仲間に加えることを想像しはじめられるのは、彼らの言葉を聞き、どう対応するかを考え、したがって、すでに彼らを近しい存在として受け入れはじめている場合に限られる。友情を通じてようやく、人間愛、そして他者への敬意が現われるのだ。

友情が人間同士の偶然の関係ではなく、人間であることの本質的な要素であることを受け入れれば、普遍的な人間愛は友情に優先すべきかどうかという問いは意味をなさないことが認識できる。友人から離れ、また、自己統御を実現しようと努力する際に友人がなす要求から離れてしまえば、人間愛に近づくことはまったくできないのだ。

アダム・スミスが「良識的で知性的なあらゆる存在からなる社会」について語るとき、彼は暗黙のうちに、共有される活動の重要性を無視した人間概念を前提としている。その概念によれば、人間とは、感覚や知性といった、種のメンバーに共通する何らかの特質によって識別されうる存在だという。形式的・抽象的な意味ではスミスは正しいのかもしれないが、彼が持ち出す基準は理論的には観察することも確認することもできない。たとえば理性は、合理的にやりとりし、お互いの関心事を明確にしようとする実践から分離できないし、言語は、対話において表現される諸概念から分離できない。

生物学者、人類学者、さらには哲学者のあいだですら、現在ではすっかりおなじみになった問い、つまり、ある種の動物は言語や理性を有しているか、したがって人類と似ているかという問いを発した途端、われわれはすでに、そもそも言語や理性のようなものを身に付けるのに必要な積極的で献身的な姿勢から遠ざかっている。理論的な、あるいは観察的な視点からすれば、われわれが目にする言語や理性は、せいぜいある種の計算方法にすぎない。つまり、たとえばチンパンジーが棒を使って巣からシロアリを取り出すときのように、ある行動がいかにしてある帰結につながるかを認識するということだ。あるいは、一匹のサルが甲高い叫び声をあげたら群れのほかのサルが散りぢりになって蛇から逃げる場合のように、ある種の音声がいかにしてある種の行動を引き起こすかを認識することだとも言える。だがこれは、われわれが人類を本質的に尊敬に値すると見なすのは言語や理性を持っているからだ、という場合の言語や理性ではない。言語や理性に表われる人間のコミュニティは、語られる内容に対する共通の関与に基づくものだ。われわれがそれを通じて自己統御を育む激励や助言の言葉——善と悪、正義と不正義をめぐる議論——がなければ、人間の絆などあり得ない。

言語、理性、その他の「人間」の基準とされるものは、客観的な分析や経験的な検証をすり抜けてしまうということの意味をうまく捉えているのが、二〇世紀の哲学者ハンス゠ゲオルク・ガダマーだ。ガダマーによれば、われわれが言語を経験したり言語に遭遇したりするときはつねに、言語はすでにわれわれに何かを主張し、われわれが一貫性を追求する文脈の中で疑問視され、解明されるべき意味を提示しているという。言語がわれわれを魅了し、人生に疑問を投げかけるよう勧めることから切り離されれば、言語は価値を失ってしまう。言語を持つこと、あるいは言語を操れることは、すでにその呼びかけに応えているということなのだ[20]。

われわれと言語の必然的な関わりが意味するのは次のことだ。つまり、言語が記述的な用語のみで定義されたり、われわれが支配する記号体系へと還元されたりして、一つの対象となることはあり得ないのだ。言語はわれわれに語りかけ、われわれはそれに応える。だが、言語の呼びかけと応答が成立するのは、友人のあいだ、自己理解という共通のプロジェクトに参加している者のあいだに限られる。

こうした言語分析が示唆するのは、われわれが普遍的関心について語る際に言及する意味での人間性は、遠くから評価する対象にはなり得ないということだ。根本的に人間的であるとわれわれが見なすどんな特質も、友情を前提条件としている。つまり、友情こそ人類愛の唯一可能な基盤なのである。

摂理的思考の観点から見た友情の零落

世界主義的《コスモポリタン》な友情批判は、とりわけ学問の世界で影響力が大きいものの、われわれが友情を軽視する真の理由というより、むしろ知的な立場という面が強い。抽象的で普遍的な愛の理想よりも友情に強い反発があるのは、コスモポリタン的倫理とともに啓蒙思想から発展したある種の目標志向の傾向のためだ。つまり、世界は正義、自由、幸福、技術的進歩といった理想に向かって前進しており、人間にとって最高の使命は、そうした理想の実現を助けることだという信念である。これは、拡大した「目標志向の視点」、すなわち神の視点、もしくは歴史的摂理の視点と呼んでもいいだろう。こうした視点は、「世界をよりよい場所にする」とか「歴史の正しい側」にいたいという願望として日常会話に表われている。

こうした摂理的見解は、友情を同盟の下に位置づけるものだ。友情はせいぜいのところ、理想世界へ向かう途上の励ましの源であり、最終的には「人類の同胞愛」に取って代わられる愛着の一形態でしかない。歴史的摂理の第一人者である哲学者のカール・マルクスが、労働者階級の連帯や「類的存在」としての人間に関して著作を残しているのに、友情に関しては何も書いていないのは偶然ではない。彼の世界進歩の枠組みの内部では、友情とは搾取のない社会のための同盟を意味するにすぎない。

同盟を優先して友情を拒否することは、特にギリシャの悲劇詩で描かれているような古代思想が進んで認める一つの可能性を無視することだ。つまり、災害、惨事、理不尽な苦難といった形の抑圧は、人間存在の本質的要素であり、改善すべき社会的事故ではないという可能性である。

オイディプスの転落と救済は典型的な例だ。残忍なスフィンクスの出す謎を解いてテーバイを救うことができる最高の賢者にして、自らの英雄的行為の見返りとして王座に就き、誠意をもって国を治める男、オイディプス。彼は、運命によって図らずも殺人と近親相姦《そうかん》という奈落の底に突き落とされる。まさにその類《たぐ》いまれな叡智《えいち》と善良さがあればこそ、彼は悲劇的な転落にふさわしいのだ。オイディプスの物語、また一般にギリシャ悲劇の核心は、人は自分が値するものを手にするわけではないということだ。道徳的秩序を完全に破綻させた張本人であるオイディプスは、自らの所業を知ると自分の目をえぐり出して流浪の人生に身を投じるが、一連の恐ろしい大失態にもかかわらず、最後には、その呪われた運命にもかかわらず快く受け入れてくれたアテナイの街に祝福を与えることによって、救済を見いだす。

摂理よりもむしろ悲劇の世界では、われわれの最大の目標が失敗に終わり、最善の意図がとうてい予想できないような形で裏目に出る。突然の理解しがたい激変が人生の本質であり、究極の目的を巧妙に証明することはないこうした世界では、友情は正義に勝る。苦しみに満ちた宇宙で何より必要な美徳は、生き続けるよう鼓舞する物語の中で、不慮の災難を救済する美徳だ。われわれの欠点にもかかわらずわれわれを支え、受け入れてくれる人がいなければ、こうした救済の力は持ち続けるどころか理解することすら難しい。

悲劇が証明する反摂理的な人生観は、一種の主体性、つまり、先見性や計画性ではなく創造性を強調する言葉で表現することもできる。人生の目的がいまだ見えていない世界においてのみ、真の創造性――新しいものの誕生、一変した人生の幕開け――が可能になる。この意味での創造性とは、何かをゼロからまとめ上げるということではない。それでは、たとえ暗黙のうちにではあれ、創造そのものの前に常に目指すべき形があることになる。そうではなく、創造性とは、苦しみや招かれざるものに対する創造的な反応なのだ。悲劇から明らかになるのは次の点だ。つまり、われわれが生き、努力する際に行なっているのは、単にすでに見えている目標に向かって前進することではなく、可能性のあるあらゆる目標の意味を解明することなのだ。そして、目標によって決定されることのないあふれんばかりの喜びこそが、友人を探し求めるようわれわれを駆り立てる。友人とは、われわれの創造物を受け取り、解釈し、創造の活力を維持してくれる人びとなのである。

悲劇の持つあふれんばかりの喜びの要素を鋭敏に理解していた哲学者と言えば、ニーチェを措いてほかにない。最初の著作である『悲劇の誕生』において、ニーチェはこう論じている。当時の学者たちが「ギリシャの陽気さ」と称したもの、つまり、美しい神殿や大理石の神像に反映されている古代ギリシャ人の人生の喜びや見かけの楽観主義は、悲劇の持つ深遠な意味や、存在の核心にある「根源的な苦しみ」からの救済の必要性から生じたのだ、と。ニーチェがこうした見解にたどり着いたのは、神の彫刻や描写において、秩序、均衡、対称にあれほど注意を払っていた民族が、安定と調和という概念をことごとく破壊するかに思えるオイディプスの物語のような神話をなぜ創り出せたのかについて、頭を悩ませた末のことだ。ニーチェは、この二つの傾向は結びついていたと結論している。つまり、建築に典型的に見られる、ニーチェがアポロン神にちなんで「アポロン的」と称したギリシャの「造形力」は、存在の核心にあって混沌《こんとん》のまま永遠に揺れ動く「ディオニュソス的」な力に形を与える必要性から生まれたというのだ。ニーチェによれば、ギリシャ人がディオニュソス的なものに形を与えた究極の手段は、ディオニュソス的なものを直接、いわば悲劇詩のイメージを借りて描くことだったという。詠唱する合唱隊によって表現される混沌としたディオニュソス的な力を、物語のアポロン的な統一性に組み込むことによって、ギリシャ人は混沌と秩序を統合し、苦しみを救済してさらなる創造行為を鼓舞する芸術形式を創出したのだ。

ギリシャの悲劇神話の例から、ニーチェはより広範な洞察を引き出している。つまり、苦しみは、人生を生きるに値するものにする創造的な豊かさから切り離せないというのだ。苦しみは、われわれを揺さぶって自己満足から解き放ち、創造へ導くだけではない。創造の衝動がわれわれを突き動かすときはつねに、その衝動そのものに内的な緊張と不調和が伴っているが、こうした衝動や不調和は苦しみの一形態であると同時に人生を肯定するものなのだ。ニーチェの言葉を借りれば「躍動する星を生み出すには、人は自己の内に混沌を抱えていなければならない」[21]。人が生み出す躍動する星とは、その本質において、潜在的な友人、つまりその輝きを受けて今度は自分が「生み出そう」と奮い立つ人びとへの贈り物である。「汝、偉大なる星よ」と、ニーチェは昇る太陽を指して書いている。「もしも汝の照らす人びとがいなければ、汝の幸福とは何だろうか？」[22]。のちに時間について考察する際に検討するように（第五章）、存在の持つ創造的で悲劇的な側面を理解していたニーチェが、贈与の美徳を最高の美徳と位置づけたのは偶然ではない。そうすることによって、彼は暗黙のうちに、友情に対して同じ位置づけを与えるアリストテレスに賛同しているのである。

友情を通じた救済――『深夜の告白』の物語

物事がひどくうまくいかないとき、目的が災厄に見舞われるとき、われわれが絶望と堕落にはまり込んでしまうとき、友情は人生を救済し、生きるに値するものにしてくれる。これが、ビリー・ワイルダー監督の陰鬱な犯罪映画《フィルム・ノワール》の古典『深夜の告白』が示す道徳だ。友情の肯定として見るなら、この映画は目標志向的な善の概念に対する頼もしい解毒剤となる。

『深夜の告白』は、ロサンジェルスに本社を置く人間味のない大企業、パシフィック・オール・リスク保険会社に勤める三十代半ばの小粋なセールスマン、ウォルター・ネフ（フレッド・マクマレイ）の物語だ。会社への服従とお定まりのセールストークという生活に飽き飽きしたネフは、定期的に自宅を訪問している無愛想な老顧客の魅惑的な若妻、フィリス・ディートリクソン（バーバラ・スタンウィック）に心を奪われる。

実は、フィリスは絵に描いたような魔性の女《ファム・ファタール》であり、巧妙な誘惑の手口を駆使し、ネフを邪悪な計画に引きずり込む。事故死の場合は保険金が二倍になる特約のついた生命保険を夫に売りつけ、その後、列車から転落したように見せかけて夫を殺そうというのだ。フィリスにのぼせ上がり、パシフィック・オール・リスク社に「いっぱい食わせて」やりたくて仕方がないネフは、フィリスの念入りな計画の実行を手助けする。

結局、フィリスはネフを裏切る。ネフを見捨てて行方をくらませ、彼を殺そうとまで企む。ネフとの最後の対決で、フィリスは椅子のクッションの下から拳銃を抜き、ネフの胸を撃つ。それが致命傷となるのだが、ネフはしばらく余力を保ち、落ち着いてフィリスに近づくと彼女を威圧する（「もう一度撃ってみろよ、ベイビー」）。フィリスがもう一発を撃つ気になれないでいると、ネフはその手から拳銃を奪って彼女に向け、撃ち殺す（「さようなら、ベイビー！」）。こうして、どこまでも暗鬱《あんうつ》に思える物語は幕を下ろす。

だが、この映画の真のドラマと深みは、ネフとフィリスの安っぽく相互破滅的な情事を超えたところにある。つまり、ネフとパシフィック・オール・リスク社の同僚バートン・キーズ（エドワード・G・ロビンソン）のあいだに芽生える場違いな友情にあるのだ。キーズは優秀な不正請求調査員で、事故の統計にかけては百科事典並みの知識の持ち主だった。

映画の冒頭、ネフが一人、深夜のキーズのオフィスでディートリクソンとのごたごたの一部始終をテープレコーダーに向かって語っている。ネフはキーズに手の込んだ告白をしているのだ。「誰がディートリクソンを殺したか知りたいか？　その安物の葉巻を落とすなよ……俺が殺したんだ」。こうして、ネフは殺人と欺瞞の狡猾《こうかつ》な企みを打ち明けはじめる。

物語のはじめに、キーズとネフがオフィスで軽口を叩き合っているという、思いもよらない友情の描写がある。キーズとネフは何もかも正反対だ。ネフは背が高く、ハンサムな若者で、愛嬌《あいきょう》たっぷりに当意即妙な言葉を淀《よど》みなく話す。キーズは背が低く、恰幅《かっぷく》のいい中年男で、不正請求を見抜く優秀な頭脳の持ち主だ。早口でまくし立てつつ複雑な論理の連鎖を展開し、それによって詐欺師を特定する。まさにこうした対照的な面こそ、二人の友情を育むものだ。愉快な侮辱と軽妙なこけおどしに満ちた率直で機知に富むやり取りを通じ、キーズとネフはお互いを理解している。二人が一緒にいることを、単なる同僚同士の駆け引きや戦略的な同盟関係と解釈することはできない。キーズは、ネフがセールスマンとして自分の頭痛の種になっていると言ってからかいさえする。「口先ばかり達者なセールスマンどもが、間抜けなことに、四匹のガラガラヘビと一緒に寝ている男に生命保険を売りつけたあとで、その尻拭いをさせられるのはもううんざりだ」

するると、今度はネフが、キーズは事件の解決に病的に執着していると言って嘲笑する。「それが好きなんだろうが、そんなことをバカみたいに気にかけているのはあんただけさ……あんまり真面目すぎて、オツムがどうかしているんだ。今日が火曜日だってことさえ、カレンダーを見て初めて知るのさ。そして、それが今年のカレンダーか去年のカレンダーかを確認する。お次は、カレンダーの印刷業者を調べるってわけだ」

それでも、二人はともに相手の独自の生き方を尊重している。お互いに認め合っていることは、ある特徴的な儀式に象徴されている。キーズが事件について頭をひねりつつ、一服しようと安物の葉巻を取り出すと、ネフが火をつけてやるのだ。こうした振る舞いは、二人が自分自身でいられる純粋な交友の瞬間であり、それ以外には何の動機もない。ネフは淡々と落ち着いて手を差し伸べ、何かを売り込む必要もない。キーズは自分自身の力として、事件を解決する手段を超えた何かとして、自らの推理を披露できる。二人が相手を尊重するのは、相手が達成するもののためだけではなく、相手が示す生き方のためなのだ。

ネフがいなければ、キーズは結果を出す（ペテン師を捕まえる）だけの人生に縛られ、見事な推論のプロセスを披露することはできなかっただろう。キーズがいなければ、ネフはいっそうの売り上げを期待して顧客に愛想を振りまくだけで、自分の魅力を誰にも理解してもらえなかっただろう。

ところが、ネフとキーズがお互いにとって相手がどんな存在なのかを十分に認識するようになるのは、映画の終盤で事態がおかしくなってからのことだ。それまでネフは、ディートリクソン殺しの謎の犯人を追跡しているキーズを欺くことで頭がいっぱいだった。キーズはディートリクソンの死が事故ではないことを見抜いていた。さらに、ディートリクソンは列車に乗る前にすでに殺されていたに違いないし、犯人は一匹狼ではなく二人組だとまで推理していた。しかし、ディートリクソン氏に保険を売ったのはネフだったにもかかわらず、長年の友人であるネフが事件に関わっているなどとは考えることもできない。

　フィリス・ディートリクソンに裏切られたネフは、あらゆる損得勘定を無視して、捕まることが確実な行動に出る。銃弾による傷から血を流しながらも、気力を振り絞ってオフィスまで車を走らせ、キーズに宛てて深夜の告白を録音するのだ。この告白は、災難に見舞われて自己統御を取り戻した証しだ。また、自分にとってずっと大切だったのに、フィリスとの情事に溺れて見失っていたもの、すなわちキーズとの友情を認識することでもある。

　マイクに向かって一部始終を語る際、ネフはキーズに敬意を払い、二人の役割を見事に逆転させる。つまり、いつもキーズがネフにしていたように、今度はネフがキーズに対して事件の紆余曲折を明らかにするのだ。

　ネフが物語の結末にたどり着こうかというとき、キーズがオフィスの入口に姿を現わす。耳にした内容から、何があったのかを即座に理解する。目の前に、なかなか捕まえられなかった犯人が立っている。粘り強く追いかけていたディートリクソン殺しの犯人だ。衝撃的な展開は、それが自分の親友だということだ。今度ばかりは、キーズは自らの知力でペテン師を捕まえることができなかった。だが、その失敗の中で、彼はまたいっそう深遠な認識に至る。世界中のすべての保険数理学と科学捜査の力をもってしても、友情の前では限界があったということだ。キーズが事件を解決できなかったのは、信用していた人物が犯人だったからだ。キーズには、ネフが告白のために自分のもとにやってきた理由がわかっている。それは、友情を回復するためであり、キーズが見事な洞察力によって事件を解決したことを認めるためだ——最後のどんでん返しを除いては。

ネフは息も絶え絶えに、最後の言葉でキーズに対して自分の目的を明らかにする。「キーズ、あんたがどうしてこんな事態を想像もしなかったのか、わかるかい？　教えてやろう。探していた相手があまりにも近くにいたからさ。向かいのデスクにね」。「もっと近くにだよ、ウォルター」とキーズ。二人の目が合い、ネフは自分が欺いていた友人と和解する。「俺もあんたが大好きだ、キーズ」。いかにもネフらしい簡潔な答えの誠実さと深さを受け止め、キーズは役割の逆転を無言の行為で締めくくる。失血のせいで倒れ込んだネフが、やっとのことで煙草を取り出すと、火をつけてやるのだ。この逆転した振る舞いによって、双方が相手に対して抱いている純粋な感謝の気持ちがはっきりと示される。

結局、ネフもキーズも自分のプロジェクトには満足を見いだしていない。ネフは告白の冒頭でこう語る。「俺はディートリクソンを殺した。金と女のためだ。それなのに、金は手に入らなかった……おまけに女もだ」。キーズはといえば、事件の解決に失敗する。謎の殺人犯を突き止めるのは、ネフが現われて驚愕の真相を語ってようやくのことだ。目標志向の観点からすると、『深夜の告白』は陰鬱な犯罪映画《フィルム・ノワール》そのものだと言える。だが、そのもっと深いメッセージは、人生で本当に大切なのは、成功や失敗ではないというところにある。本当に大切なのは、何も達成せずとも、自己統御と友情を体現する行為なのである。

『深夜の告白』は実のところ、異常な執着や盲目的な心酔への警告だ――こうした悪徳が、殺人、詐欺、不正にまで至るかどうかはまったく別の話だとしても。ある意味で、われわれは誰もがウォルター・ネフになってしまう危険があるし、彼が陥ったような苦境から完全に解放されることはない。フィリス・ディートリクソンに首ったけになることはないかもしれない。だが、日々を生き、奮闘するうちに、それが、謎の解明、夢の仕事の獲得、節目への到達といった形をとるにしても、いわば「金や女を手に入れる」といった魅力的な目標につい心が動いてしまうことはある。ウォルター・ネフの運命、そしてキーズの運命は、こう訴えかけている。盲目的熱狂の原因から遠ざかるように、そして、われわれにとってあまりにも身近で本質的であるがゆえに、そのありがたみを忘れてしまいがちなものに気を配りつづけるように、と。

友情と競争の関係

ネフとキーズの友情から学ぶべきもう一つの教訓は、真の友人のあいだに存在する平等とは、ある意味で単なる同質性ではなく、お互いを力づける形の相違であり、対立でさえあるということだ。ネフとキーズがお互いを理解し、自分自身を認識するようになったのは、お互いの独特な流儀と性向を反映した悪気のない軽口の応酬のおかげだった。友情のこうした対立的側面は、私がスポーツの分野で、尊敬すべき競争者同士の関係を考えるうちに高く評価するようになったものだ。

一見すると、友情と競争は正反対に思えるかもしれない。競争とは勝利と支配を目指すものと想定されている。対照的に、友情とは相互の支え合いを目的とする。競争とは、せいぜいのところ、健全ないがみ合いにすぎないと思われがちだ。つまり、究極的には暴力や戦争といった形で表面化する攻撃本能の抑制されたはけ口というわけだ。ジークムント・フロイトなら、スポーツとは、人間精神の根本をなす破壊的な「死の衝動」を昇華させる手段だと言うかもしれない。競争に関するこうした見方によれば、人間が本当に欲しているのは他人を支配することだ。スポーツは、行き過ぎにならない程度にその欲望を満たしてくれる。
特に、ボクシングやアメリカン・フットボールといった接触競技《コンタクト・スポーツ》について考えたり、野球場で乱闘騒ぎを目撃したりすると、この説明はもっともらしく思えるかもしれない。だが、私はそれを皮相な見方だと思うようになった。最高の形の競争とは、相互に破壊し合うことではなく、共同して育てていくことに関わるのだ。

　あらゆるスポーツの中に、勝ちたいという欲求――戦争における至上命令である、敵を倒したいとか阻止したいという欲求――と、最高の試合を実現したいという欲求のせめぎ合いがある。こうしたせめぎ合いが、モハメド・アリの有名なスローガンとして印象的に表現されている。「蝶《ちょう》のように舞い、蜂のように刺す。やっちまえ、若者よ、やっちまえ。うおおおー！」。「やっちまえ」という言葉と吠《ほ》えるような叫び声は、強烈なパンチとノックアウト勝利を示唆しているのに対し、「蝶のように舞い」は優雅さ、軽やかさ、美しさ、つまり、双方が芸術性で相手を上回ろうとするシンクロナイズド・ダンスを暗示している。「蜂のように刺す」は、両者の中間のようだ。それは、後ろに下がりながらも魔法のように命中させることができた、アリの素早く正確なジャブを想起させる。

　アリは、多くの人が彼の闘争本能と見なすものによって知られていた。再戦となったヘビー級タイトルマッチでソニー・リストンを初回ＫＯし、仁王立ちで見下ろしている象徴的な写真が、それを捉えている。しかし、アリは敵を叩きのめすことが第一の目標ではないと主張していた。彼が本当に望んでいたのは、ショーを披露することだった。つまり、斬新で芸術的な戦い方に示される反射神経、技術的正確さ、持久力を引き出してくれるファイターと対戦することだった。

俺がボクシングを始めた頃は……ボクサーは人間的だったり知性的であったりしてはいけなかった。血に飢えた観客を楽しませ、満足させるために存在するただの獣だった。二匹の獣が、互いの皮膚を引き裂き、鼻をへし折る……俺はボクサーに対する世間の見方を変えたかった……テレビでは、図体ばかりでかくて、下手くそで、動きの鈍い二人のヘビー級ボクサーが、フランケンシュタインの怪物よろしくのしのしと歩み寄り、クリンチしたり、差し向かいで殴り合ったりしている。それを見るのが嫌でたまらなかった。俺ならもっとうまくやれるとわかっていた。ライト級並みに敏捷《びんしょう》で、円を描き、ダンスし、シャッフルし、打っては動く。シュッ、シュッ、パン、パン、打って下がって、またダンスして、そうやって芸術を創り上げるんだ。[23]

アリの姿勢が示しているのは、最も過酷で戦闘的なスポーツであっても、真のアスリートは、単に破壊（ノックアウト）という意味での勝利を目指すのではなく、対戦者同士がお互いを限界まで追い込み、共同作業の美しさを披露せざるを得ない戦いを目指しているということだ。最高の状態にある競技スポーツは、破壊ではなく相互エンパワーメントに関わっている。この意味で、競技スポーツは友情の場なのだ。問題は、誰が倒れるかではなく、誰がそのスポーツを最高のレベルで披露するか、斬新で予期せぬ形の巧妙さや優美さを明るみに出すかということにある。

真剣なアスリートにとって、また試合を真に愛する者にとって何より不満なのは、完敗や、さらにひどい没収試合を除けば、圧勝することだ。最も充実した勝利は、延長戦、タイブレーク、アディショナルタイムにもつれ込み、双方が素晴らしい試合運びで相手を凌駕しようと試み、戦い抜いた末の勝利である。

こうした勝利が満足感をもたらすのは、逆説的ながら、活動の展開のおかげであり、結果のためではない。競技が最高潮にあるとき、選手はプレーを続けたいと願うものだ。試合の最後には、勝っても負けても、安堵《あんど》や満足感と同じくらい切望に満たされる。テニス界のスーパースターであるロジャー・フェデラーはかつて、宿敵ラファエル・ナダルとの激闘を制したあとのインタビューで、このまま試合が終わってほしくなかったと明かしたことがある。真のアスリートは、お互いがさらに高く、さらに遠くに達し、両者が最高の試合を見せられることを望んでいる。フェデラーとナダルの強烈なフォアハンドの応酬が続く。ナダルは独特のトップスピンをかけ、フェデラーは正確無比に打ち返す。双方が相手よりもさらに強く、さらに鋭角に、前へ後ろへショットを放つ。二人はそれぞれ得意のスタイルと補完的スキルを駆使し、互角の戦いを繰り広げる。それぞれが、相手の挑戦を受けて立つことで本領を発揮するのだ。

友情の持つこうした対立的性質は、ニーチェが注目していたものだ。「丸天井とアーチが格闘しつつお互いを乗り越えている様はなんとも神々しい」。古代ギリシャの建築について、彼はそう書いている。「それらはいかにして、神のごとき闘争者である光と影によって互いに争っていることだろう――それだけの自信と美しさをもって、われわれも敵となろうではないか、友よ」[24]。こうしてニーチェは、あらゆる美と友情のなかに「戦争」があると結論する。彼は、戦争の本質は相互のエンパワーメントであり、ゼロサム的な対立ではないことをはっきりと理解している。「戦争」という言葉を用いる際、ニーチェは大雑把で大げさな言い方をしているのではないか、と思うかもしれない。なにしろ、戦場で展開される敵意に満ちた自己破壊的な対立、つまり、われわれが「本物の」戦争と見なそうとするものは、友情とはかけ離れているように思えるからだ——たとえ、友情にある種の激しい競争が伴うとしても。しかし、友情と競争の関係を考慮すれば、「本物の」戦争を新たな視点で捉えることができるかもしれない。もしかすると、ニーチェはわれわれにこう理解してほしいのかもしれない。いわば「本物の」戦争とは、よく検討してみれば、レスリング場やテニスコートで友好的な競争者同士が示す称賛を得ようとする粗削りで不適切な努力なのだ、と。もしかすると、スポーツとは戦争の全面的な攻撃性を暗示するものだというおなじみの見解は、事態を逆転させているのかもしれない。もしかすると、戦争で現われる攻撃本能が暗黙のうちに切望しているのは、スポーツの友好的な競争なのかもしれない。

ニーチェの哲学的先駆者の一人であるヘーゲルは、古代世界における奴隷制の起源を分析する中で、敵の打倒や否定だけを志向する人生では、決して満たされないものが存在することを明らかにしている。ヘーゲルの指摘によれば、最も冷酷な征服者といえども、自分の優越性を認めてくれる現実の人間を確保するために、最終的には、征服した相手を助けるしかないと感じるという。こうして、奴隷制という慣行が生まれる。征服者は奴隷制を一つの手段として、破壊と虚無の悪循環から脱すべく、生き延びて自分を讃えてくれる者の前で自らの武勇を誇示するのだ。「私はお前を打ち負かした！　さあ、私の優越性を讃えるために、命を助けてやる代わりに、私の僕《しもべ》となれ！」。征服した相手を滅ぼす代わりに、征服者は彼らを奴隷にする。だが問題は、自分より劣る者と見なす相手に無理強いした承認は、まったく承認にならないということだ。仕える者を自分の欲望に従わせ、単なるモノや自由に使える道具に貶めることによって、つまり、まさに自分の目の前で彼らの人間性を奪うことによって、彼らが示す敬意の価値を台無しにしてしまうからだ。さらに、奴隷がどれだけ敬意を示したところで、主人からすれば疑いを拭い切れない。というのも、そうした敬意が生き延びるための単なる見せかけかどうか、確信が持てないからだ。こうして、他人の支配によって自分を肯定しようとする主人は、その過程でまさに自らの人間性と自己の確証を失ってしまうのだ。

ヘーゲルの教えによれば、真の承認とは、平等な者同士が相補的に努力するという生き方においてのみ生じるという。こうした生き方において、各人が独自の卓越性を発揮することによって他者を支援し、鼓舞するのだ。ヘーゲルは、こうした承認はある種の経済生活において広く行き渡ると述べている。そこでは、社会のメンバーの一人ひとりが、相互依存的なシステムの内部で、対等な尊厳を有する特定の職業に就いているのである。

コーエン兄弟による連続テレビドラマ『ファーゴ』〔シーズン1〕には、敵意に満ちた対立にさえ、友情への切望が潜んでいる様子が印象的に描かれている。敵役のローン・マルヴォ（ビリー・ボブ・ソーントン）は「友達がいない」雇われの殺し屋で、ミネソタ郊外の中流階級が住む衰退しつつあるコミュニティに大混乱の種をまいては面白がっている。マルヴォは、自分を殺そうとした敵のヒットマン二人を倒す。一人は、待ち伏せして撃ち合いのさなかに刺殺する。もう一人は警官に撃たれて捕まり、警察の監視の下、病院に運ばれる。仕事を終わらせるため（とわれわれは思っている）、マルヴォは病院に忍び込み、敵のヒットマンが療養している病室の警備にあたっている警官をこっそり絞殺する。ベッドに近づくと、自分が倒した敵の傍らに威嚇するように腰を下ろす。当然、敵にとどめの一撃を食らわそうとしているのだろうと、われわれは考える。ところが、そうする代わりに、マルヴォは警官から盗んだ一対の鍵を取り出す。敵をベッドにつないでいる手錠の鍵だ。マルヴォは敵に向かってそれを放り投げると、ぶっきらぼうに承認の言葉を口にする。「［俺を殺すまで］あと一歩だったな。ほかの誰よりもよくやった。お前がやったのか、お前の相棒がやったのかは知らないが、いいか、傷が癒えてもまだ気が済まなければ、会いに来い」。そう言うと、マルヴォは病室を出ていく。

人間愛を軽蔑し、人を操ったり殺したりすることに一種の喜びを感じているマルヴォですら、破壊だけの人生には耐えられない。承認を欲し、したがって犯罪のパートナーを欲しているのだ。彼はある種の友情の魅力を封じることができない。彼の人生の悲惨さは次の点にある。承認を熱望していながら、他人を支配しようとする自らの試みに永遠に阻止されて、その願いがかなうことはないのである。

『ファーゴ』には、マルヴォとは対照的な思いもよらないヒーローが登場する。マルヴォが求めていながら手にできない純粋な友情から生じる自己統御を体現するような人物だ。それが、若き女性刑事のソルヴァーソン副署長（アリソン・トルマン）である。ドラマの全篇を通じて、彼女はマルヴォを執拗に追いつづける。ヒーローと敵役であるソルヴァーソンとマルヴォは、違っているように見えるものの、単なる正反対の存在ではない。二人とも、善良な市民のあいだに広まっている日常的なマナーや道徳の薄っぺらさを見抜き、その下に潜む抑圧された残忍さに気付いている（このドラマには、健全な中西部の生活という見せかけの裏から顔を出す狭量さ、敵意、無頓着といった陰険な事例があふれている）。二人はともに、自分を疎外している世界に向き合いながら、自分らしくあろうと努力している。だがマルヴォが、羊のように従順な人生の代わりとなるのは、社会の略奪的な支配しかないと考えているのに対し、ソルヴァーソンは真のコミュニティの可能性を信じている。彼女のこうした信頼は、揺るぎない忠誠心のオアシスから生じたものだ。そうしたオアシスの一つが、何よりもまず、父親の愛情と指導である。彼女の父親は世知に長《た》けた元警察官で、いまは地元で食堂を経営し、自分でつくった料理を出している。父親、ダルース警察の敬愛する同僚、同僚の娘の勇敢なティーンエイジャーとともに、ソルヴァーソンは、うまくなじめず、自己の承認さえ難しいコミュニティを守ろうと、気力を奮い立たせる。仲間内の視点から、そうした忠誠心と友情が他人の生活に現われるかもしれないという希望をもって、外部へ目を向けることができる。近しい人びとから生まれたソルヴァーソンの希望のおかげで、彼女の力はマルヴォの力を上回る。マルヴォは自分が軽蔑する世界からの自由を求め、他人を操り、殺すという行為に表現される断固たる「ノー!」を突きつけて抵抗するものの、破壊と虚無の自滅的な繰り返しから抜け出せない。一方、ソルヴァーソンは、自分が促進する生き方のかすかな光を周囲の状況に見いだすことで、自己統御を手に入れるのだ。

正反対の者同士は引かれあう? それとも、似た者同士?

最高の試合の実現に全力を尽くす競争者同士の応酬から明らかになるのは、友情には親近感と敵意が共存しているということだ。フェデラーとナダルはともに、テニスの試合の美を引き出すことに熱中しているという点でよく似ている。これは、二人が勝敗以上に大切にしていることだ。しかし、二人の独自のプレースタイルや、コート上の動きに現われる優美さと戦略的知性の特徴に関しては、まったく異なる。競争が目立とうが目立つまいが、あらゆる友情には、こうした統合と対立、同一性と差異が付きもののように思える。

アリストテレスもプラトンも、友人同士はある意味で似ているはずだと強調している。ソクラテスは、ホメロスの『オデュッセイア』を引いて「神はつねに似た者同士を導く」とし、これを善は善を呼ぶと解釈している。[25] アリストテレスは、正反対の者同士が惹かれ合うという見方に対し、有用性に基づく友情、快楽に基づく友情、美徳に基づく友情の区別を主張する。誰もが有用性や快楽を追い求めているとすれば、「正反対の者が惹かれ合う」というのも十分に納得がいく。盟友やビジネス・パートナーであれば、何か異なることを提案したり、自分に欠けているものを補ってくれたりする相手が望ましい。快楽のための友情であれば、内気で控えめな性格の人は、いたずら好きな仲間とつき合うのが楽しいかもしれない。だが、美徳に基づく友情となると「正反対の者が惹かれ合う」という言葉は説得力を失う。高邁な人物が自分を高めてくれる友人を望むなら、自分とは正反対の人物、つまり狭量で、臆病で、恨みがましく、すぐに怒るような人物に惹かれることはないだろう。そういう人物が自分の指導下に入れば、助けてやろうとするかもしれない。だが、自分から近づきたいとは思わないはずだ。自分と同じように美徳を尊び、人格者であるという折り紙付きの人びとに囲まれたいと望むことだろう。

だが、美徳に基づく友情にさえ、暗黙の対立や相違が存在する。ある意味で、それはフェデラーとナダルの対立に似ている。というのも、われわれがそうした友情を求める理由は、自分の美徳に「美しい行為だ」「よくやった」などの称賛の言葉で共感してもらうことだけでなく、われわれが示す美徳の意味と重要性そのものを、自分に対して強調することでもあるからだ。友人とは、われわれの美徳を、われわれ自身よりも正しく理解し、評価する言葉を見つけられる人のことだ。友人とは、弱気、混乱、狭量、妄想などに陥りそうな瞬間に、自分自身であり続けるよう励ましてくれる人のことだ。何よりも友人とは、われわれの人格を承認することによって、道に迷ったときにわれわれを先導し、自分自身に引き戻してくれる人のことだ。だとすれば、「正反対の者が惹かれ合う」という考え方にも一理あることになる。アリストテレスが考察のために示している「異なるものから最も美しい調和が生まれる」というヘラクレイトスの一節に表現されている通りだ[26]。ともに善に献身しているが、それぞれが独自の強い個性を持つ友人同士が、お互いに励まし合い、教え合っていっそう強くなるとき、彼らは異なるものから統一性を表出させるのである。

第四章　自然と触れ合う

大学院の終わりに、私は二つの理由からパワーリフティング競技に別れを告げることを決めた。まず、臀部と胸筋が長年のスクワットとベンチプレスで悲鳴をあげていたこと、そして屋外のスポーツが恋しかったことだ。自然が私に警告を発し、招待状を送ってきたと言えるかもしれない。慢性的に痛む身体が、自分の体格に合った新たな肉体的チャレンジを考えよと訴えかけてくる。青い空、夏の風、刈りたての競技場の芝が、ジムから出るよう手招きしていた。

もちろん、こうした自然の誘《いざな》いに抵抗することもできた。人生をどう生きるかという段になれば、自然が最終的な決定権を持つことは決してない。催促したり、嘆願したりすることはできても、強制はできない。あらためてそう思わされたのは、パワーリフティングのあるチームメイトが、競技大会で不慮の事故に見舞われながらも果敢に対応したのを目撃したときだ。デッドリフト（床に置いた非常に重いバーベルを握り、腕を伸ばしたまままっすぐに立つ運動）の一回目の試技で、逆手でシャフトを握る際に使う上腕二頭筋の腱が不意に断裂したのだ。マジックテープを引きはがすような恐ろしい音とともに、筋肉が骨から離れて腕の内側をはね上がり、肩の付け根で小さくギュッと丸まってしまった痛ましい光景は、その場にいた誰もが簡単には忘れられない。それは、すべて投げ出して病院に行けという自然からのメッセージ以外の何ものでもなかった。だが、チームメイトはこの大会に全身全霊で打ち込んでいた。大学の学業すらいったん中断して、パワーリフティングに専念していた。強い決意のもと、彼は負傷した腕にできるだけきつく伸縮包帯を巻きつけ、握り方を変え、二回目の試技をやり遂げると、その大会で優勝した。

このチームメイトの行動が望ましいとか、私が提唱する自然との関わり方の模範であるなどと言いたいわけではない。たとえ自分が不利益を被るとしても、ここまで自然に抗《あらが》えるのだということを示す一例として、この話を持ち出したにすぎない。これこそ、自然が最終決定権を持つことは決してないということの意味なのだ（第五章で掘り下げていくが、努力に対する究極的な自然の障壁と見なされがちな死さえも、それを目前にしてわれわれが無力になってしまう現象ではない。われわれが死をどう解釈するかが、死とは何かを構成することに関わっている）。

結局のところ、善く生き、自らの真の情熱がどこにあるのかを見つけたいのであれば、自然に耳を傾け、自然と交渉しなければならない。この不屈のチームメイトですら、負傷した上腕二頭筋を包帯で巻き、デッドリフトの握り方を変えることで、少しばかり自然に譲歩せざるを得なかった。比較的軽症ではあるが治りの遅い私自身のケガの場合、自然を相手に強気に取引することもできただろう。パワーリフティングのルーティンを倍にして、スクワットなら四〇五ポンド（約一八四キログラム）、ベンチプレスなら三一五ポンド（約一四三キログラム）というご自慢の数字までいけると主張できたかもしれない。その代わり、トレーニング前後の柔軟体操とストレッチを追加することは受け入れざるを得なかっただろう。それは想定内だった。だが、私が望むものではなかった。自然は、私を別のもっと有望な方向へと導いていると思ったのだ。つまり、強さ、持久力、競争をアウトドアと結びつけるための新たなチャレンジへと。

そこで、私は自らのアスリート人生で新たな試みに踏み出すことにした。パワーリフティングの練習は続けるが、重量を減らして反復を増やすのだ。そして、外に出て走る。新しい目標は、一マイル（約一・六キロメートル）走で五分を切ること、スクワット、ベンチプレス、パワークリーン〔床に置いたバーベルを胸の位置まで引き上げ、それから立ち上がる運動〕を二〇回ずつ反復できるだけの体力をつけることだ。そうするうちに、雨でも晴れでも、どんなコンディションでも走ることによって、強健な体が手に入るはずである。

やがて、トラックでのきついワークアウトによる極度の疲労に耐え、比較的重めの重量で長時間トレーニングすることを覚えていった。最初は気付かなかったが、私はまもなく自分を新たな人生の領域に導くことになる能力を身に付けようとしていた。その領域とは、懸垂競技と自重トレーニングだ。

さらに重要なのは、私がアウトドアへの新たな認識を獲得していったことだ。一マイル走の極度にきつい三周目と四周目では、風と闘い、風を利用して自分を支えることを学んでいった。フォームを崩すことなく風に身を預けるのだ。かつては仕事に向かう途中で気にも留めなかったか、もしくはただの迷惑としか思っていなかった自然界の特徴に気付くようになった。暑い夏の日のにわか雨にこれほど感謝したことはない。以前なら午後の厄介者扱いしていた雨も、一〇マイル走ったところではありがたい一服の清涼剤として歓迎するようになった。

パワーリフティングを長年続けてきた結果、肉体の限界と折り合いをつけることになった私は、人間の努力と自然の力について重要な教訓を学んだ。つまり、この両者は支配権をめぐる永遠の闘いに閉じこめられていると思われることが多いが、われわれはそれらを、共有される活動に携わるパートナーと見なすべきなのだ。自然を単なる敵ではなく対話する友人として、あるいは少なくとも、交渉の余地があり、説得を試みることのできる相手と見なすべきだ。パワーリフティングから筋力と持久力のトレーニングへ転向したとき、私は自然を相手にある種の会話をしていた。しつこいケガは、自然が私の行く手に投げつける侮辱や障害物ではなかった。プラトンの対話篇で厄介な人物から発せられる耳障りな意見のように、ケガは私の能力や目的について省察するための出発点であり、魂の探求と自己認識の機会だったのである。

「自然《ネイチャー》」の概念

自然との関わりの探求に進む前に、いったん立ち止まってある難題に思いをめぐらせてもいいだろう。「自然《ネイチャー》」とは、正確には何を意味するのだろうか？　パワーリフティングから別のスポーツの冒険への転向について語る際、私は「自然」という表現を、肉体の限界、個人に備わっている長所や短所、太陽、風、雨といった屋外の天候など、いろいろな意味にとれるやや緩い使い方をしてきた。自然に対するこうした一般的な理解の仕方は、まだほかにもある。たとえば、「自然科学」というときの自然は、単に屋外のものでも、大地や天空にあるものでもなく、ある意味で「存在」し、知られ得るものすべてを指す。物理学者は木や岩石を、無線や飛行機などとまったく同じように扱う。この実に広範な意味での自然は、古代ギリシャ語の「phusis」を思い起こさせる。現代の「physics（物理学）」という言葉はここから生まれた。プラトンやアリストテレスの作品に見られる一般的な用法によれば、「phusis」とは単に「存在するすべてのもの」を意味している。この意味では、「存在」のギリシャ語である「to on」とほぼ同義だ。物理学の対象としての自然《ネイチャー》以外では、あれやこれやのトピックの性質《ネイチャー》という使い方もする。正義の性質、法の性質、研究分野としての物理学の性質といった具合だ。この意味の「ネイチャー」は、「性格」とか「本質」などを意味し、物質にも概念にも使える。

こうして、「ネイチャー」の一語が含む驚くべき多様性を目《ま》の当たりにすると、ネイチャーそのものを把握しようとするどんな試みも不毛に思える。とはいえ、われわれの多様な用法にも共通点はある。ここまで見てきたすべての事例で、ネイチャーはある意味で、望むと望まざるとにかかわらず、われわれに立ちはだかるものや降りかかるものを指している。ネイチャーとは所与のものを指しているのだ。

このことが何より明白なのは、われわれがネイチャーを太陽の軌道や天候の変化と結びつける場合だ。われわれはこうした現象を予測し、さまざまな方法で適応しようとはできるものの、それらを生じさせるわけではない。それらがわれわれの意志に従うことはない。自然とは対照的に、しばしば人間の考案による産物と見なされがちな正義や法といった非物質的なものの場合でさえ、それが何であるか（「正義とは何であるか？」「法とは何であるか？」）という観点で理解しようとするや、われわれは、不可解な存在として立ちはだかる何か、そこから探究が始まる何かに取り組むことになる。それゆえ、いまだに、こうした物事の性質《ネイチャー》を調べるという言い方をするのである。

こうしたあらゆる意味において「ネイチャー」は、全能というよりもむしろ、制約がある、もしくは有限であるという条件に合致している。「ネイチャー」は、われわれは常に事物のただなかにいて、逃げ道を探すよう強いられているという感覚を反映している。ネイチャーの対極にあるのは人工物、すなわち意志に基づく行為によって生み出されるものだ。完全に芸術的あるいは創造的な存在であるということは、周囲の環境をゼロから作り上げるということであり、したがって、自然とは対峙しないことになる。

この章で私が探求したい問いは、次のように述べることができる。われわれは、所与のものをいかに理解し、いかに関わるべきだろうか？　所与のものは、完全にわれわれの外部にあるのだろうか？　すなわち、われわれに作用し、われわれが送る人生とは無関係な「物事のあり方」を形づくる力なのだろうか？　あるいは、何らかの逆説的な意味で自らを与えられるもの――われわれの解釈能力の源であると同時にその産物でもあるということなのだろうか？

別の言い方をすれば、われわれが理解し、解釈する方法とは別に、自然というものが存在するのか否かということだ。この問いは逆向きにすることもできる。つまり、私が自然の促しに応じて自分と向き合い、自分を獲得する方法とは別に、私が自分自身のものと称している自己を想像することは可能だろうか、と。

自然はわれわれの外部にあり、われわれの行動や思考とは無関係な成り行きをたどっているという考え方は珍しくない。日の出や日の入り、星の軌道、四季の移り変わりについて考える際、われわれはこれらの現象を規則的なものと見なすことに慣れている。われわれが望むと望まざるとにかかわらず、またわれわれが注目するかどうかなどまったく気にすることなく、展開される現象ということだ。ストア哲学者は、自然をまさに次のように理解していた。つまり、自然とはわれわれがそれを理解し、それに順応するようになる一方で、それがわれわれに依存することは決してない秩序なのだ、と。自然は、われわれがそれにどう関わるかとはまったく無関係に存在する。「自然に従って生きよ」というのが、ストア派の有名なモットーだった。それが言わんとするのは、われわれは自然が命じるものを受け入れるべきだということだ。成長と衰退、生と死といった自然界の必然の秩序に対し、執拗かつ無益な抵抗をするのではなく、あらゆるものが壊れては再び結合するという感覚に注意を払い、あらゆるものとともにわれわれが巻き込まれている無限のサイクルとして自然を理解するようになるべきなのである。

とはいえ、自然は自立しており、われわれとは無関係だという常識的な見方の一方で、人間が自然界の秩序を形成するのに一定の役割を果たしているという感覚もある。産業界の炭素排出が地球温暖化と季節の異変を助長しているという認識が、一見自律的に見える力がわれわれの行動によって影響を受けているという感覚を示唆している。さらに深い意味では、物事をわれわれにとって所与のものと見なし、われわれが適切だと判断する方法で利用しようとする技術的な傾向は、自然は無限に改変できることを暗示している。技術的な観点からすれば、四季の移り変わりでさえ、変えることができる。大気の温暖化や寒冷化へ至る因果連鎖を引き起こす方法を見つけさえすればいいからだ。このように理解された自然は、固定された、もしくは克服できない秩序ではない。われわれは、自らが選ぶ目的に合わせて、物事を分解したり再び結合したりできる。自然がわれわれの外部にあるのは、あくまで一時的かつ暫定的なことにすぎない――われわれが無知で単純である場合に限られるのだ。「啓発された」意識にとって、われわれの外側にあるものは、結局のところ、われわれが押し付けるどんな形態にもなりうる。一見われわれの手に負えないように見えるものも、原則的には制御可能なのだ。

技術的な観点をとれば、自然はわれわれの意志の対象となる。ストア哲学者の自然観が徹底して受動的な人間の姿勢を提示するのに対し、技術的な理解は操作的で目標志向の気質を示唆する。自然は理解するものではなく、征服すべきものなのだ。

自然に関する技術的な理解とストア的な理解は正反対のように思える。だが、両者は微妙に結びついている。ストア哲学者の流儀に従って自然を人間の主人と捉えるとすれば、われわれは、できることなら自然から自由になりたいという願望をすでに持っていることになる。「自然に従って生きよ」というストア哲学者の格言は、自然と闘おうという——たとえば病気や死を免れようという——誘惑の背景があって、初めて意味を持つ。さもないと「自然に従って生きよ」というのは言わずもがなの言葉になってしまうだろう。われわれがすでにそう生きるつもりである通りに生きよ、と要請していることになるからだ。ストア哲学者の受動的姿勢に暗示されているのは行動主義の萌芽だ。こうした行動主義が表面化するのは、環境を支配し、何らかの成功を収めたいというプロメテウス的な野望をわれわれが抱くときなのである。

しかし、自然の征服という展望に夢中になるにつれ、われわれの見る世界全体が異質で非人間的な様相を呈してくる。それは、何かになれというわれわれの意志の押し付けを待つだけの単なる物質の領域になってしまう。そして、われわれが事物に刻印を押すやいなや、それらはまたしても、潜在的な再構築の対象にすぎなくなる。われわれは森林を伐採して農地にし、農地を更地にして空港を建設する。創造行為の一つひとつが、それ自体まったく新しいプロジェクトの潜在的な素材となるものを生み出す。どの時点においても、われわれが目の前にあるものを、人生における意味と継続性の源泉として尊重し、保全し、育むべきものとして注意を払うことはない。こうしてわれわれは、技術的なスタンスをとることで、押し付けと疎外のサイクルにはまり込んでしまう。われわれは自らの存続と、意志の継続的な行使のために、本質的に無価値と見なさざるを得ない外的現実に依存する。しかし、こうした依存状態で生きるということは、まさにわれわれが行使しようとしている主体性を失うことにほかならない。ストア的な自然への服従から解放してくれるように思えるスタンスが、新たな形の隷属にわれわれを追いやる。われわれの意志の対象として現われる自然は、依然として外的存在だ。それは、奴隷が主人に対して外的存在であり続けるのとまったく同じことなのである。

ここで、友情について考察した際に検討した支配と隷属をめぐるヘーゲルの批評を思い出してみよう。他者に横柄な態度をとることで自分自身を肯定しようとすれば、人は軽蔑せざるを得ない現実に依存することになり、結果として自ら進んで隷属状態に陥ってしまう。真の主体性を確立するには、相互の理解と学習という形で「他者」と関わる必要があるのだ。

技術的スタンスに特徴的な押し付けと疎外のサイクルを断ち切る唯一の方法は、自然をそれ自体で自立させ、われわれが自己統御を追い求める際の対話の潜在的パートナーとすることだろう。自然とのこうした関係こそ、私が入念につくり上げようとするものなのだ。

私が提案する自然の概念は、次のような感覚を取り戻すことを目的としている。つまり、「所与」とはわれわれにとって外的なものではなく、自ら与えるものなのだ、と。自然は、解釈したり形づくったりするわれわれの力を超越するものでもなければ、われわれが完全にコントロールできるものでもない。自然はわれわれと対峙するやいなや、人生の旅という文脈で解釈され、適用されるさまざまな意味を提示する。ときとして、自然はわれわれの願望と相容れず、われわれの運命に無頓着な、一見すると異質な力であるように思えるかもしれない。だが、よく検討してみれば、われわれが自己統御を求めて努力する際の対話の潜在的パートナーとなってくれるのだ。われわれは、自然は意志の対象であり、われわれが自然に課するどんな目的にも利用できると考えるかもしれない。だが、こうした対象化の視点は、それ自体のための活動を見失った目標志向の努力を証明するものだ。この先で見るように、自然の技術的理解は、物事のあり方に関するごく限られた一つの視点にすぎない。宇宙に関するその他無数の考え方と比べて、特に妥当だったり正しかったりするわけではないのだ。予測と支配を志向するわれわれの技術的スタンスは、自然の謎を解くどころか、むしろそれを覆い隠してきたのである。

現代における自然への対抗姿勢を批判する

このテクノロジー時代において、自然に対するわれわれの一般的な態度は敵対的なものだ。われわれは自然を、自らの目的に合わせて服従させるか、もしくはテクノロジーが発展するまで一時的に諦めて受け入れる異質な勢力だと見なしている。ケガで身体が悲鳴をあげると、われわれは最新の薬や治療法を次々と試し、たいていの場合はそもそもケガの原因となったライフスタイルにできるだけ早く戻ろうとする。天気予報アプリの表示に反して荒天になると、予報能力の限界を呪い、傘を手に物陰へと走るばかりで、一息ついて雲の形の美しさや土砂降りの前触れのドラマを味わうようなこともない。自分が「背が高すぎる」とか「背が低すぎる」というときは、それを打破すべき障壁と受け止め、こうした「悲しむべき」運命を変えられるかもしれない遺伝子改良の術を探す。だが、その間ずっと、こうした天の配剤は実は不幸を装った祝福なのかもしれないという認識を無視している。こうして、われわれは自然を、自分が定めたルーティンや目標を邪魔する障壁として扱う。自然は、われわれが追求する目標について批評を提示しているのかもしれないとは思い至らない。ケガ、病気、荒天、肉体的限界は、生き方を変えるようにという呼びかけであり、われわれが自己統御を求めて努力する際の討論のパートナーかもしれないのだ。

　自然との対立関係は、現代哲学にも深く刻み込まれている。その起源は、一七世紀の哲学者ジョン・ロックにまでさかのぼる。ロックによれば、人間の労働によって有用なものに変わらないかぎり、自然にはまったく価値がないという。農業用に開墾されて生産性を持つようなった土地と比べると、広大な荒野は無価値なのだ。労働はあらゆるものに価値を与える、と彼は説く。ロックは、こうした基本的前提から財産に対する自然権を導き出す。それは、政府の制度や、「我がものと汝のもの」という区別を定める法が制定される以前の話なのだ。われわれは当然の権利として、「労働と混ぜ合わせる」ものを「生まれながらに」所有している。なぜなら、物事に価値を与えるのはわれわれの労働であり、われわれの労働だけだからだ。自然そのものには何の価値もないのである。[1]

　ロックが導入した技術的自然観は、マルクスにおいて頂点に達する。マルクスは、人間の歴史全体を自然の漸進的な「征服」と考えていた。彼が思い描く歴史の最終段階では、人間の労働力によって自然をうまく活用し、レバーを引くだけであらゆる人に生活の糧を提供できるようになるという。だが、マルクスにとって、真の人間的達成、そして現代性の証明は、ある種の形而上学的な洞察だった。つまり、大地と天空のあらゆるものは、それ自体、人間の手によって形づくられ、人類の繁殖のために活用されるべき未定形の物質にすぎないという自覚的な認識である。自然はそれ自体に意味があり、尊重を要するものだと見なすのは、マルクスによれば、後進的で前科学的な物の見方に支配されることなのだ。

自然を征服しようという願望の問題点は、われわれのテクノロジーが、天災、不可解な病気、死といった一見すると克服不可能な事象において、限界に達するということだけではない。真の問題点は、自然はいくらでも好き勝手にできると見なしていると、自然がわれわれに与えてくれる暗示や示唆を見逃してしまうということだ。目標志向の努力に自然を利用すれば、われわれは自然の美や崇高さを見逃してしまう。こうした美や崇高さを目の前にするとき、われわれはそもそも特定の目標に向かって努力するという生活様式を考え直すかもしれないのである。

私の念頭にある自然の暗示とは、あたかも自然が何かを明確に伝えてくれるテクストであるかのように、自明の真理というわけではない。むしろ、われわれが自己統御を追求する際に考慮し、解釈し、検証すべき示唆なのだ。私の提案は、自然の多くの側面に対して探究心を抱き、解釈しようとするスタンスをとることだ。これは、対立的な姿勢とは対照的な「ソクラテス的」とでも言うべきスタンスだ。ソクラテスが、偏狭なものであれ物議を醸すものであれ、あらゆる意見から洞察を引き出そうとしたのと同じように、自然にアプローチするのがいい。

古代の人びとは決まってこうしたスタンスをとり、自然を人生という旅のシンボルや道標の無尽蔵の貯蔵庫と見なしていた。たとえば、ホメロスの『オデュッセイア』を読むと、自然はそれ自体が生きている力であると同時に、地上で暮らす人間の活動のパートナーであることがわかる。

「太陽が輝く海を離れた。青銅色の天に昇り、神々にも、地上で死す人びと、すなわち穀物を与える者にも光を注ぐ」[2]。その後、カリュプソー（オデュッセウスを自分の島に七年間引き留めた海の精）はオデュッセウスを解放することをしぶしぶ承諾し、オデュッセウスは故郷に帰れることになる。「カリュプソーはオデュッセウスを島の端に連れていった――そこには、ハンノキ、ポプラ、はるか上空に伸びるモミといった背の高い木立がある。よく枯れた木材、歳月を重ねて乾燥した木々は、海面にぷかぷかと浮かぶはずだ」[3]。ホメロスはこのくだりで、「よく枯れた木材」を航海に供するものとして描いているが（これは、テクノロジーの古風な利用形態を暗示しているように思えるかもしれない）、よく読むと、彼はまったく異なる感性で語っている。「背の高い木立」と表現され、「はるか上空に伸びる」モミに例示されている木々の高さは、それらの木々そのものが達成しようとする特定の目的を示唆しているのであり、単に傲慢な人間が木々に強要する目的を示しているわけではない。はるか上空に伸びるモミは、自らのパートナー、つまり、自らと調和する天空を切望しているのだと、ホメロスはほのめかしている。このモミは単に、帆を支えるマストになるようにだけ運命づけられているわけではない。さらに、帆は風を捕らえ、オデュッセウスを故郷へと運ぶのだ。こうしてホメロスは、さまざまな形で人間や神の奮闘と密接に関わり、深く結びついているものとして、自然を提示しているのである。

　ソクラテスが対話の相手に関わるのと同じように自然と関わり、大地と天空を利用して美徳と善の意味を明らかにしたことは驚くに当たらない。たとえば、プラトンの『国家』の有名な一節で、ソクラテスは太陽を引き合いに出して「善のイデア」を解明しようとする。太陽が見ることのできるあらゆるものを見えるようにするのと同じように、善は考えることのできるあらゆるものを知り得るようにするというのだ。[4] このメタファーは、次のような認識について考えるようわれわれを導く。つまり、われわれが真の幸福を享受するための生きる基準である善のイデアは、われわれがそれに関して抱く多くの日常的意見から独立に知られ得る唯一にして最高のイデアではないし、われわれが「善」や「悪」などと称する行動でもない。そうではなく、それが可能とする多くの「考え方《アイデア》」（意見、概念、行動）のなかに、決して十分にではないにせよ、どういうわけかそれ自体ではっきりと現われる一つのイデアなのだ、という認識である。というのも、太陽が光としてその威厳と光輝を獲得するのは、世界を照らし、世界が無限の多様性をまとって現われるのを可能にする場合に限られるからだ。われわれが太陽の美しさを口にするときに目にしているのは、頭上に輝く球体だけでなく、それが照らすあらゆる風景である。善との関係という観点から考えると、太陽は、まさにその存在そのものにおいて、現代の物理学的な理解によって還元される質量以上のものだ。太陽はわれわれ自身の象徴であり、またわれわれは、自分自身を理解するために太陽を引き合いに出す限りにおいて、太陽の象徴なのである。

　現代の感覚からすれば、生き方を理解する源泉として自然を捉えるこの比喩的な見方は、素朴で空想的なものに思えるかもしれない。われわれは、自然そのものは中立的な物質であり、意味は人間の精神の産物だと見なす傾向がある。太陽が「実際に」何であるかは、物理学が答えるべき経験的な問題だと、われわれは考える。一方で、太陽がわれわれにどう見えるかは、太陽そのものとは関係のない主観的な問題だと見なす。われわれは、自然の中に見いだされるとされるいかなる意味も、道徳的には中立な世界に対して、人間の主観的価値観を投影したものにすぎないとして扱う。

しかし、科学がどれだけ進歩しようと、自然の美や崇高さに心を打たれ、自然がまさにその外観において美しかったり崇高だったりする意味について省察を促される経験を無効にはできない。こうした経験を、実際には意味のない物質である世界に対する主観的反応にすぎないと見なせば、あることを見逃してしまう。つまり、現代物理学の観点から自然を理論化するはるか以前からわれわれが遭遇してきた多様な形状・形態の自然が、われわれ観察者に対し、好き勝手にではなく一定の方法で自然を解釈するという難題を突きつけてくることだ。また、好奇心や畏怖の念を喚起する物事を解釈しようと努力するなかで、新しい価値観を学んだり、それに到達したりする可能性を無視することにもなる。

この点を最もわかりやすく表現するには、私の個人的な体験を語るのがいいだろう。ブラジルとアルゼンチンの国境で、イグアスの滝という形の自然と遭遇したときのことだ。さまざまな角度でぶつかり合い、滝壺《たきつぼ》に落下する壮大な水の棚に心を打たれた私は、自分が見たものを正しく表わす説明を切望し、こう考え始めた。滝にこれほど感動するのはなぜだろうか？

滝の周辺を歩き回りながら、自分が目にしたものの意味を理解しようとした。崖の上で穏やかに流れていた水が、突如、轟音《ごうおん》を立てて勢いよく眼下の滝壺に流れ落ちる――それから、まるで何の痛手も負わず、滝などなかったかのように、下流に向かって、音もなく遠くへと流れていく。偶然にもその頃、私はギリシャ悲劇を数多く読んでいた。滝、そしてオイディプス王の運命について思いをめぐらせながら、この驚くべき姿をした自然には伝えるべき叡智《えいち》が含まれていると思うようになった。安全かつ自明な日々の生活――崖の上の穏やかな川――の下では、目前に迫る災難、突然の崩壊が渦巻いている。水が落ち着きを取り戻し、穏やかに下流に流れていく様子は、逆境を乗り越え、運命の急変を切り抜けることをわれわれに教えてくれる。そう理解するとき、自分の成果を列挙し、立派なキャリアを歩んでいることを確かめる際にわれわれが抱く自己満足に対し、滝が疑問を投げかけてくる。われわれは崖っぷちの穏やかな川で舟を漕いでいるのではないだろうか？　突然の落下のあとで、われわれは崖の下で川に平穏を取り戻すことはできるのだろうか？

私が『オイディプス王』に感化され、それ自体は価値中立的な現象にすぎない滝に、自分自身の意図を投影しているだけだと言う向きもあるだろう。しかし、そう考えてしまうと、滝がその特別な大きさ、音、動きによって、一定の範囲内の解釈をもたらし、多くの仮説的な捉え方を排除する意味を見失うことになる。数限りない説明がこの現象にふさわしくないため、われわれがそれらを検討しようと考えることはめったにない（「平穏そのもの」はその一例であり、これが滝の激しさを説明できていないのは明らかだ）。オイディプス王の物語が滝の特定の見方を準備するのと同じように、滝はそれなりの方法で、オイディプス王の物語の観点から「読まれる」ことを切望する。つまり、『オイディプス王』から得られたいかなる洞察も、滝に新たな表現を見いだすということだ。というのも、ソフォクレスが書いたどのページにも、崖から流れ落ち、どういうわけか奇跡的に落ち着きを取り戻す川は登場しないからである。したがって、滝そのものが、まさにその見え方によって、オイディプス王の物語を豊かなものにするのであり、その逆もまたしかりと言える。結局のところ、自然の解釈はわれわれ自身の解釈から切り離せないのである。

こうした能動的で個人的な自然理解は、「単に比喩的な」古くさい世界観の反映であり、科学が提供する「文字通りの」、言い換えれば「客観的な」説明を欠いているという認識を振り払うのは難しいかもしれない。「本当の」滝は地質学的プロセスと重力の産物だと、われわれは思いがちだ。しかし、「地質学的プロセス」や「重力」をはじめ、世界を理解するための客観的方法という概念の裏側には、われわれがきちんと検証しないままの疑わしい自己理解が潜んでいることを考えるべきだ。

コペルニクス革命から数世紀を経てもなお、われわれが依然として深く考えもせずに太陽は昇っては沈むと言い、この素朴とも思える概念に代えて実際に起こっている事態の正確で簡潔な表現を使っていないという事実だけをとってみても、次のことがわかる。つまり、われわれが異なる観点をとることを学んだり、「単に人間的な」視点とは無関係に世界を見ようとしたりする前に、物事のそもそもの見え方を覆そうとする試みは、ある意味で不毛で愚かしいということだ。日の出と日の入りが、有意義に過ごす一日の構造とリズムにとって重要な意味を持ち、人生の行路について絶えず何かを――ある意味では出発と帰還として――教えてくれるかぎり、それは、どんな「新しい」科学によっても反駁できない真実を表わしているのだ。

コペルニクス後の世界ではおなじみの、太陽の周りを回っているのは実は地球であり、その逆ではないという主張は、コペルニクス的視点から物事を考えようとしないのと同じくらい偏狭な独断論だ。真に包括的な視点とは、それぞれの視点が正しいと訴える自己理解を検討して比較できる視点なのである。

現代自然科学の道徳的な基盤

われわれが「価値判断に左右されない」世界の説明と見なすものの根底に、疑わしい自己理解があるという認識について、地球の周囲をまわる月の軌道といった現象に関するニュートン的説明によって考えてみよう。それによると、地球より軽い天体である月は、放っておくと軌道を外れて飛んでいってしまうはずだが、より質量のある天体の地球に引きつけられる。しかし、推定される月の直線運動の速度が十分であるため、地球に向かってまっすぐに落下することはない。その代わり、月の直線軌道が曲がって地球に沿ったものとなる。われわれは、月の運動に関するこうした説明を、たとえばアリストテレスの考え方と比べて合理的で科学的だと見なす習慣がある。アリストテレスによれば、円軌道を描く天体は自らの意思でそう動くのだという。このような天体は自足した存在であり、自己の外には何も求めず、絶えず自らの原点に立ち戻るからだ。だが、それぞれの説明をつぶさに見ていくと、どちらも疑わしい仮定に基づいていることが明らかになる。それらの仮定のルーツは、いかに生きるかに関する異なる諸概念にある。どちらの説明も、「物事がいかにあるか」について、もう一方より客観的でもなければ正しくもないのである。[5]

　ニュートン流の説明は、いまやすっかり有名になったある公理に依拠している。すなわち、高校の物理の教科書によく載っている、慣性の法則として知られるものだ。それによると、放っておかれた物体は、外部の力が働かないかぎり、そのまま動かずにいるか直線的に動くかのどちらかだという。ニュートンの公理においては二つの仮定が際立っている。つまり、「放っておかれた」、すなわちほかの物体と明確な関係がない物体という概念と、ほかのあらゆる運動の準拠枠としての直線運動という概念だ。物体をこのように理解すべきだということは、いかなる観察によっても証明したり確立したりできるものではない。公理そのものが、物体がどのように見られるかを決定し、あらゆる観察や実験の土台を据えるのだ。[6]「公理（axiom）」という言葉は、古代ギリシャ語のaxio（「規定すること」「制定すること」）に由来する。ニュートンの所説は立法行為と見なせる。何を観察すべき物体とするか、どうやって実験を進めるかが、それによって決まるのだ。たとえば、ビリヤードの球と羽根という明らかに異なる二つのものを取り上げ、同一の実験の対象とし、真空状態の空間で並べて落下させ、どちらも同じ速度で落ちていくのを観察することは、「放っておかれた」物体を基準としてはじめて意味をなす。このような実験が概念的に可能となるのは、これら二つのものが特定のどこにも属しておらず、まったく同質のものと見なされる場合だけなのである。

もう一つの見方はこうだ。ビリヤードの球と羽根をこうしてひとまとめに扱うやいなや、われわれは暗黙のうちにその二つを理解する意味を変えてしまったのだ。意識していようといまいと、われわれはいまやその二つを「放っておかれた物体」として理解している。そうした理解に至るには、抽象化という行為を経るしかない。つまり、見つめると同時に目をそらすということだ。われわれはもはや、それら二つの物体を、それらがかつて羽根ペンやテーブルゲームの一部として役割を果たしていたときとは異なり、羽根やビリヤードの球とは見てもいなければ理解してもいない。それら二つが属している文脈の意味から目をそらし、そのため重さや質感といった、それらの使われ方と関係する性質を見失う。そして、それら二つの物体を、何もない三次元空間に位置を占める何かと関連づけるのである。

われわれが重力の法則と見なしているものは、われわれから独立した世界のあり方を記述するものだと考えてしまいやすい。ところが、それはわれわれが責任を負う物体の解釈に依拠していることがわかる。そうした解釈は、われわれ観察者が送っている人生の特定の傾向に基づき、物事を創造的に構築するという意味で、詩的と言ってよいかもしれない。

ニュートン的な見方に内在する「詩」がはっきりわかるようになるのは、それ以外のもっともらしい見解と比較して、ニュートンの考え方を検討するときだ。ニュートン以前も、人びとが自然界を観察する際の注意深さは変わらなかった。だが、彼らが運動を説明する言葉はまったく異なっていた。物体に関する異なる公理と概念を土台にしていたからだ。アリストテレスの運動論の例に戻ろう。そこでは、物体はそれにふさわしい位置に従って動くとされていた。天体のように円を描いて動く物体は、それ自体と結びついている。つねに自分自身に回帰し、何か別のものを探しに別の方向に飛び去ってしまうようなことはない。その運動は、ある種の自足の概念を立証するものだ。円運動をする天体は、自分以外の何ものにも依存していない。これは自律した人生を象徴しており、われわれは天を仰ぐたびにそのことに思いを致す。円運動を逸脱し、たとえば直線運動をする物は、自分自身と一体になるのではなく、どこか別の場所に行こうとする。火が上へと動くのは太陽と一体になるためであり、石が下へと落ちるのは大地と再結合するためなのだ。

実証的研究によってアリストテレスの運動論を反証できると考えるのは、あらゆる観察は一つの基本的観点によってすでに方向性を定められていることの意味を見逃している。ニュートンの影響を受けた観点からすれば、月面では石は落下しないことを指摘して、アリストテレスの説に反論したくなるかもしれない。しかし、こうした観察によって、アリストテレスが場所との関係で運動の基本的枠組みを修正するよう強いられることはないだろう。彼は単に、石にとってふさわしい場所の概念を修正するよう導かれるだけかもしれない。あるいは、月面の石は、考えてみれば地球上の石とは異なる存在である（したがって運動の軌道も異なる）という結論を下すかもしれない。この例に少々無理があるのは、月に行き、その場での物事のあり方を観察するというプロジェクト自体が、アリストテレスの観点からするとほとんど意味をなさないからだ。アリストテレスの理解では、月は人が行く場所ではなく、この地上で人間が自己統御を得ようと努力する際に理解すべき象徴なのである。重要なのは、無限の証拠がアリストテレスの枠組みの中に収まってしまうことだ。その枠組みに命を吹き込む精神的要請に忠実であるかぎり、その枠組みにとって実証的な限界はないのである。

アリストテレスの運動論は、古くさいとして即座に一蹴されてしまうかもしれない。だが、それがニュートンの運動論に劣らず「事実」に合致していることは認識すべきだろう。われわれは、事物が自らにふさわしい場所を目指すことの意味を志向し、より広い意味で調和のとれた秩序という概念を志向しながら、ニュートンの運動論と同じく一貫性のある説明を提示できる。アリストテレスの理論は、われわれが世界を仮説的な抽象概念に閉じ込めるよう教科書から教わる前に、日常生活の中に直接現われる物体と運動の意味を理解しているとさえ言えるかもしれない。要するに、こういうことだ。列車は目的地へ向かう途中、起伏のある丘陵を難なく突っ切っていく。その動きは、乗客をある都市から別の都市へ快適に移動させるという列車の目的にかなっている。木は、ひゅうひゅうと吹きすさぶ風を受けてしなやかに曲がる。木を倒すおそれのある嵐に対し、無傷の状態を保っている。列車が突然停止したり脱線したりすれば、あるいは木が嵐によって倒されたりすれば、その変化は、当の事物の目的、すなわちふさわしい場所からの驚くべき逸脱として、ただちに明らかになるだろう。

ニュートンの運動法則を可能とするには、われわれが自分自身を理解する仕方を変化させなければならなかった。事物は自らにふさわしい場所を追い求め、円運動は完全性を具現しているという考え方は、見直しを迫られた。つまり、科学的な転換に伴って、道徳的な転換が必要だったのだ。

ニュートンの公理をあらためて検討すれば、この転換の理解を試みることができる。放っておかれた物体は、三次元空間のどんな場所も、どんなときにも占めることができるし、ほかの物体と似ている点と言えば、それが完全に均質であり、ほかの物体とつながりがないということだけだ。これは、民主的啓蒙主義の特徴をなす考え方に合致し、それを肯定する役割を果たす物体の解釈である。その考え方とは、人間はもはや互いに確定的な関係には立っておらず、生まれつき自由で平等だというものだ。直線運動の優先が象徴しているのは、近代的な進歩の理想、つまり、自然と社会の果てしなき征服である。いまや、円運動は自己満足の象徴となる。それは後ろ向きで、常軌を逸した何かとして説明される必要がある。こうして、月の円軌道は、変調を来した直線運動という観点で考えられることになる。一見自明なニュートンの枠組みは、アリストテレスの枠組みに劣らず疑わしい道徳的観点を肯定し、深化する役割を果たしている。世界の記述としてのニュートン的観点の妥当性は、それが依拠している道徳的前提と完全に相関している。道徳的前提が疑わしいとすれば、そこから派生するあらゆる重力の法則も疑わしいのである。

結局のところ、ニュートンの運動法則はアリストテレスのそれに劣らず詩的であり、人間の願望が込められている。どちらも人間の繁栄というビジョンに依拠しており、疑問の余地なしとはしない。いかなる宇宙論であれ、その根底にある基本的な概念にまで煎じつめると、何らかの道徳的観点が姿を現わす。つまり、世界を見つめ、それを説明しようとする試みは、自分自身を知ろうとする包括的な探求に従属しているのだ。

科学の道徳的基盤を認識することは、人を自由にするはずだ。それは、よく検討すれば疑問の余地がある自己像に一致する「物事のあり方」への怠惰な黙従からわれわれを解放し、大地と空に人間的意味を見いだそうとするプロジェクトの尊厳を回復させるだろう。それはまた、われわれ自身の健康や安全にとどまらない理由から、地球に対して責任を持ち、地球を大切にするよう促すかもしれない。われわれは、自然を守り、自己統御を追求する際のパートナーとして自然を表現すべきなのだ。

重力と人間の努力

現代物理学によれば、圧力をかける重りや落下する石などというものは存在しない。重力とは、より大きな質量がより小さな質量を引き寄せる際の算出可能な力にすぎない。質量とは重さではなく、数字で表わされた重量だ。しかし、地上の視点からすれば、重力とは重くて避けがたいものとしてわれわれの前に立ちはだかる。それは、あらゆるものが落下するという法則なのだ。ニーチェが描く哲学者にして主人公のツァラトゥストラは、「最高峰」を登りながらこう語る。「じゃりじゃりという嘲《あざけ》るような小石の音を聞きながら黙々と大股で歩き、滑りやすい岩を踏みつぶしながら、私の足は上へ向かって強引に進んでいった――奈落へと引きずり込む重力の精神をものともせず、重力の精神は、私にとっての悪魔にして最大の敵……彼［私の敵］は嘲るように、一音節ずつつぶやいた。『汝、賢者の石よ！　汝は自らを高く放り投げたが、投げられた石はすべて必ず落下するのだ』[7]」

一音節ずつ発せられる重力の嘲るようなつぶやきは、その非人間的で機械的な性格を示唆しており、当初、手に負えない力としてツァラトゥストラに立ちはだかる。しかし、ツァラトゥストラは、重力だけではなく重力の精神についても語っている。このことは、彼にのしかかる重さと同じく、彼の内面の重さをも暗示している。精神的な力として理解される重力は、ツァラトゥストラを地上だけでなく「奈落へと」引きずり下ろす。重力の精神が作用する石は、われわれが力いっぱい放り投げても結局は落下するのを眺めるしかない石というだけでなく、「賢者の石」でもある。賢者の石とは、伝説によれば、価値のない金属を金に変える力を持つとされ、ありふれた偶然のものに輝きと意味を取り戻すわれわれの力を象徴している。

ニーチェによれば、重力という自然の力は、ときとして、われわれが従う敵対的な必然性のように思えるが、実際にはわれわれの絶望の観点から生じる自然の解釈なのだという。つまり、失敗、災厄、あるいは大昔の勝利といった最終地点からの自然観だ。

ニーチェは数行下でこのことを明確に示している。精根尽き果てる寸前で、ツァラトゥストラは重力の精神と対決する。「われわれ二人のうちで強いのは私のほうだ。お前は私の奈落の思想を知らない。それはお前には耐えがたいものだ[8]」。のちにツァラトゥストラが示すとおり、奈落の思想は、精神の萎縮、苦しみに直面したときの諦念、ニヒリズムと関わりがある。ツァラトゥストラはこの「奈落の思想」を振りかざし、高みに登る際にのしかかってくる物理的・身体的重力に抗して自己を主張する。彼によれば、「地上の重力」は、奈落の思想の象徴、つまり物理的な表われにすぎないという。

そのように理解された重力は、われわれがそれを前にして為《な》す術を持たない自然の力として、われわれに立ちはだかるだけではない。われわれこそが、努力したり諦めたりしつつも、外側からこちらに作用するだけの力として重力を解釈するのだ。ところが、自分の内側に、すなわち苦しみへの対処の仕方の中に重力を見いだすやいなや、われわれは、生を促す抵抗力として重力を再解釈することができる。

ニーチェの重力理解と、地上に精神的なものを見いだす彼のより広範なプロジェクトに触発され、私は自分の人生の最も非哲学的側面と思えるものについて新たな評価をするようになった。その一つが最近の運動能力テストだ。その名はいみじくも、タバタ式懸垂の「重力チャレンジ」という。タバタ式トレーニング〔立命館大学スポーツ健康科学部の田畑泉教授が提唱・実践するインターバルトレーニング法〕では、一定の運動を二〇秒行なって一〇秒休むことを合計四分間繰り返す。この場合、私は決められた時間内にできるだけ多く懸垂をすることになる。

目標とする結果の観点からすると、このチャレンジは重力に抗う過酷な闘いのようなイメージになる。最後には、肩から指先まで腕が悲鳴をあげている。背筋は、懸垂をもう一回繰り返すためのエネルギーを見つけようともがいている。この時点で、重力は最大の敵であるように思える――結局はあなたを打ち倒す容赦ない力だ。だが、異なる視点から、つまりチャレンジのさなかの視点から見れば、懸垂のリズムを刻むとき重力はパートナーであり、単なる敵ではない。手のひらを硬い金属面に押しつけ、上方へと跳ね上がるとき、鉄棒よりも上に出られるのは重力のおかげだ。さらに、素早く簡単に体を下ろし、次の反復動作に向けて体勢を整えられるのも重力のおかげだ。重力と身体の力がこうして共同で働き、それぞれがもう一方の力の成立を可能としている。重力がなければ、体を持ち上げることはできない。あなたが腕を引かなければ、重力がそれ自体を感じさせる逆向きの力を持つことはない。エクササイズも終わりに近づき、最もきつい懸垂をしているとき（重力が最も容赦なく力を発揮しているとき）でさえ、この一見外側からかかってくる力を可能にするのは、あなた自身が振るう逆向きの力だ。鉄棒から手を離し、重力に身を委ねるやいなや、重力も消滅するのである。

ストア的自然観への批判

私がソクラテス的な自然理解と呼ぶものがある。それによると、われわれに立ちはだかる一見外的な力は、われわれが自己統御を求めて努力する際に対話のパートナーになりうるものだという。こうした理解は、こんにち支配的な自然への対立的スタンスだけでなく、最近復活の兆しを見せているさらに古い傾向、すなわちストア的自然観とも対照的だ。ストア的な自然観は、抵抗よりもむしろ黙従を教える。

ストア的な見解によれば、われわれは「自然に従って生きる」べきだという。つまり、自然がもたらすものを、自分の希望や願望とはまったく無関係に進行するより大きなプロセスの一部として受け入れるということだ。季節の移り変わりや生物の成長と衰退といった、周囲を取り巻く世界の規則性を観察することで、われわれは自然を永遠のサイクルとして理解できるようになる。

このサイクルにおいて、われわれを含めたあらゆる物は最終的には保全されるのであり、あらゆる物はその元になる同一の物質の配列として理解される。

ストア哲学者はこう教える。ケガ、病気、さらには死に直面しても、これらの一見脅威となりそうな出来事は、必要かつ理解可能な秩序の働きにすぎず、それ自体が消え去ることは決してないと認識すれば、われわれは自らを慰めることができるのだ、と。ストア哲学者のセネカはこう書いている。

この宇宙の回路が、どうやってそれ自体に戻ってくるかを見るがよい。この宇宙では何も消滅しないが、あらゆる物が落下と上昇を繰り返しているのがわかるだろう。夏が過ぎ去っても、一年経《た》つとまた別の夏がやってくる。冬が消えてなくなっても、冬をもたらすだけの歳月が流れれば、また復活する。夜は太陽を阻むが、またたくまに陽光がその夜を追い払う。星座のいかなる動きも過ぎ去るが、再び繰り返される。大空の一部はつねに上昇し、別の一部は地平線の下に沈んでいく。[9]

われわれの努力をくじく自然の一面を怖いと感じるときは、そのような一面は衰退と再生という永遠のプロセスに欠かせないことを思い起こすべきだ。息子を失ったばかりの友人マルキアに宛てた手紙で、セネカは人間の不運、さらには地球全体に影響を及ぼす大変革でさえも、こうした永遠のプロセスには必要なものだと説く。「時が来て、再生へと向かう途上の世界が自らを破壊すると、これらの事物はそれ自体の力で自分自身を打ち倒し、星は星に衝突し、いまはきちんと並んで輝いているものが一つの炎となって燃え上がり、あらゆる物質が炎上する……あらゆる事物が破壊へ向かって突き進み、われわれは、自らを形づくる古《いにしえ》の構成要素へと逆戻りするだろう」[10]

ローマ皇帝マルクス・アウレリウスなど一部のストア哲学者は、自然のプロセスを神の摂理の観点から解釈した。

世界があらゆる物体を包含する単独の物体を形成するように、運命はあらゆる目的を包含する単独の目的を形成する……自然の計画が達成することをその観点から見よ……そして(たとえ受け入れがたいように思えても)起こることを受け入れよ。それを受け入れるのは、それがもたらすもの、すなわち、世界の健全性のためであり、ゼウス自身の幸福と繁栄のためである。それが世界全体に利益をもたらさないとすれば、ゼウスがあらゆる人にそれをもたらすことはなかっただろう。[11]

マルクス・アウレリウスの神の摂理に基づいた自然観と、セネカのもう少し物質主義的な理解に共通しているのは、われわれが何をしようが何を考えようが、自然は我が道を行くという考え方だ。自然を制御しようとか、変化させようとか、影響を与えようとかいった努力はすべて無駄である。そうする代わりに、自然を理解し、それがいかに働くかを知って満足すべきなのだ。さまざまなストア的自然観を統合しているのは、運命という概念である。マルクス・アウレリウスの言葉を借りれば、「あなたの身に何かが起こる。よろしい。それは自然があなたのために意図したことであり、最初から織り込み済みだったのだ」[12]

こうした運命論的な物の見方の魅力が否定できないのは、目標志向の努力の虚しさとは対照をなしているからだ。運命論的な見方は、目標志向の努力の宿命である失敗や損失を、より大きな計画の一部として提示する。ストア哲学が、波乱に満ちた非常に目立つ世俗的事件に深く関わった多くの人びとにとって、魅力的に映ったのも不思議ではない。彼らにとってストア哲学は、政治生活の喧騒のなかで、平穏な安全地帯を提供してくれるものだった。マルクス・アウレリウスにとってそれは、ローマ帝国の統治に際して、困ったときに参照できる自助の哲学だった。取り巻きのおべっかや欺瞞に対処したり、自分の力ではどうにもならない理由で失敗に終わったプロジェクトに取り組んだりするのは、さぞや骨の折れる仕事だったに違いない。こうした事態に直面したマルクス・アウレリウスは、人間生活の野心や競争心から自分を解放してくれる哲学を心底欲していた。発表するつもりがなかったのは明らかなのに、現在『自省録』というタイトルで流通している彼の著作は、自分のやる気を引き出すメモで構成されており、虚栄心、執着、達成への関心をめぐる批判に満ちている。それは、当時と変わらずいまなお価値を持っている。

たとえば、マルクス・アウレリウスはつねに「忙しすぎて」、手紙の返事を書けなかったり友人に会えなかったりとなりがちだった。自分宛てのメモで、「本当に忙しいとき以外は、他人に対して絶えず『忙しすぎる』と言う（あるいは手紙を書く）のは慎むこと。同様に、『急用』があるからと、周囲の人びとに対する自分の責任をいつも回避するようではいけない」と注意を促している。[13]

マルクス・アウレリウスはまた、名声への関心がいともたやすく自己破壊的な虚栄心に成り下がってしまうことを痛感しており、体裁や人気を大局的な観点から捉えるよう心がけていた。

「それとも、自分の名声が気になるだろうか？　だが、誰もがあっというまに忘れ去られてしまうことに目を向けよ。何もかも飲み込んでしまう永遠の時という深淵。あの拍手喝采の虚しさ……そして、そのすべてが起こるちっぽけな土地」[14]

しかし、ストア哲学は目標志向の努力の欠陥を強く批判するものの、目標志向の視点から抜け出すことは決してない。その視点を、明確な摂理主義（「ゼウスの繁栄」）という形で、あるいは世界の「健全さ」や「再生」という形で、自然へと置き換えるだけだ。ストア哲学は、われわれの主体性への切望を満たしたり、人生の意味を理解するに至る献身やプロジェクトの真価を認めたりする新たな活動の概念を思い描けていない。何らかの達成であれ、あるいはいかなる世界の状態であれ、それが一時的なものにすぎないという事態に対処すべく、また、永続する幸福をもたらす事物への展望を開くべく、ストア哲学は人間の主体性をいっさい断念する。自然に対して主体性をすっかり譲り渡してしまうのだ。そうすることによって、正当化のために未来を待つ必要がなく、したがって「いずれ」崩壊してしまうことのない活動様式の可能性を見落としている。ストア哲学は、これまで検討してきた自己統御や友情という様式において、活動そのもののための活動に注力し、それらの美徳の観点から自然を見ようとするのではない。そうではなく、人間の主体性のアンチテーゼとして、つまり、われわれの行為や思考などまったく気にしないか、あるいはわれわれを都合よく利用する永遠で全能の力として、自然を構築する。こうした秩序を純粋に理論的に観想することこそ、われわれが切望する唯一の永遠なるものなのだ。こうして、ストア哲学は目標志向の展望から抜け出せないままである。それはわれわれを、主体から壮大な計画の道具へと変えるにすぎない。自分たちに降りかかるどんな運命も、神がより大きな善を世界にもたらすための手段なのだと知ることで、われわれは慰めを得るとされるのである。

はっきりしているのは次の点だ。ストア哲学者が「人間の営み」という表現を、公共の場で演説する、戦略を練る、自分の評判に思い悩む、息子の世話をする、といった幅広い活動を網羅する意味で用いるとき、そうした活動の全体が暗黙のうちに、何かを達成したり維持したりするための努力という観点から理解され、したがって、束の間の不安定な存在様態だという印象を帯びているのである。「人間のあらゆる営みは短く、はかない」とセネカは書いている。時間は「人類の団結と仲間意識を消滅させる」というのだ[15]。人間の営みをかくも大ざっぱに捉えている点で、セネカは、製作、生産、維持を志向する営みと、アリストテレスの言うそれ自体を目的とする営みとの区別を見落としている。セネカはまた、連帯としての仲間意識と、友情としての仲間意識の区別もつけられていない。こうしたきわめて重要な区別を見落としているため、ストア哲学はさまざまな様態の活動が時間にどう関わっているかを考えられない。ストア哲学は、自己統御や友情に捧げられた人生について、時間の中に存在したり展開したりするものとして語ることは意味をなすか、あるいは、そうした人生はまったく別の意味で束の間のものなのか、という問いを提起することすらしない。

ストア哲学は、実践知や完全性への努力という観点から人間の営みを考えることができないため、それに呼応するように、自然の中にそうした活動の暗示を見つけることもできない。自然が表現していると言える意味が何であれ、それに対してわれわれは解釈者としていかなる影響を与えることもない。「神の計画」あるいは「自然の循環」は、単にそう理解し、受け入れるべきものなのだ。マルクス・アウレリウスは、自然を分析するに先立って、「見よ」「やがて見える」と書いている。彼は自分の省察を通じて「見る」「見える」を呪文のように繰り返しているが、これはストア哲学が最終的に支持する受け身の姿勢を物語るものだ。われわれの自然との関係は、結局のところ対話ではなく受容の一つなのだ。星空を見上げるとき、われわれはあらかじめ与えられた宇宙の無辺の広がりを目にするが、この宇宙においてわれわれの住む地球は一片の塵にすぎないとされる。セネカの言葉を借りれば、「都市、民族、河川があり、海に囲まれているこの地球を、われわれはちっぽけな点だと考えている」[16]。星々、つまり無限のかなたにある光源は、地球上の生活が根本的に無意味であることに気付かせることによって、われわれの情熱を衰えさせることになる。

最終的に、ストア哲学はわれわれに、自然と自分自身をともに正当に評価できるような自然との関わりを探求させることになる。星々は、われわれの世界を支配し軽んじる広大な宇宙の証しだと見なすとすれば、われわれは星に対してどんな敬意を払えばいいのだろうか？　そうする代わりに、夜間の航海の道しるべとして、あるいは、自己統御や友情の新たな高みに昇りつめる途上で、遠くの土地を探索するための光り輝くインスピレーションの源として理解しようとしてはどうだろうか？　ストア哲学を激しく批判したニーチェは、天空についてセネカとはまったく対照的な見解を示している。ニーチェにとって天空とは、絶えず自分自身を乗り越えようとする努力のパートナーであり、誇りを鼓舞する友人なのだ。

ああ、頭上に広がる清く深い天空よ！　光の深淵よ。あなたを見ると、私は神々しい願望

> に打ち震える……われわれは共に、自分自身を乗り越えて自分自身に到達し、束縛と計略と罪悪感が眼下で沸き立つあいだ、はるかかなたから目を輝かせ、曇りなくにこやかに見下ろすことを学んだ……山に登るとき、山上で私が絶えず探し求めたのは、あなたでなければ誰だというのだろうか?……私が全身全霊で欲するのは、飛翔すること、あなたのもとに飛んでいくことだ……あなたがそばにいてくれさえすれば、私こそが、祝福し、「はい」と言える者なのだ……私はそのために長いあいだ懸命に闘った、私は闘士であり、いつの日か両手が自由になって、祝福し……あらゆるものを、それ自身の天空として、その円い屋根として、その紺碧の鐘として、永遠の安心として、見下ろすのだ。[17]

ここでニーチェがツァラトゥストラの言葉として例示しているのは、自然との関わり方であり、別の場所では、ニーチェはそれを「それ自身の自己認識」のための解釈として定式化している。

> 自然の実験はすべて、次の場合においてのみ価値を持つ。すなわち、芸術家が、自然が口ごもっていることを最終的に理解し、自然と折り合いをつけ、これらの実験で自然が実際に意図していることを表現する場合だ……したがって、自然は聖者をも必要とする。その聖者の自我はすでに完全に溶け去っており、その苦悩の人生はもはや個人として感じられることはなく――あるいはほぼなく――生きとし生けるものとの平等、交わり、一体感という深遠な感覚として感じられるだけだ。聖者のなかで変容という奇跡が起こる……それは究極かつ崇高な人間となることであり、その人間に向かって自然の全体が自らの救済を求めて押し寄

せ、突き進むのだ。[18]

この考え方において、ニーチェは言わば、ストア派の「自然に従って生きる」を反転させつつも、「自分が決めた目的のために自然を利用する」という単なる逆の考え方に屈してはいない。自然は、その口ごもった表現や実験で何を意図しているかを表現してくれる芸術家や聖者を必要としている。とはいえ、まさに自然そのものこそが、押し寄せ、突き進みながらも、約束を果たそうとする者と折り合いをつけなければならない。結局のところ、自然の意味とわれわれ自身の生の意味は切り離せない。自然が最高の尊厳を手にするのは、「人間となる」場合だけだ。いっぽう人間のほうがその真価を発揮するのは、自我を解き放ち、「生きとし生けるもの」との自己変容的な交わりを持つときに限られるのだ。

リトルリーグと荒天

私が命の危険を感じた数少ない機会の一つは、野球のリトルリーグの練習をしているさなかに訪れた。地元の町のある遠征チームでコーチを務めていたときのことだ。私が恐れをなして逃げ出したのは、不満を持つ親と対立したせい——そう思われるのはもっともだが——ではなかった。原因は天候だった。雲一つない七月の午後、西の方角から突如として激しい雷雨が襲いかかってきたのである。

数年を経て、私はちょっとした天気マニアになった。ドップラーレーダーで普通の雷雨と激しい雷雨を区別するのはお手の物だし、気象学者が予報を出す際に参照する基本的なコンピューター・モデルをどう解釈するかも学んだ。だが、一番の自慢は空模様を読めることだ。通常、一マイル先、いや、実を言えば二〇マイルや三〇マイル先からでも、雷雨が近づいてくるのがわかる。荘厳な厚い巻雲の層が、大きくうねる積乱雲のてっぺんから外に向かって扇状に広がっていくさまは、見間違えようがない。とくに、夏の青空に、カミソリ痕のような白い筋を残していくときはなおさらだ。

だが、その午後は野球の練習に集中していた。球場を囲む木々で地平線は見えなかった。そして、その雷雨は並外れたスピードで近づいてきた。暗くなっていく空を見上げるやいなや、まだ空の一部には青空が残っていたというのに、ゴロゴロという雷鳴が、最初はほぼ二〇秒に一度、その後は一〇秒に一度、はっきりと聞こえるようになった。

私は大慌てで道具をかき集め、子供たちを車に誘導した。私も自分の車に乗るべきだった。だが、雨からボールを守るために一個でも多く拾っておこうとした。いつのまにか、頭上の雲の底を稲妻が飛び交っていた。そのうち二つが、ほぼ同時に耳をつんざくような雷鳴をとどろかせた。

その瞬間、私は恐怖と畏怖の念に満たされた。突如として、水浸しになったボールもずぶ濡れのバッグも、前の晩に念入りに計画した練習そのものも、まるで取るに足りないものに思えた。勝ち負けですらまったく些細な問題であるような気がした――わがチームは、私が残したかった大記録を達成したにもかかわらず。四方八方で稲妻の閃光《せんこう》が走るなか、ある考えが心に浮かんだ。「必要ない……今日の野球の練習も、明日の練習のために生きることとさえ、必要ないんだ」。少なくとも一瞬のあいだ、私の目標は一つ残らず意義を失った。それは、恐ろしくも力が湧き上がる感覚だった。「いっそう大きな力だ」と、私は心の中でつぶやいた。凄《すさ》まじい雷雨だけでなく、自分の力——いまここで、この瞬間に、自分の人生は満たされている。

　突然、直感と遠い昔の知識が意識に割り込んできた。数歩先にあるバッティング・ケージなら、完全に囲われているので雷雨のあいだ最も安全な避難場所になるはずだ。子供のころ、両親がよく連れていってくれたボストンの科学博物館で、こう教わったことがある。電気は金属の囲いの一番外側の表面に沿ってのみ流れ、その後地上に落ちて無害になるというのだ。通電時に囲いの金属を内側から触っても、奇跡のように無事なのだ。ケージへと走っているとき、科学博物館のスタッフがヴァン・ド・グラーフ起電機（静電気によって稲妻をシミュレートする巨大な機械）を操作する光景が頭に浮かんだ。ケージの中の男性が、激しい稲妻が外側を襲っているときに、内側から指で金属に触っていた。この一部始終を一瞬で思い出すと、私は金網の囲いであるバッティング・ケージに駆け込み、必要もないのに後ろ手で小さい入口を閉めた。

　安全な場所に避難したところで、私は雷雨によって生じた思索へと舞い戻った。あのいっそう大きな力のことだ。嵐ではなく、恐怖の瞬間に目の前で一閃の光を放つという諺のような人生。それはどんな人生だったのか？　私の成功と失敗のリストでもなければ、私の目標でもない。嵐が、死を考えさせることでそれらを無意味なものにしてしまった。いや、達成ではなく自己、つまり、いまここにある生の充足を突然認識したのだ。希望に満ちてはいるが不確かな「いつか私が……」という思いが、決然とした「私だ！」に取って代わられる希有《けう》な機会である。まる二時間に及ぶ練習、勝利、達成、こうしたものから私は何を得たいのだろうか？　私はそれらに何を期待しているのか？　それらが私をより幸せに、より完全にしてくれるのだろうか？　いや、そうではない。それらが私に与えるのは、せいぜいのところ奮闘の機会、つまり、私が私自身を、私がすでに誰であるか（また何であるか）をさらに深く知るための旅なのだ。

　あの短い恐怖の瞬間に悟ったことを振り返ってみると、ニーチェのある一節が頭に浮かぶ。「単なる偶然の事件が依然として私に起こり得る時は過ぎ去った。戻ってくるもの、最終的に私のもとに帰ってくるものは、私自身の自我であり、長いこと見知らぬ土地にあって、あらゆる事物や出来事のあいだに散らばっていた私自身である」[19]

　その日の経験――練習を切り上げたこと、すなわち「事件」――は、私を私自身に立ち返らせたにすぎなかったのではないのだろうか？　嵐は私を過去へと連れ戻した。科学博物館で金属のケージに入った男性を見て、怯えて母の手を握りしめていたあの日に。たいていの場合、ケージの中の男性は記憶として現われるだけのように思える。それは、いまではなく、そのときに起きた何かだ。だが嵐のさなか、その記憶は私自身の行動においてよみがえった。突如として、私はケージの中の男性になってしまったのだ。ただし、今回は本物の雷雨から逃げるためだったが。唯一この事件に欠けていたのは、一時しのぎの囲いに落ちる稲妻だけだった。

　その出来事を振り返ってみると、私は、自然、アウトドア、人生という旅について、より一般的な教訓をもう一つ学んでいた。それは、しばしば自分自身に言い聞かせているのに、悲しいかな十分には実現できていないことだ。窓のすぐ外側の大地と空で起こる出来事は、冒険のチャンスに満ちており、その意義の大きさでは職場や新聞で目にするものに決して劣らない可能性豊かな物語にあふれている――あとは、もう少し注意を払いさえすればいいのだ！

　屋内と屋外の違いは誇張される場合もあるが、屋外にはこんな利点がある。つまり、少なくとも現代においては、概して屋内よりも野性的で、混沌としており、予測がつきにくいため、冒険に適しているのだ。オフィスビルや家という領域は、ボタン一つで設定できる室温から、スイッチを入れるだけで灯る照明に至るまで、高度に制御されている。屋内ではほぼあらゆるものが予測可能であり、思うがままに利用できる。屋内で冒険を見つけようと思えば、いつもの日常を破壊し分断する何かが起こるのを待つしかないのが普通だ。修復の試みが人格を形成し、物語をもたらしてくれるのは間違いない。だが、屋内で問題が生じたとき、手先が器用ではないため専門家に頼るような人は、屋外に目を転じるほうがいい。外に出て、自然の力に向き合うのだ。

野球や陸上競技のようなアウトドア・スポーツでは、自然との関わりが避けられない。だが、夕方にドアを開けて穏やかな夕日を眺めるだけでも、同じことだ。そうした経験は、達成や目標よりも高次の意味を認識するようわれわれに促す。地平線の下へ沈んでいく深紅の光の球、こちらに向かって静かに流れてくる黄金色の雲、それらを眺めつつ、われわれは人生の輝きに遭遇する。こうした輝きの最後の発露を、生き延びた者であるわれわれが受け取り、引き継いでいくのだ。あるいは、われわれは今日という日の旅の終わりに遭遇するかもしれない。その旅の最後の光は、たなびく雲によってわれわれに運ばれ、無言のうちにこう気付かせてくれる。「明日から次の章が始まる！」と。

そんなとき、私は自分に言い聞かせる。冒険と新しい人生の可能性はすぐ目の前にある。ドアの外にあるものに感謝し、それを活かそう。走ったり、歩いたり、町で一番高い丘に登って地平線を眺めたり。それでも足りなければ、全速力で駆け上がれ。腕が悲鳴をあげるまで腕立て伏せをしたり、海で泳いだり、怖くてそれ以上は進めないというところまで行ったり、あるいは、ただ草の上に寝転がって星空を見上げたり。止める者は誰もいない。「いまだ踏まれたことのない一〇〇〇の道がある——一〇〇〇の……人生の隠された島がある。いまでも、人間と人間が暮らす地球は使い尽くされておらず、発見されてもいない」[20]。豊かな人生は、日々手の届くところにある——日常から一歩踏み出し、世界がおのずと現われるに任せるつもりがあれば。こうした意志の欠如こそが真の敵だ。その原因は、たいていの場合、どんなに小さなものであれ自分自身の野心にある。朝六時に起床しても、窓の外の日の出を一目見ようとすらしないのは、仕事日の命令に服従しているからだ。

こうした自然との関わりに大した手間はかからない。一〇分ほど屋外に出て庭の手入れをしたり、朝コーヒーを飲みながら雲を眺めたりするだけでいい。夕方に友人に報告しなければならないというつもりで、見ているものを自分自身に説明してみよう。おそらく、日々のマンネリから脱け出し、その日に何が起ころうとも、それを事前に正当化してしまう何かが見つかるだろう。ひょっとしたら、何時間も何日も考えていたのに得られなかった洞察が、突然頭に浮かぶかもしれない。覚醒は一瞬にして訪れることがあるものだ。

貝殻を探す——道のりと目的地はいかにして一つになるか

自然が生み出したものの中でも、リュウグウボラというある種の貝殻ほど美しいものはめったにない。リュウグウボラは、コレクターに人気のあるガクフボラ科の貝で、メキシコ湾とカリブ海の深海に生息している。ごく稀に、たいていは激しい嵐のあとなのだが、南フロリダの海岸に打ち上げられる。私と弟は、それぞれ八歳と六歳の頃から、リュウグウボラをはじめとする貝殻を探しつづけてきた。リュウグウボラを初めて見つけたのは私が高校生のときで、それからさらに五つ見つけた。つまり、二四年間で六つのリュウグウボラを見つけたことになる。これは誇っていいペースだ。

この冬、われわれのコレクションを吟味していた私は、貝殻を見つけるたびに頭に浮かんだ疑問についてじっくり考えることになった。つまり、リュウグウボラが美しいのはなぜか、ということだ。おなじみではあるが表面的な答えは、慣習である。われわれがそれを美しいと思うのは、単にほかの人びとがそう思っているからにすぎないというわけだ。リュウグウボラがコレクターに人気のアイテムだと知れば、われわれもそれに魅力を感じずにはいられない。だが、リュウグウボラそのものは、あまり珍重されないほかの貝殻と比べても、それほど美しいわけではない。

この種の説明はアダム・スミスにまでさかのぼる。スミスは、あるスタイルの服装に関して見解を述べる際に、こうした説明を持ち出した。スミスによれば、われわれが特定の服の組み合わせに魅力を感じるのは、その組み合わせを見慣れているからにすぎない。たとえば、ズボンとベルトがそうだ。ベルトがないと、だらしなくてみっともないと感じるのは、習慣や風習によってそう思うよう条件づけられているからにすぎないのだ。

慣習の観点からするこうした美の説明には、ある種の魅力がある。一般的な意見のくびきから自由になり、自分が好きなものを自分で選べるようになる可能性を示唆しているからだ。しかし、こうした慣習主義とそれが指し示す主観的な美の概念は、われわれが自分から、すなわち「自分の美的感覚によって」好きだと主張するものが、固有の美を有している可能性を見落としている。それは、われわれに訴えかけ、解釈を求める美だ。主観的な好みという観点だけで美を説明すれば、自滅的な無気力を助長することになる。われわれに美しいという印象を与えるものの意味を明確にしようとするプロジェクトを妨げ、それによって、美しいものを解釈することで到達しうる潜在的な洞察や自己認識を奪ってしまう。

一見すると慣習的な美が、実は自然のある側面に固有の意味を証明しているかもしれないという意味で、金についてのニーチェの説明は素晴らしい例だ。「教えてくれ。金はどうやって最高の価値を獲得したのか？　なぜなら、それは希少であり、役に立たず、まばゆい光を放ち、その輝きは穏やかだからだ。金はつねに自らを差し出す。最高の美徳というイメージをまとって初めて、金は最高の価値を獲得した。与える者の瞳は金のように輝く。黄金の輝きは月と太陽を和解させる。最高の美徳は希少であり、役に立たない。金は輝きつつも、その輝きは穏やかだ。すなわち、贈与の美徳こそ最高の美徳なのだ」[21]。ニーチェの説明によって、われわれは金と美徳について同時に学ぶ。金の「価値」は、それが「自らを差し出す」あり方にある。それはちょうど、太陽が月に光を与えるのに似ている。こうした贈り物は共有の一形態であり、そこにおいて与える者は保全され、贈り物によって枯渇することはない。月に光を与え、夜空の支配者として真価を発揮させることで、太陽そのものも日没後に輝くことができる。ニーチェはこうして、生命が切望するような贈与のイメージ、メタファーを金の中に見いだした。つまり、与える者と受け取る者が同じように力を得ることになる贈与だ。金に関するかぎり、それが光り輝き、われわれの自己理解を呼び覚まして豊かにするという点で、われわれはもはやその価値を単に慣習的なものだと見なすことはできない。贈与の美徳に表現される金に固有の輝きが存在するのである。

リュウグウボラの場合、その美しさは印象的な形状と模様に関係があると思う。長さは三～五インチ程度（約七・六～一二・七センチメートル）で、エレガントな螺旋《らせん》形を描き、縦横比はおよそ三対一で、実にきれいなオフホワイトの地に濃い土色の丸い斑紋が並んでいる。もう一つの人気貝であるアルファベットコーン（ヨウラクイモガイ）の模様と比べると、リュウグウボラの形状と模様の組み合わせが特別に重要であることがわかってくる。アルファベットコーンは、リュウグウボラと見かけは似ているが、それほど珍しくはない。貝殻のてっぺん、別名「鼻」を形成し、コーンの底部から伸びる短い螺塔を除くと円錐形をしており、貝殻にびっしりと並ぶオレンジ色に近い茶色の斑点がヒエログリフに似ていることから、その名がついた。これまで私が出会った自然界のあらゆる無生物のうち、アルファベットコーンほど自らを理解してほしいと訴えてくるものはほかにない。その斑点は解釈されることを求めている——あたかも遠い国から届いた謎めいた手紙に書かれた文字であるかように。アルファベットコーンは一種の「メタ的意味」を体現していると言えるかもしれない。つまり、そのメッセージは、自然は読まれるために自らを差し出しているというものだ。それほど示唆的ではない面においても、われわれが注意深く観察しさえすれば、自然はわれわれのものであり、潜在的な洞察を得るために解釈すべき対象である。それが、アルファベットコーンがわれわれに教えてくれることの一つなのだ。

リュウグウボラは、アルファベットコーンのさらに精巧なバージョンだと言って間違いないだろう。その螺塔《らとう》はよりなだらかで、細長く、貝殻の胴体全体と連続している。そのため、貝殻全体はなめらかな偏菱形《へんりょう》をしており、中央が最も太く、両端に向かって細くなっている。リュウグウボラのほうが対称性は高く（アルファベットコーンと違い、真ん中で横方向に切断すればほぼ左右対称になる）、包括的な洞察、言わば全方向に等しく展開する洞察を示唆している。リュウグウボラの斑点は、アルファベットコーンのそれとくらべると明瞭でくっきりしており、それだけにいっそう強く解釈を求めてくる。自然は、アルファベットコーンの際立った重要性を明らかにしようと一歩を踏み出し、リュウグウボラを誕生させたらしい。これがリュウグウボラの魅力に大いに寄与していると、私は思う。

いまではわが家の玄関の陳列ケースに鎮座しているこれらの小さな驚異を眺めていると、私に解釈を促す、思わせぶりに螺旋を描く文字の意味について、何かを語らずにはいられなくなる。だがそのためには、私が最初にこの貝殻に出会ったときに戻らなければならない。朝五時ごろ、深さ三〇センチメートルほどの水底で、潮だまりの端の砂にめり込んでいたのだ。

私のLED懐中電灯の光の中で、まぎれもなく白地に茶色の模様が鮮やかに揺らめいていた。背後の砂州で勢いを削《そ》がれた波が、潮だまりの表面でうねり、海岸の端で穏やかに砕けた。すると突然、興味をかきたてるこの映像がぼやけてかすんだ。強い北西の風が水面に打ちつけて激しい波を立て、懐中電灯の強力な光がまっすぐ水底へと届かなくなった。現われては消え、消えては現われ、白地に茶色の模様が風の合図に応じて見え隠れする。それは、前日にずっと吹き荒れていた突風を思い出させた。この突風が容赦なく襲いかかる白波を引き起こし、それによって海岸に打ち寄せられた貝殻が、早朝の干潮によっていまや姿を現わしたのだ。

突然の風が収まって貝殻が姿を再び姿を現わすのを待っていると、私の鼓動は早まった。世界記録に挑戦するため、いままさに懸垂バーをつかもうとしているかのようだ。一マイル以上にわたってくるぶしの深さの水の中を歩きまわり、さまざまな貝殻を検分するために何度も立ち止まってはかがむことを繰り返した結果、両脚と腰に鈍痛を感じていたのだが、それも一瞬にして消えた。ついに決定的瞬間がやってきた。唯一の問題は貝殻の状態だ。まったくの無傷か、それとも、何年ものあいだ打ち寄せる波で転がされたせいで傷だらけになっているか。私は大きく息を吸って一気に吐き出すと、手を伸ばして難なく貝殻を取り上げた。

ほかの魅力的な貝殻とは違い、リュウグウボラはたいてい、こそげ落とさなければならない汚れや海藻やフジツボが付着していない状態で海から運ばれてくる。水面でさっと一振りして砂を洗い落とすだけでいい。もう懐中電灯は必要なかった。澄み切った空からこうこうと降り注ぐ満月の光があれば、滑らかで汚れ一つない貝の表面を見るのに十分だった。だが私は、確認のためにすぎないのだが、懐中電灯の光で貝殻をもう一度調べたいという気持ちに抗えなかった。そうやって満足すると私は収穫品をポケットの奥深くにしまい、顔を上げて広大な海を眺め、気持ちを落ち着かせて残りの探索を再開した（リュウグウボラを見つけたあとに「勝ち逃げする」のは意味がない。あらゆる美しいものがそうであるように、リュウグウボラは満足させるだけでなく鼓舞もする。人は、もう一つ見つけるよう駆り立てられるのだ。そして、こうした行動には相応の魅力やエピソードが常に伴っている）。そのときになってようやく陸に目を向けると、ココヤシとモクマオウの落とす長い影が、私が立っている場所に向かって威嚇するかのように伸びているのに気付いた。枝が風に揺れ、ささやくような音を立てている。木立のすぐ後ろの低層コンドミニアムから発せられる常夜灯の穏やかな光がなかったら、周囲は幽霊でも出そうな雰囲気だっただろう。

弟と私は歩きつづけ、夜明けを告げるほのかな光が水平線に現われるまで、イトマキボラやサカマキボラを見つけては拾った。やがて、海岸近くの低層ホテルから、スクランブルエッグとコーヒーの気をそそる匂いがかすかに漂ってきた。そして、ホテルスタッフが見張っていない温水浴槽から立ちのぼる湯気が、こっそりジャクージで一息入れて、冷えた足を温めて日の出を眺めていけと、われわれを誘っていた。夜明け前の素晴らしい冒険は、海水浴客が早朝に海岸を散歩する穏やかですっかり家庭的な光景と、きらめくヤシの木々が風にそよぐざわざわした音に取って代わられた。

いま、私のコレクションとしてほかの貝殻とともに静かに並んでいるリュウグウボラを見下ろすと、一見、自己完結的で安定しているように思える。だが、その興趣あふれる模様が示唆する意味は、私が初めてその貝殻に目を留めた際にそれが集めた力の働きにあることがわかる。潮だまりのなかで揺らめいて見えたこの貝殻は、さざ波と、突風と、前日の嵐と、私が弟と一緒にこれらの力とのあいだで行なった駆け引きを一つにまとめあげた。神秘的な輝きを放ちつつ、私の手のひらにひっそりと鎮座しているこの貝殻こそ、探求を絶えず体現するものであり、冒険と、その冒険が生み出される生き方全体のしるしなのだ。

同じことは、あらゆる類いの勝利、序列、成功についても当てはまる。そうしたものの意義は、そこに至るまでの旅にある。そうしたものがきらきらと輝き、人を鼓舞しつづけるのは、人生全体を表現するあの悪戦苦闘を思い出させてくれる場合に限られる。それ以外の場合、勝利も、序列も、成功も、ただほこりをかぶるだけだったり、古びて退屈なものになったり、すぐに耳を貸してもらえなくなる自慢の種に堕してしまったりするのが落ちだ。

目標に向かって邁進《まいしん》しているときは、次のことを心に留めておきさえすればいい。つまり「旅こそ、われわれが探し求めているものなのだ」と。勝利や栄誉を手にするのに躍起になっていると、苛立ちがつのり、物事のただなかにいる喜びを見失ってしまいやすい。そんなとき、私は一息入れて、なかなか見つからないリュウグウボラを探す自分を思い出す。その探求に際しては、毎日が、毎時間が、毎回かがみこむことが、等しく生命力に満ちあふれている。見つけたのがビノスワスレガイでがっかりしたときでさえ（疲れた目を細めると、濁った水のなかではその模様がリュウグウボラの模様にどことなく似ているように見える）、意味を感じとれる。こうした苛立たしい瞬間も、本物を見つけたときの喜びから切り離すことはできない。道のりと目的地は一つなのである。

幸福と運

哲学、あるいは少なくとも哲学の端緒は至るところにある。本のなかで哲学が見つかるのは、日々の仕事や関心事のなかで、われわれに対してそれがすでに求められているからにすぎない。何らかの人生観が書物の中で「初めて」現われる場合でさえ、その意味はその場にだけあるわけではない。つまり、その瞬間に目の前にあるだけではないし、出会ったばかりのものを解釈しようとする思考の中にだけあるわけでもない。それは、思いも寄らない瞬間にわれわれの目に飛び込んでくる世界の特徴の中にも、同じように表現されているのだ。

私が本書で提示しようと試みているまさにその思想、つまり、幸福および、幸福と旅との関係についての思想——私はさまざまな本を読みながら、長年にわたりそれについて考えてきた——が、まるで初めてのように頭に浮かんだのは、ある真夏の夕方、きついランニング練習をしていたときのことだった。私は全力を尽くした（と思っていた）。だが、暑さと説明のつかない午後の脚のだるさのせいで、「ポジティブ・スプリット」という標準を下回るパフォーマンスに終わった。つまり、スタート時点よりもペースダウンしたままトレーニングを終えたのだ。大の字になり、胸を波打たせつつ、それ以外は極度の疲労と収まりつつある吐き気のせいで身動きできないまま、私はどういうわけか幸福が近くにあると感じていた。何も期待せず、何も考えず、全力を尽くした誇りと、目標タイムをクリアできなかった落胆とが入り混じった奇妙な感情を抱えながら、毎日歩いている道をジョギングして家に向かっていたとき、突然幸福が訪れた。目の前の道沿いに、根元からのこぎりできれいに切ったばかりの巨木の切り株があった。多くの年輪が刻まれた断面から、葉をつけた鮮やかな緑の芽が生え、太陽に向かって伸びている。古木の根元と根は依然として強健で、生命を育もうとしているのは明らかだった――まるで、その木が自らの意思で子供たちと新たな章に道を譲ったかのように。

木は傲慢な人間の手によって切り倒された。おそらくは、市から委託された誰かがやったのだろう。彼らは自分の仕事をしているだけで、新しい自転車レーンのために障害物を除去することについて、深く考えることはない。それでも、木は依然として、古くて新しい生命力に満ちていた。それまでは自力で災難を克服してきたのだが、いまや周囲のあらゆるものへのインスピレーションとしてそこに存在していた。希望が潰え、もはや期待するものも達成するものもないという気楽さから、生活のペースを落としていなかったら、私はそそくさとその場を通り過ぎていたことだろう。だが、そのとき私はただちに足を止め、感嘆し、新鮮な気分に満たされていた。

突然、私はギリシャのアテネで過ごしたある晩のことを思い出した。私はひょんなことから屋外の活動を楽しむことになった。地元のジムが二週間の休暇で閉まっているのを知ってがっかりしたあとのことだ。計画が狂ったせいでいらいらし、トレーニングしたくてうずうずしていた私は、衝動的に走り出すことにした。目指すは町外れにある急勾配の丘の頂だ。それまでの人生で、トレッドミルで二〇分走ったときよりも長く走ったことはなかった。走り出してから優に三〇分を超えたところで、吠えながら向かってくる野良犬（もしかしたら、じゃれついていたのかもしれないが確信はない）から逃げようと何度か全力疾走したのちに、頂に着いた。眼下にはアテネの町の白い屋根が広がり、その向こうで広大なエーゲ海が輝いていた。私は目に入ったうち最も大きい石を二つ――どちらも殻つきのココヤシくらいの大きさ――をつかむと、バイセップカール〔上腕を動かさずにダンベルを持ち上げるトレーニング〕を行なった。それぞれの石を肩の高さまで持ち上げて、筋肉を緊張させたままゆっくりと下ろす。この動作を繰り返すたびに感じられる喜びは、ひょっとしたら、バスケットボールでコートの中央からスリーポイントシュートを決めたり、テニスで五〇回ラリーが続いたあとにポイントを取ったりしたあと、ひたすら次のチャンスを望んでいるアスリートがとる祝福のガッツポーズと「Come on!」という叫びに匹敵するかもしれない。数年後、木の切り株を目の前にしたとき、同じ喜びが私に訪れたのだ。祝福すべきことは何もなかったが、山の頂から叫びたい気分だった。

それから、不意に、うまくいかなかったトレーニング、家までのジョギング、巨大な切り株が伝える教訓を理解するに至った。何気ない至福、困難や苛立ちがもたらす幸せ、計画も期待もしていないもの――幸福、偶然の出来事、巡り合わせ――は調和するのだ。幸福を意味するエウダイモニアという言葉が「善きダイモン」に関わることからもわかるように、古代ギリシャ人はわれわれが忘れてしまった真実を知っていた。すなわち、幸福とは運であり、運とは旅の道連れなのである。

目標志向の努力とそれ自体を目的とする活動との対比の中心にあるのは、時間に関する二つの理解の対比だ。これについては、次の点を考えた際にすでに触れた。つまり、目標志向の生き方は、達成すべきことや獲得すべきことを不安げに見つめることに絶えず悩まされ、いまここにある人生の旅を、自己統御、友情、自然との触れ合いを手にする好機として評価することを犠牲にしているということだ。

　この対比を、一方の決して完全には満たされない偏狭な未来志向と、他方の喜びに満ちた「いまを生きる」ことの対立として特徴づけたくなる。この説明がある意味で正しいのは確かだが、違いの核心をついているとは言えない。というのも、すでに見てきたように、旅の瞬間に身を置くということは、予期せぬものとの対峙を通じて自己を発見することだからだ。したがって旅の「現在」は、未来と過去の衝突とでも言うべきものによって定義される活動的な現在であり、それと同時に、この衝突は相互を構成するものでもある。

　未来はどこまでも続く地平線であり、そこから予期せぬものが近づいてくる。それは、人生とは意味の閉じた円環ではなく、人間がつねにそこを目指して進んでいく認識だという感覚に合致している。過去は暫定的に閉じているが、われわれの旅をつねに方向づけてきたし、未知の開かれた世界へと駆り立ててくれる。過去や「イタカ」（人がそこから出帆し、そこへ戻ろうとする場所）がなければ、人生は糸の切れた凧《たこ》のようなものであり、極端な場合、分断された出来事の羅列になってしまう。これが予期せぬ混乱に強いのは、すでにばらばらになっているため、もはや誰の人生でもないからだ。未来がなければ、過去は、愛も、憧れも、活気もない凍りついた人生となるだろう。このように、旅の瞬間において、過去と未来はつねに一緒になって機能するのだ。

　とはいえ、過去と未来は、われわれ自身の注意力と決意を通じてはじめて、一緒になって機能する。人が開かれた地平線——果てしない自己発見のための試練と機会としての「次の瞬間」——の可能性を自己の前に持てるのは、人生全体を統合し、ありのままの人物を構成する積極的関与を堅持する場合に限られる。オデュッセウスが航海のあらゆる場面で、妻、息子、祖国への揺るぎない忠誠心によって、つまり自分の過去によって鼓舞されていなければ、新しい不可解な難題が待ち受ける開かれた地平線に出くわすこともなかったはずだ。そして、こうした難題と対峙する機会がなければ、彼があれほど献身的な人間として本領を発揮することはなかっただろう。というのも、愛する者たちの許へ帰るつもりで旅に出るのと、帰還のためにセイレーン〔ギリシャ神話に登場する、上半身女で下半身が鳥という海の怪物。歌声に魅了された者を遭難・難破させて命を奪う〕の呼びかけに耐え、スキュラ〔ギリシャ神話に登場する、六つの頭と一二の足を持つ海に住む女の怪物。船乗りを捕らえて食う〕やカリュブディス〔ギリシャ神話に登場する巨大な渦巻を擬人化した女の怪物〕をかわすのは、まったく別の話だからだ。

　このように、真の意味で「瞬間に存在すること」、すなわち、有意義な人生を構成し、起こるか起こらないかわからない未来への不安からわれわれを解放してくれるものは、あとで現われるかもしれない事態とは対照的に、手近にあるだけのものに焦点を当てることでは決してない。また、一方では未来を、他方では過去を一時でも忘れようと瞑想状態に入ろうとするときのように、周囲の状況を受動的に受け入れることでもない。旅の「存在」とはむしろ、出発と帰還を同時に演じることであり、そこでは始まりが終わりにおいて新たに理解されるのである。

目標志向の時間——いつも時間が足りない

　旅を定義する時間の特殊な循環性は、目標志向の努力の一時性と対比することで、より深く理解することができる。目標志向の未来とは結局のところ、達成されるべき改革、与えられるべき印象、なされるべき経験、維持されるべき世界の状況など、すでに視野に入っているがまだ実現されていない状況のことだ。いかなる場合も、目標志向の未来とはまだ到来していない「いま」なのだ。目標志向の努力において、人はこうした未来を実現するためにそれを熱心に見据えていながら、実際には真の未来から締め出されてしまっている。ここで言う真の未来が意味するのは、開かれた地平線から予期せぬものが突然現われ、われわれの人生を試練にさらすということだ。目標志向の努力が認める唯一の不確実性は——もっとも、目標達成の手段を得てそれを排除したいと願ってはいるのだが——思い描いている計画が実現するかどうかだけである。

　目標志向の過去とは、結局のところ、昨日の成果、獲得、成功、失敗ということになる。つまり、それが近づいてきたときには、ああであったかもしれないし、こうであったかもしれないが、それ以降は良かれ悪しかれすでに決定してしまっており、いまでは遠くに去りつつある瞬間ということだ。「過去は忘れ、前へ進め」というのが目標志向の努力のスローガンであり、ほんの数日か数週間のうちに、過去の悩みなど忘れてしまうことが思い出される。いかなる場合も、目標志向の過去とは、やってきて去ってしまった「いま」のことだ。過ぎ去っていく過去にしばらくのあいだ思い悩み、すぐに訪れる未来に再び目を向けることで、目標志向の努力は、生きることの価値や意義を構成する人生の区切りと方向性という意味での真の過去を見失っている。

こうして、目標志向の時間の地平線は、それが未来や過去を志向しているときでさえ、つねに現在でありつづける。それぞれの瞬間は、近づいてくる「いま」、ここにある「いま」、遠ざかっていく「いま」のいずれかなのだ。時間は「いま」が無限に連なる列車となり、それぞれの「いま」は猛スピードで遠ざかっていく車両となる。こうした人生は、あっというまに過ぎ去ると同時に活力に欠けるという不幸なパラドックスに悩まされる。一方では、人が待ち望み、願い、手に入れようと努力しているあらゆるものが、訪れると同時に去っていき、手の中には何一つ残らない。他方では、姿を現わすあらゆるものが、すでに目にしていたものの空虚な画一性を帯びている。このような人生には、一貫性もなければ冒険もない。

目標志向の努力に囚われ、期待と虚しさのサイクルに慣れるにつれ、時間は人間を支配する異質な力にさえ見えはじめる。そのためわれわれは、あたかも時間が自ら動いてわれわれを押し流してしまうかのように、「時の流れ」という言い方をする。「時間は待ってくれない」と口にするのは、プロジェクトを必死で終わらせようとしているのに、夕食の時間や余計な仕事のせいで中断を余儀なくされる人だ。「一日二四時間では全然足りない」というわけである。もちろん、時間がこうして過ぎ去ってしまう原因は、目標志向の努力そのものの性格にある――一気呵成《かせい》にプロジェクトを完成させたいのに、いつのまにか脇道にそれてしまうのだ。

だが、人生という旅路を見失い、それゆえ目標志向の努力に代わる選択肢がない者にとって、時の流れに対する自己の責任は曖昧になってしまう。その代わりに、時間は一種の分配品として、つまり、使い果たすのを恐れて管理し、計測する必要がある希少な資源として現われる。

いわゆる客観的な時間の尺度としての時計の登場は、目標志向の努力の当然の帰結であり、その手段‐目標の体系と完全に対応している。というのも、時間を計測するのは、いや、時間を計測可能なものと考えるのは、それ自体のほかに目的がある活動の視点からのみ意味をを持つからだ。冒険と自己発見の機会として、それ自体のための活動に従事するかぎり、時間がどれだけ過ぎたかなどという問題が生じることは決してない。

時間切れが迫りつつあるという不安におびえているとき、われわれは必ずと言っていいほど、目標志向の努力に没頭するあまり、生き方の本質的な意味を忘れてしまった人生を見いだすものだ。加齢という現象――われわれはそれを、逃れたいのだが逃れられないプロセスと見なしがちだ――でさえ、目標志向の展望によって完全に決定されている。こうした展望は、われわれがもはや達成できない何らかの目標に照準を合わせているからだ。私はいまや、ワークアウトの前にウォーミングアップとストレッチを多めにしなければならないため、自分が年をとったことを実感している。やがて、スポーツで競い合ったり、子供を持ったり、人生が充実していると思える節目に到達したりするには、「年をとりすぎている」ということになるだろう。

年をとる存在として自分自身を理解するとき、われわれはすでに、自己の意味を特定の仕事の、あるいは一定の範囲の仕事の遂行能力に限定してしまっている。こうした特定の仕事が、年齢を決定すべき基準となるのだ。われわれは、自分の立場を表明する、友人になる、自然の解釈において自己統御を実現するといったことで表現される自己を見失ってしまう。これらの活動をするのに、年をとりすぎているということは決してない。老いることは避けられない事態なのだとわれわれが信じるようになるのは、目標志向の視点によって、ほかに選びうる生き方のビジョンが押しのけられてしまう場合だけなのである。

過去に向かうこと、あるいは成熟して若返ること

人生という旅から目をそらさず、あらゆる出会いを受け入れ、自分という人間全体を一つにまとめる責務を確認する好機とするかぎり、時間が単なる瞬間の連続となることはないし、人生が単に若さから老いへ向かう行進となることもない。というのも、未来が何をもたらすにせよ、われわれがすでに生きている人生を新たに理解する機会を提供するに過ぎないからだ。

あらためてオデュッセウスのたどった軌跡について考えてみよう。彼がイタカに戻ってきたとき、トロイに向けて出発したときよりも年をとっているだろうか？　もちろん、とわれわれの常識は声を揃え、オデュッセウスの白いものが増えたひげと皺《しわ》が寄った顔を即座に指し示すだろう。しかし、我が身を彼の立場に置き、彼とともに航海しているところを想像すると、一見、当然と思える判断が自明ではなくなる。献身的な夫、父親、支配者としてイタカを探し求める人物の視点からすれば、逆説的ながら、旅が進むにつれて彼はある意味で若返っているとも言える。というのも、航海のそれぞれのエピソードにおいて、いまと比較して彼の相対的な若さを規定すると

される瞬間――彼の過去や出港時点――が真価を発揮するからだ。オデュッセウスが大海原や見知らぬ土地と闘うとき、それまでに彼について確立され、したがって彼の過去に属すると言えるあらゆるものが、かつてここに存在したが、未来から猛スピードで到来した現在に取って代わられたある瞬間であるなどということはまずない。彼の過去はむしろ、彼を旅へと駆り立てる力であり、スキュラやカリュブディスを避け、セイレーンの誘いに耐え、カリュプソスのもの欲しげな魔手から逃れる決断を下す際に顧みる自己イメージなのだ。オデュッセウスが未来の来襲に立ち向かうとき、彼の過去そのものが絶え間なく生まれ変わり、それぞれの生まれ変わりが次の生まれ変わりに取り込まれる。

このように理解された過去は、オデュッセウスの背後にありながら前方にもあるという逆説的な地位を持つ。それは、彼が絶対の確信をもって傾倒しつづけるいっぽうで、彼を前進させる瞬間として、彼の背後にある。また、未来が彼の行く手に次に投げかけてくるものが何であれ、それと対峙するに際していまだ決定していない瞬間として、彼の前方にある。（言わば）最後には、オデュッセウスが絶えず熱愛していた故郷は、そこに至るために彼が想像を絶する試練と誘惑に耐えてきた故郷となる。この故郷は彼が出発したまさにその場所だが、同時にそれをはるかに超える場所でもある。というのも、そこに到着するまでのあらゆる苦闘が響き渡る場所だからだ。

このような軌跡は、より成熟し、より賢明に、より自己統御的になったという意味で、年をとったと解釈することもできるが、若返ったと解釈することもできる。というのも、若かりし頃に暗示されていた意味、つまり、未来の出現を待ち受けていた意味にとうとう到達したとも言えるからだ。どの角度から見ても、旅の一時性が一方向的な時間概念を否定するのがわかる。こうした時間概念は、目標志向の視点に対応するものであり、履歴書や年表に表現される。時間は一方向に流れるのではなく、それまで足を踏み入れたことのない地点をつねに目指しつつも、円を描いてそれ自身に戻ってくるのだ。

「私がいない」過去や未来は存在しない

ここで、旅の一時性を、目標志向の努力に伴う直線的な時間概念だけでなく、ストア哲学者が提唱する円環的な時間概念とも対比させてみることにはそれだけの価値がある。人間の営為の脆《もろ》さと達成のはかなさを鋭く認識していたストア哲学者は、自然について瞑想することに慰めを求めるべきだと提唱していた。ここで言う自然とは、季節の移り変わりという観点から、また、より大きな宇宙的意味において、万物の構成要素と見なされる原子の絶え間ない結合と分離という観点から、理解されている。こうした視点から、円を描いてつねに同じ地点に戻ってくる時間が見いだされると、ストア哲学者は説く。したがって、われわれはこの世界にある種の永遠性を認めることができる。生きて努力する存在としての自分自身の人生ははかないものだが、われわれは自分自身について、壮大な永遠のサイクルの一部であるという別の見方をすることができる。

ここで、ストア哲学者の解決策と、旅にまつわるより人生肯定的な時間概念とを並置してみよう。われわれが求める永遠が、非人間的な無限のサイクルのなかに見いだされることはない。そうではなく、その献身において自己を知る人生が、絶え間なく旅立っては新たな視点を携えた自己に帰還するというあり方に見いだされるのだ。このように理解される永遠は、それ自身に繰り返し戻ってくる円環でもなければ、無限に延びる直線でもなく、渦巻であり、上昇するスパイラルだ。その意味するところは、冒険のたびに再び、また新たに自分自身を知ることを絶えず繰り返しつづけるということだ。

私がいま生きている人生――旅として理解される人生――には、前途に（そして上方に）あるものとして、すべての「以前」が含まれているというのは、どれだけ広い時間の範囲を考えてみても正しい。「以前に」とは、自分が生まれるはるか前、たとえばホメロスのギリシャや古代アテナイの時代などを指すと考えることさえあるかもしれない。これらの瞬間が私の背後にあるというのは、表層的な意味合いにすぎない。オデュッセウスやソクラテスの人生が一つの問題――私自身の時代の困難に対峙する際に洞察を与えてくれる潜在的な源泉――でありつづけるかぎり、二人の人生は間違いなく、私の背後にあるのと同様に私の前途にもあるのだ。二人の人生は、私の最善の解釈によってもほとんど到達できていないほど、はるか先にあるとさえ言えるかもしれない。

人間が地表を闊歩する以前の「先史時代の」過去、われわれが知る大地や海が火山の大噴火によって生み出された過去、恐竜時代、あるいはどれほど遠い時代まで時間の範囲を広げても、同じ結論に達する。これらの瞬間もまた、われわれの背後にあるのと同様、前方にもあるのだ。というのも、これらの過去を概念化し、把握しようとすれば、われわれはその時代に身を置き、自分ならどう対処しただろうか、当時の人生は何らかの点でもっと良かったのではないか、もっと楽だったのではないかと想像してみることで、過去を理解するしかないからだ。それによってわれわれは、現在との関わりから、さらには未来との潜在的なつながりから逃れられない形で、過去に遭遇するのである。

たとえば、映画『ジュラシック・パーク』の非現実的な描写の場合とは異なり、そうした環境に意識的に自分を置いてみなくても、われわれはすでに、「当時」の状況を「客観的に」特徴づけるために用いる用語や区別によって、暗黙のうちにそうした場に身を置いている。こうした理由から、人類が誕生する前の時代――それが新石器時代までさかのぼろうが、ビッグバンまでさかのぼろうが――を仮定する進化論には、つねに近視眼的なところがある。このような理論はつねに、種としての人類をほかの種と比べて客観化したり、発生や成長について観察できる物理的なものの序列内に人類を位置づけたりすることに依拠している。こうした理論が見落としているのは、そもそも対象を目の前にし、その対象を「ビッグバン」や「人類という種」といった用語で構成する生きている力だ。これらの用語が特定の意味を持ち、ともかく理解できるのは、研究者の積極的で献身的な人生に関わる場合に限られる。こうした人生は、旅の終わりと同時に始まりでもあるという形をとって現われる。結局のところ、以前のあらゆる時代は、われわれが関与している「いま」を定義する過去と未来の統合に対する答えなのだ。

未来のあらゆる時間についても同じことが言える。私の解釈力を招来し、私の痕跡を刻むことのない過去が存在しないのと同様、そうした未来も存在しない。いわば、自分がいなくなってからずっとあとの遠い未来の状況を思い描くとき、私はすでにそこにいる。いまここに存在するのとまったく同じように、解釈者としてまさに存在しているのだ。というのも、自分がいないその世界を私がどう特徴づけるかによって、また、他者との対話のなかでその世界をどう理解させるかによって、生き方に関する私自身の考え方、概念、暗黙の了解の痕跡が刻まれるからだ。したがって、私が意識せずに未来を想像するときでさえ、未来は私に属しており、私は未来に属しているのである。

地上の人生の不毛さを示すべく、ストア哲学者が思い描いた恐ろしい状況を頭に浮かべてみよう——セネカの言葉を借りれば「星と星が衝突する」破滅的な瞬間、あるいはわれわれが語るとすれば、太陽が爆発して地球を炎で包んでしまう瞬間ということになる。こうした出来事が世界の終わりに思えるのは、ばらばらに崩壊するまでしばらく存続する形成された物質の産物や実例として、世界が想定されている場合に限られる。こうした崩壊を終焉、あるいは終点としか見ないのは、自分の完成させた品を眺めて長持ちしてもらいたいと願う職人の、私心のない目標志向の眼差しにほかならない。だが、これらの出来事は、あらゆる瞬間を、厄災に直面してもつねに自らを回復するに違いない統合された人生の潜在的な分散だと理解している者にとっては、まるで異なる解釈の余地がある。こうした視点からすると、いわゆる世界の終わりは、終わりでもなんでもなく、混乱状態にすぎない。この状態は、オイディプスの人生が崩壊したときでも回復の可能性を残していたのと同じように、いまだに決定していない再統合を招来するものだ。こうして、人がいま全力で取り組んでいる人生、その人生にどんな意味があるのかについて人がとるスタンスが、その先に待っているものが何であれ、それを人生そのものに巻き込むのである。

あらゆる継起は旅の一時性と一致する

それでもなお、われわれが時間の逆説的な円環性を「現実の」または「客観的な」時間と相容れない主観的な認識だと見なそうとする誘惑に負けることのないよう、きわめて明白に思える継起の事例を可能にする方法を検討してみよう。それは、ほんの数秒間に起こり、われわれの現実的な世界経験の基盤となるものだ。われわれが稲妻の閃光を目にすると、その直後に雷鳴が耳に届く。われわれは一方が他方に続くと思っているし、そう口にもする。そして、こうした根拠に基づいて、最初の出来事が原因で次の出来事が結果だという結論に至る。しかし、この継起とそれに伴う因果関係の区別は、実際に起こることやわれわれが経験することの全体像だとは言いがたい。継起がそうしたものに思えるのは、第一の瞬間が訪れるやいなや、それは第二の瞬間が到来する前触れとなり、第二の瞬間が今度は第一の瞬間を確証するからにすぎない。稲妻のあるがままの姿を目にするや否や、それに加えて雷鳴が聞こえてくる。雷鳴はまだ聞こえていないし、稲妻とともに意識的に考えられていない場合でさえ、そうなのだ。そして雷鳴が聞こえるや否や、われわれは、雷鳴は稲妻に起因するものであり、同一の現象が継続して展開しているのだと認識する。稲妻の経験は、印象的に畏怖の念を抱かせつつ到来する独特な出来事として、雷鳴が続くはずだという予想と一体のものだ。だが、それが意味するのは、雷鳴はただ後に続くというだけではなく、その正体を明かすパートナーとして、つねに稲妻とともにあるということだ。そして、雷鳴がその真価を発揮するのは、共謀者である稲妻とタッグを組む場合に限られる。したがって、第二の瞬間とは単に第一の瞬間の後というだけではなく、当初から第一の瞬間と地続きなのだ。そして、第一の瞬間とは単に第二の瞬間の前というだけではなく、第二の瞬間が予期するものによって維持されたり変貌させられたりする、絶えず存在する相棒でもある。この「二つ」の瞬間は、決して単純な「二つ」――第一の瞬間と、それに続く第二の瞬間――ではなく、相互に補強し合う差異からなる単一の瞬間なのである。

こうした相互構成がなければ、「前」と「後《あと》」は意味をなさず、一方を事象の原因、もう一方を結果と見なす抽象化を実行できないだろう。というのも、雷鳴――すなわち、ある種の崇高さや傑出性を稲妻と共有するいまだ確定していない出来事――によって補完されるはずだという予想を同時に感じることなく稲妻を目にすれば、われわれは、閃光が来て去ったのちに起こるとされる無限に多様なその他の事態の中に飲み込まれてしまうからだ。この無限に多様な事態の中から、われわれが雷鳴に固執する根拠はない。それは、以前に知覚した事態とのいかなるつながりにも、そうした根拠がないのと同じことだ。稲妻が、来るべき事態のやや限定された地平を開きながらも、「今度はもしかしたら何かほかのことが起こるかもしれない」という謎を残しているからこそ、われわれは実際に後に続くものとして、雷鳴を発見したり確認したりできる。そして、稲妻の閃光が雷鳴によって記憶に留められ、再解釈されるからこそ、われわれは、前に起こったものとしての稲妻を、後から認識できるのである。

いま雷鳴を耳にして、直前に目にしたばかりの稲妻と結びつけるに違いない人物の立場にあるとしても、われわれは同じ結論に達する。もしも、いま耳にしている雷鳴の直前に起こったことを思い出すのに、二つの出来事を後から結びつけるような粗雑な記憶にしか頼れないとすれば、われわれは自分の記憶が何を基盤とすべきかについて、すっかり途方に暮れてしまうだろう。さらにやっかいなことに、われわれの記憶がどういうわけかたまたま稲妻を思い出し、いま耳にしている雷鳴と結びつけようとして経験を再生産することになれば、われわれは次のようなリスクを冒すことになる。つまり、記憶力が鮮明であればあるほど、脳内で再現したものを実際に再び起こった出来事と混同してしまい、その結果、それが雷鳴の前に起こったのか後に起こったのかを知るための根拠が失われてしまうのだ。過ぎ去ったばかりの瞬間の内容を復元し、その後、知覚したばかりのものとそれを結びつけるという明白な記憶操作に欠けているのは、かつて存在したがいまは存在しない過去という意識だ。だが、いまは遠くにいってしまったかけがえのない瞬間の単一性というこの歴史的意識が可能になるのは、過去が「未来の到来を告げるもの」として思い出される場合に限られる。こうした未来が今度は、われわれがそれと出会う際、過去に消えない刻印を刻むため、単に過去が戻ってくることは決してないのである。

このように、きわめて自明なことに思える継起の事例の日常的経験には、継起を可能にする瞬間の相互関係がつねに存在する。因果関係の概念に絶対必要な継起の理解が、旅の始まりと終わりによって特徴づけられるいっそう基本的な時間の経験によって支えられていなければ、われわれは、最も初歩の科学的な世界理解において、にっちもさっちもいかなくなるだろう。

活動的な自己が、その始まりと終わりにおいて、あらゆる時代を超えて未来を予想したり記憶をさかのぼったりするという感覚は、われわれが生と死をどう考えるかにとって重要な意味を持っている。明らかになりはじめたのは、死は単なる人生の終わり、つまり否定ではあり得ないということだ。死が終わりのように思えるほど、われわれは、いつの日か消え去ってしまう意識の世界における存在という観点から、人生について先入観を抱いてきた。こうした考え方において、われわれは次の点を見逃している。つまり、世界は人間の解釈力を要請し、表現されることを切望するという意味で、まさに意識の基盤であり、意識は配慮と応答という形でつねに世界に関わっているということだ。

人間の意識を、誕生と同時に世界に現われ、しばらくのあいだ留まり、それから去っていくものだと考えるのは、次から次にやってくる目標志向のパレードに迷い込むように、時間を構成しているように見える瞬間の連なりの内部に自己を置いてみることだ。だが、自分の人生が、本質的に自己と世界の相互作用であり、始まりと終わりという形を同時にとるものだとすれば、人間が存在するのをまったくやめてしまう時間などありようがない。死が終点でありえないのは、旅を志向する人生にはそれ自体のほかに目的などないという単純な理由からだ。だが、ここで、意識と自己、自己と世界、活動と時間の関係をあらためて探求することには価値がある。われわれはいまや、「最後」と死の意味という観点からそれをやっているのだ。

死の意味をあらためて考える

死とは人生の終点であり、この地球上での存在が終わりを告げる瞬間だということは、往々にして疑問の余地なく受け入れられている。この仮定に基づいて、死後はどうなるのかという疑問が提起される――自己、もしくは魂は消滅するのか、それともどこか別の場所に存在しつづけるのか、もしそうだとすれば、どんな運命をたどるのか。こうした可能性の不吉な不確実性に直面すると、われわれは死を恐れ、いま生きている人生への執着から、「終わり」から身を守る方法を見つけ、死をできる限り先延ばしにしようとする。まるで、より十分に生きたものと想定される晩年、もしくは老齢での死のほうが、人生の盛りを迎える前の早すぎる死よりも望ましいとでも言うかのように。その一方で、終わりの意味という問題は吟味せずに放置する。人生に目鼻がつく前か後かはともかく、いずれ訪れる最後について語るとき、われわれは、完全に目標志向の観点から人生について先入観を抱いていることがわからない。それは、一定の状況の継続、すなわち世界の中に意識が存在しているという見方であり、これこそ、人生が次第に満たされていく経験を得るために必要な条件だとされているのだ。こうした人生観、そして死は人生の終わりだという考え方は、それ自体のための活動を見落としている。

それ自体のための活動という観点から理解すれば、人生はつねに、すでに終わりを迎えている。ここで言う終わりとは、人生の頂点、つまり人生が目指すものという意味であり、同時に、その限界、その極限、つまり、予想もできるし知ることもできるものの終わりという意味でもある。「終わり」が持つこうした二重の意味は、死の意味でもあるのではないだろうか？

いつの日かわれわれに訪れる死について語るとき、何より招かれざるもの、つまり、人間存在のすべてを危険にさらすものとの対峙について語る以外、何ができるだろうか？　「死」によってわれわれが意味するのは、自分がすでに生きている人生を取り囲む開かれた地平線と計り知れない神秘以外の何物でもない。

こう理解すると、死は人生の反対でも否定でもない。大鎌を手に死に神が不気味に迫ってくるイメージとしてわれわれがときに思い描くように、外部から突如として人生に襲いかかるものではない。死のこうしたおぞましい擬人化は、実は死を身近なものにし、われわれが世界の中で遭遇するかもしれない恐ろしい存在になぞらえる役割を果たしている。死を世界の中に置くことで、われわれは死が世界そのものに付随していることを見過ごしてしまう。つまり、死が世界の意味と、また、世界の解釈を通じて真価を発揮する存在としてのわれわれ自身の意味に付随していることを見過ごしてしまうのだ。

同様に、われわれは「意識の消滅」として死を身近なものとする。この概念は、われわれが直接見たり、触れたり、経験したりできるもの、たとえば、消えゆく燃えさし、霧散する前に空気中に一瞬だけとどまる息や煙などから形づくられる。自分の意識に現われるこうした現象に鑑み、われわれは意識そのものも同じような運命をたどるものと想像する。さらに、こうした運命を無の「経験」だと見なす。われわれはこの経験を、自らが虚無の闇に達するまで眼前にあるすべての実体をいわば取り去ることによって想像する。ここで言う「無」とは、われわれが知っているものがただ存在しないだけであり、何の神秘も提示しない。

　このような考え方に欠けているのは、死は私が知っているあらゆるものの意味をどういうわけか包含しているという感覚だ。また、死は何らかの形で存続している世界における単なる存在でも不在でもなく、私が目にし、触れ、その意味と重要性について考えるすべてのものの変容であり、私のアイデンティティのみならず、世界のアイデンティティを危機に陥れる分断だという感覚でもある。この感覚は、実のところ、死は「不可避」で「不可逆」で「完全」で「神秘的」だというわれわれの直感と一致する唯一のものであり、そこでの死を理解するには次のような観点をとるしかない。つまり、終わりなき旅への献身と関与という観点であり、また、「ある」のではなく、そう「なる」人生、そう「なる」ことによって、それ自体の外側にあるいかなる目的をも目指さない人生という観点だ。

　死について考え、それを概念化しようと試みる際、われわれはときに、死はわれわれの存在全体と関わっており、ある意味で、事物の（単にその物理的な構造だけではなく）意味の分断を伴うことを認識する。それにもかかわらず、たとえば、一時的には持続するが最終的には脆弱なものとしてわれわれと対峙する物理的実体のように、時の流れとともに盛衰すると言える事物の観点から、「意味」を理解することに依存している。それに呼応して、われわれは分断を、たとえば地面に落ちたグラスが粉々に砕け散るように、現存するものがばらばらになることとして理解する。こうして、われわれはまったく混乱した形で死について語ることになってしまう。

このような混乱として私が何を念頭に置いているかを見いだすのは、難しくない。死の意味について書かれた本の中で、ある著述家が、生の意味と死との関係を把握するために次のような思考実験を提示している。

私はかつて死をテーマにしたゼミを受け持っていた。学部の上級生が対象だ。ゼミの初日、私は彼らに、教科書を脇に置いて紙と鉛筆を取り出すよう言った。それから、人生で何より大切にしていることを四つか五つ紙に書いて、その紙を折り畳むよう伝えた。書いたことは誰にも見せないと約束した。書き終わると、中が見えないように折り畳んだ紙を私に回してもらった。私は彼らが書いた内容には関心がないと請け合った。大事なのは、紙に何を書いたかを各自がわかっており、書いたことが頭の中にあるということだ。全員が紙をこちらに回し終えると、私はそれを集めて小さな山にした。そして彼らに向かい、紙に、書いた内容に集中するようにと言った。それから、私はその山を手に取り、ゆっくりとずたずたに引き裂いた。これこそ、彼ら一人ひとり――われわれ一人ひとり――が向き合わなければならないことだと、私は言った。これこそ、できる限りわれわれが理解しなければならないことなのだ。[1]

こうした死の描写で際立つのは、そのニヒリズム――死はそれ自体に何らかの意味があるわけではなく、意味の破壊である――というよりも、むしろその徹底した陳腐さだ。死が否定するとされる、いわゆる大切なことは、目の前に存在する単なる実体、つまり引き裂かれるだけの紙切れにたとえられる。ここにあるかと思えば、次の瞬間にはなくなってしまう。こうして、死の神秘性と全体性は、見たり触れたりできるあらゆるものに生じうる事態の、すっかり知られた可能性へと矮小化されてしまう。一方、意味、もしくは「大切なこと」は、目標または存在状態、つまり、ある瞬間から次の瞬間に獲得され、保持され、あるいは継続されるが、時とともに壊れやすくなる何かに基づいて理解される。完全に無視されているのは、活動、解釈、対話と意味との関係であり、そのような活動に関係するかもしれない特別な一時性だ。

こうした見落としを暗示するのが、学生が書いた内容についてこの教授が無関心だという点だ。彼は、学生が書くことが何であれ、「頭の中に」あることだけを書くようにと言った。これは、意味は精神の状態として適切に表現できるというおなじみの偏見を反映した要求だ。しかし、学生が書くだろうと教授が思っているもの――「家族」、「友人」、「愛犬」のように、活動の観点からすると確かに有意義だが、来ては去る物質の観点からすると誤解されやすいもの――ではなく、学生が、好きな詩の一節や、一つの問い、単純に「哲学」という言葉、さらには「吟味されざる生に生きる価値なし」というソクラテスの格言を書いていたらどうだろうか？　こうしたものと時間との関係については、本章の残りの部分で、解釈と自己理解の問題の一時性を検討しつつ引き続き考えていく。だが、これまで考察してきたことから、こうしたものが、目標、完成品、存続したり消え去ったりする世界の状況とはまったく異なる意味で時間と関係しているのは明らかだ。われわれが軽率かつ無思慮に、目標志向の努力を意味と同一視してしまうのは、継続する人生の旅と、その旅はつかの間のものだという感覚を曖昧にする世界観に、自分がいかに浸かっているかを物語っている。

死を、いまではなく後で（願わくばずっと後で）われわれに降りかかる出来事として捉える考え方は、死の神秘も、これから探求するような人生の無限性も正当に評価していない。というのも、いずれ到来する最後――肉体の終焉、意識の消滅――を想像するおなじみの方法を検討すると、このような死は活動的で解釈的な人生の力を包含できないことがわかるからだ。こうした人生の力は、それが絶え間なく示す姿勢や表明する理解において、世界「の中に」存在する個人の肉体的な存在や、事物を知覚して報告するためにいまここにいるが、いつかは消え去ってしまう主観的意識の存在以上のものだ。肉体の消滅を生き延びるだけでなく、こうした終焉に直面しつつ、それ自体を新たに肯定するかもしれない「それ以上の何か」を考察するため、自己に近づく方法として意識は不十分なものであることを検討することから始めよう。

演じられた人生の旅の副産物としての意識

死が主として意識の消滅であると見なされるのであれば、生を定義するのは意識に違いない。だが、意識について調べれば調べるほど、それは生の一つの可能性にすぎないこと、それも往々にして皮相な可能性にすぎないことがわかってくる。

まず、次の点に注目してみよう。われわれが真剣に生きていればいるほど、つまり、自分が何者であるかを物語る活動に徹底的かつ情熱的に取り組んでいればいるほど、自分自身を自分の行動と切り離された存在として意識することはなくなる。何かを意識していることに気付くとしても、その意識の内容は、はっきり考えずにわれわれが行なっている事柄に内在する自己理解と比較すると、些細なものである場合が多い。ピッチャーが投球に入ろうとするとき、センターで守備位置を微妙に変える野球選手について考えてみるといい。彼の意識がぼんやりと注意を向けている先は、流行歌の馬鹿馬鹿しい歌詞かもしれないし、ランチに食べたものかもしれない。だが、彼の微妙な動きは、意識的な注意が向けられる領域のずっと下で、どうプレーするかという実際的で具体的な知識を物語っている。この知識は、世界（野球の試合）の一側面に関する知識――それは同時に一種の自己認識でもある――であるばかりか、野球選手としてのみならず、野球がその中に位置を占める生き方すなわち「旅」に携わる者として、試合に精通しているということでもある。

あるいは、テニス界の巨人ラファエル・ナダルについて考えてみよう。彼はメジャー大会の決勝で大敗を喫したあとでも、コートを去る際にファンにサインする時間をとる。熱烈なファンがいそいそと差し出す大きな黄色いボールにサインを殴り書きしつつも、ナダルが心ここにあらずであることは容易に想像がつくだろう。もしかしたら、痛恨の敗戦を思い返しているのかもしれないし、メディアが押し寄せる前にロッカールームで静かに一息入れるのを心待ちにしているだけかもしれない。だが、こうした状況下での彼の行動は、その意識的な注意の埒外《らちがい》にあるとしても、彼自身の美徳と良識を物語っていることは間違いない。そして、それらの美徳と行動がナダル自身のものであるおかげで、その場に居合わせたすべての人が、それらを等しく理解し、解釈し、自分自身の人生に活かすことができるのだ。

われわれは、野球の試合であれ、道徳的に行動していることの意味であれ、何かに対して明確かつ集中して注意を向けることを、それに取り組む最高にして最も思慮深い方法であり、理性の真髄とすら見なす習慣がある。だが、事態はそれとは正反対だと考えるべきだ。われわれは何よりもまず、物事について熟考するのではなく、それに対処し、関わることによって物事を理解する。そして、われわれが没頭している物事に関する熟考、つまり、それらに対する自覚的な意識が、それらの重要性を正当に評価しはじめることはめったにない。

もちろん、われわれは、自分という人間にとって不可欠でありながら、通常は明確な注意の及ばない生き方の特徴に意識を向けることはできる。意識を矮小化し、頭から離れない馬鹿げた流行歌のようなものと考えるのは、明確な意識や内省がときとしてより大きな自己統御につながることを考えれば、公正とは言いがたい。物事について明確かつ丹念に考え抜くことは、われわれは何をしているのか、われわれは何者であるのかについて、洞察に富み、やる気を引き出し、解放感に満ちた説明に結びつくかもしれない。われわれがそうした意識的な内省を迫られるのは、別の行動もとれたのにある特定の行動をとったのはなぜかと尋ねられる場合や、考えなしにとった行動について褒められたり批判されたりする場合だ。しかし、自らの行動を言葉にして表現することで、われわれはその場にいる誰もがその行動を解釈し、発展させられるように、その行動を提示する。言い換えれば、自らの行動を説明することで、われわれは心の中をすべての人に初めてさらけ出しているわけではない。われわれは、すでに明示されている人生に関し、多様な角度から解釈できるある視点を提供しているのだ。したがって、意識というものは、それがどれほど啓発的であろうと、常に解釈の途上にある演じられた人生の意味の副産物なのである。

ニーチェは、行動、物語、解釈が人生を定義するあり方に焦点を当て、印象的な比較を提示している。すなわち、自分自身の意義に関するわれわれの意識は、戦闘の様子を描いた油絵の中の兵士の意識と何ら変わらないというのだ。[2] 油絵に描かれた兵士が、自分自身についても自分が何をしているのかについても、自覚的な意識を持っていないことははっきりしている。それにもかかわらず、油絵に描かれた彼らの行動は、それを見ようとする者が解釈すべき意味を具現している。意識ではなく活動と物語が人間を定義すると、ニーチェは示唆しているのだ。

より正確に言えば、意識はそれ自体が活動の一形態——自分が意識しているものと関わること——であり、人を魅了して思考を刺激する想念であり、人に立ちはだかり、熟慮へと誘うジレンマである。だが、これは、意識とは真の「自分自身」であり、「私のものであってあなたのものではない」という意味では決してない。いわゆる他者が、私を突き動かしている想念やジレンマとの関連で定義される以上、意識とはつねに共有された意識なのだ。自分自身と自分の世界を少しでも意識するや否や、われわれは自分が、単に「自分自身のもの」である主観的表現に限定されない意味の解釈者であることに気付く。

痛みのように、まったく主観的なある種の意識において、経験の共有は限界に達するという者もいる。私が爪先をぶつけたときの痛みは、私以外の誰にもわからない。だが、痛みを私の爪先、あるいは心の中に位置づけるこうした語り方は、私が何を感じ、それにどう反応するかを決定するための共有された行動の重要性を見落としている。痛み、あるいは何らかの感覚に関する主観主義的な概念は、痛みとは、明確に表現され、対処され、行動を促す刺激ではなく、受動的に経験される厳然たる知覚だと仮定している。それは、われわれが痛みに関係する何らかの活動との関わりで暗黙のうちに痛みを理解するまでは、実は痛みを痛みとして感じないという事態を説明できない。たとえば、厳しいワンマイル・レースのさなかに感じるとされる痛み、つまり、肺のヒリヒリ感や極度の疲労による足のだるさなどは、不快感に負けず頑張りつづけるための刺激かもしれないし、もしかしたら、ラストスパートに向けてエネルギーを温存しておくために、ちょっとスピードを落とせというシグナルなのかもしれない。こうした意味での痛みは、予想され乗り越えられるべき抵抗の一形態だ。それは、ケガを知らせる突然のアンバランスな痛みとは、強度だけでなく質が異なっている。多くの場合、ケガの痛みは運動後の健全な疲れほど強くはないかもしれないが、前者はやる気を奮い立たせるというより活力を削ぐものだ。ケガの痛みは、回復してダメージを避けるために人を立ち止まらせる。このように、痛みとはそれが生じる状況によって決定されるのである。

だがこれは、痛みは私的でも主観的でもないということ、つまり、痛みを経験する私だけが感じられるものではないことを意味する。というのも、痛みという状況は共有された理解を伴うからだ。こうした状況を誤解して、自分の痛みを誤って解釈してしまうことは十分にあり得る。これはスポーツ初心者に起こりがちだ。こうした人びとは、極限まで運動した際の健全な疲労の感覚を悪い痛みと勘違いして、前に進むべきときに引き返してしまったり、ケガによる痛みを「大したことはない」と一蹴して、休まなければならないときに突っ走ってしまったりする。アスリートが痛みを的確に認識できるようになるのは、コーチが状況にふさわしい痛みの感覚の解釈を示してようやくのことなのだ。痛みの根源は共有された活動にある。

意識は共有された活動に根ざしており、自律的な現象ではないということは、生と死をどう捉えるかに甚大な影響を与える。人生が、個別の主体や意識の中枢が経験（喜び、痛み、勝利、敗北など）を経る時間の連なりにすぎないのであれば、死とは生が終わりを告げる瞬間だと考えるのも理にかなっているかもしれない。ただ存在しているだけの状態、つまり、物事を受け入れ「経験」を積む意識の存在が、突然中断されたり打ち切られたりするという事態を想像することは可能だ。だが、人生が一貫性を求める努力によって定義されるのであれば、死がそうした終着点であるはずはない。物語というものは、紙に書かれたものであれ、何らかの存在によって演じられたものであれ、独自の完全性と力を持っているからだ。主人公が直接地上に現われていようがいまいが、物語の意味を意識していようがいまいが、その点に変わりはない。

死が肉体の終焉、あるいは意識の消滅を意味すると見なすなら、物語はそれが書かれた紙が破棄されることで終わりを迎えるように、人生は死によって終わると考えねばならない。両者とも、物語に関わるあらゆる人に、ひらめきや洞察を与え続ける――現存者などと言われる人には直接的に、生きている当人には会ったことがなくても、その人物の先例に心を動かされた熱心な解釈者の場合は暗黙のうちに。

ある物語と結びついた特定の名前を覚えている者という意味での明らかな現存者がいなくても（数世代を経たあとでは避けがたい状況だろう）、物語そのもの、つまり人間存在の意味についてて人がとる姿勢は、原則的にはつねに、それぞれの時代にそれぞれのやり方で同じような姿勢をとる人びとの行動に再現される。プラトンがソクラテスの物語を書いておらず、ソクラテスが哲学の追究に際して示した美徳の正確な状況をわれわれが直接知ることがなかったとしても、ソクラテスの人生、つまり彼の生を定義する活動は、映画『ライフ・イズ・ビューティフル』の主人公が示した陽気さと献身の結合の中に表現されたことだろう。あるいは、ソクラテスという名の人物をはっきりとは知らなくても、自分の生き方においてソクラテス的な何かを示す人びとの人生においても同じことが言える。美徳と自己の完全性を志向する人生を送ることは、意識の境界を超え、具体的な存在の往来を超越したプロジェクトに参加することなのだ。

ソクラテスや『ライフ・イズ・ビューティフル』の主人公が示すように、肉体の消滅という意味での死は、物語と見なされる人生にとって不可欠でさえある。死が自分の信念を表現するものであるとき、また、死が自己統御された人生の豊かさを象徴するものであるとき、それは断絶の瞬間というよりも成就の瞬間だ。「死ぬこと」を意味するギリシャ語の「teleutein」は、成就という意味をいまも維持している。それは「自分のテロス（目的）に達すること」を意味するからだ。ソクラテスとは何者かを明確にし、彼を手本として生きようとすれば、彼が哲学のために死と向かいあった事実を無視するわけにはいかない。彼の裁判と処刑はその物語にとって不可欠なのだ。

すべての死がこれほど胸に響き、かつ個人的な意味を持つわけではない。ソクラテスの死ですら、プラトンによってかなり様式化されていてもおかしくはない。だが、英雄的な死ではなく、ありふれた、あるいは不慮の死の多くの例は、ある人が何者かということが地上における彼らの肉体的存在を超越していることを思い出させてくれる。われわれが言うように誰かが「旅立ち」、「その人」と呼ばれていた肉体にもはや直接現われることがなくなるやいなや、われわれは次の点に気付く。彼の存在に関して恋しく思われるのは、単に物理的な近さだけでなく、われわれを前にして行なわれることのなくなった特徴的なしぐさ、つまり、チャーミングなウインクや笑顔、独特な歩き方、心地よい声の調子なのだ、と。だが、これらのしぐさは解釈されるべき意味を具現している。われわれは、その意味を理解して初めてその価値を認め、しばしば目を閉じさえする。人のしぐさは肉体を通じて現われるとはいえ、肉体だけで伝えられる以上のものを伝えているのだ。

ある人の死後、その特徴的なしぐさや表情に言及して褒めたたえるずっと前から、われわれはある意味で、その人が生きているうちからそうしている。物語を語る途中でそのしぐさを誰かに説明する際に、あるいは、単に感謝を込めて自分自身でそのしぐさを理解しようとする際に、ある人のしぐさを語り、詳述し、解釈するとき、われわれは、特定の時と場所におけるそのしぐさの現われによっては語り尽くせない生き方を明確に表現しているのである。

寿命延長ブームの何がいけないのか

活動的な自己は、それぞれの瞬間に人に現われているものを超越するという感覚は、物理的、生物学的な意味での寿命を延ばそうとする執着心からわれわれを解放するはずだ。というのも、人が生きているあいだに表明する意味や意識は、時間の長短とは関係ないからだ。人間は永遠ともいえる長い人生を生きながらも、絶えず自己分裂に悩まされることがある。人生の一瞬一瞬は目新しさや偶然にすぎず、次の瞬間には押し流されてしまう。こうした人生には、流れ去るものを補塡するために、つねにさらなる時間が必要だ。これとは対照的に、短いながらも、あらゆる瞬間にやってくるものを統合し、人生全体が新たに共鳴する点としてしっかりと保持する人生を送ることもできる。こうした人生は、つねに終わりであると同時に始まりでもあるため、それ以上の時間を必要としない。

長い人生と首尾一貫した人生のあいだに矛盾するところはない。だが、長さにこだわると一貫性が犠牲になるおそれがある。というのも、無難なだけの人生か、それとも自ら肯定できる人生か、片隅で安全にうずくまっているか、それとも自分の意見をはっきり表明するかの選択を迫られる状況はつねに存在するからだ。

われわれが、物語の一貫性を犠牲にしてまで、これほど容易に生存に身を委ねるのはなぜだろうか。この問いは、ホッブズの影響と、彼が単なる生存を自然かつ道徳的な本能であるとして賛美したことにさかのぼるかもしれない。ホッブズの見解は、図らずも、スティーヴン・ピンカーをはじめとする現代の思想家に受け入れられている。彼らによれば、道徳的対立が蔓延する世界において、われわれ全員が合意できる唯一の「客観的」価値は生存という善だという。ソクラテスのように模範となる人物は、こうした一見明らかに思える道徳的主張が自明とはほど遠いものであることを思い出させてくれる。ある若い雄弁家から、法廷で潜在的な告訴人がもたらす危害から身を守るため、哲学を諦めて修辞学を追究するよう迫られたとき、ソクラテスはこう答えている。「一定の長さの時間を生きることに関して言えば、それが、真の人間が魂を捧げるべきものでないことは間違いない……そのような問題は神に委ね……自分に与えられた時間をどう生きるのが最善かを考えるべきだ」[3]。ソクラテスは続けて、雄弁家たちのように市当局に迎合することによって、魂を売るつもりはないと説明している。

ホッブズやその現代の信奉者とは著しく対照的に、ニーチェは長生きしようとする努力に対する古代の批判を復活させる。現代の直感とは反対に、ニーチェは早すぎる死を迎える者は少なく、「長生きしすぎる者が多い」と主張する[4]。彼は、直感に反するこの主張を、代表作『ツァラトゥストラはこう言った』の主人公ツァラトゥストラの口を借りて詳しく説明している（プラトン同様、ニーチェは自らの思想の大半を、様式化された哲学的英雄の冒険と教えを通じて伝えている）。ツァラトゥストラは、人間は長生きを目指す代わりに、適切な時期に死ぬべきだと教える。「目標と継承者を持つ者は、目標と継承者のためにも、適切な時期に死にたいと望むことだろう。目標と継承者を尊重しているため、人生という聖域に枯れた花輪を飾ることはもはやないはずだ」[5]

一見すると、ツァラトゥストラが目標のための死を語ってるのは、われわれが異を唱えてきた目標志向の視点をまさに示唆しているように思われる。しかし、ツァラトゥストラは、目標の意義は目標そのものにあるのではなく、目標がきっかけとなる旅にあることを明確にしている。「人間の偉大なところは、目的ではなく懸け橋だということだ」と、彼は語っている。[6] ツァラトゥストラが「適切な時期」という言い方をするときに意味しているのは、意図した結果――それが局所的なものであれ大規模なものであれ、善であれ悪であれ――に達するまでに必要な時間を超えた何かである。「人の目標と継承者」を明確にするために彼が喚起するイメージは、われわれを目標志向の枠組みから解放する。そして、死は意図した結果の到来を早める手段にすぎないという考え方を否定し、代わりに、友人とのパートナーシップを通じて継続する活動を指し示す。「まことに、ツァラトゥストラには目標があった。彼はボールを投げた。すなわち、いまや友人である諸君が私の目標の継承者だ、と。諸君に向けて、私は黄金のボールを投げる。何よりも、私は友人である諸君が黄金のボールを投げているところを見たい。だから、私はもうしばらく地上にとどまろう。そうすることを許してほしい」[7]

黄金のボールは、ツァラトゥストラの人生を活気づける天職を意味する。だが、ボールは、投げられて初めて本来の役割を果たす。目標の意味を構成するのは、標的ではなく、投げるという活動だとツァラトゥストラは説く。ツァラトゥストラは、黄金のボールの目的地を特定しないままにする。投げることの意義は、何らかの最終的な目的地に到達することではなく、友人のあいだでボールを投げつづけるゲームを始めることなのだ。

一人のスポーツ・ファンとしてこのくだりを読めば、バスケットボールの試合で最後の数分間に次々と繰り出される巧みなパスを想像せずにはいられない。パスの目標はシュートにつなげることだと考えられるかもしれないが、ツァラトゥストラの教えは、われわれの注意をパスという行為そのものに向け、プレーの機敏さ、調和、活気には、いかなる結果をも超越する何かが内在することを示唆する。

こうしたパス回しで思い出すのがソクラテスだ。彼の「目標」は対話という継続的な活動だった。彼は、自らの人生を定義する使命が友人たちのあいだでますます力強く続くようにと、地上での自分の存在を喜んで放棄した。ニーチェのメッセージはこうだ。自分の「目標と継承者」を敬うということは、自分が支持するプロジェクトや責務に奉仕する人生を生きることである。肝心なのは、それらの追求を大いに楽しむことであり、他者のあいだでそれらが永続するよう鼓舞することだ。あなたがそれらに従い、没頭しているかぎり、死やその時期に関して明確に考えたことがあるか否かにかかわらず、適切な時期に死ぬことになる。「継承者」のことを心から気にかけている人物にとって、いつ死ぬべきかという問題は、何が利益かについて最初から周到に考えて計画を立てるようなたぐいのものではない。いつ死ぬべきかという問題は、継承者を育て、その生命と成長を確実にする活動そのものによって決まる。たとえば、『ライフ・イズ・ビューティフル』の主人公は、「妻子を守るために死のう」などと、前もって考えていたわけではない。息子を守るという、彼にとってはただ自分自身であるための行動によって、彼は命を落とした。だが、この死は彼の人生の終わりなどではなかった。映画の最後の台詞で、冒頭に少しだけ登場した語り手が、自分は主人公の成長した息子だと明かす。「これは私の物語だ。これは父が払った犠牲だ。これは父から私への贈り物だったのだ」と。

黄金のボールを投げるというニーチェの比喩的表現は、粘り強い献身と気ままな遊びを統合するものだ。ここで言う遊びとは、子供がかくれんぼをしているときのように、それ自体のほかには何の目的もない活動を意味する。まさにかくれんぼ（hide-and-seek）という呼称が、探すという行動が第一であり、見つけるのは再び遊ぶためのきっかけにすぎないことを物語っている。ニーチェがわれわれに対して切に求めているのは、遊びを真剣に受け止め、チェックリスト、締め切り、さらにはよりよい未来の世界のイメージといった自らに課した重荷を下ろし、あらゆる瞬間における人生の充実と可能性に向かうことだ。彼の視点からすれば、キャリアアップ、政治改革、税務監査といった重大事と対比して、スポーツイベントや友人との競争でよく使われる「たかがゲームじゃないか」という表現は、見当違いもはなはだしい。打ち込み、没頭し、楽しみ、それ自体だけを欲するという遊びの精神は、あらゆる「真剣な努力」を追求すべきだという姿勢の基準となるからだ。それは、落胆や敗北に直面した際、われわれが回復しようとしなければならないものの理想なのだ。

人生そのもの以外は何も追求しない人生を生きることとは、時間とともに人生そのものを消費する生き方とは異なる次元に存在するということだ。自分がやっていることに完全に没頭し、それを楽しみ、自己と一体化することは、「適切な時期に死ぬ」べく、自己の準備がすでに整っているということだ。というのも、死がいつ訪れようとも、それは、ある人がどんな人間かを確認する以外には何もできないからだ。

ツァラトゥストラのボールの黄金であるという特徴は、彼が「自由な死」の演説の最後で言及する太陽を想起させる。「［死にゆくときでも］魂と美徳は、地上を包み込む夕日のように依然として光り輝いていなければならない……したがって私は、友人である諸君が私のために大地をいっそう愛してくれるように死んでいきたい」[8]。われわれが夕暮れ時の大地をいっそう愛するようになるのは、影が長くなり、地平線が色鮮やかに染まるからだ。ニーチェによれば、死の間際の魂の輝きは、われわれが忘れてしまいがちな状態で発せられるかもしれないという。つまり、その魂が、いわば真昼に一人の人物の中に姿を現わす場合である。こうした人物は他人のあいだで生きて活動しているため、われわれは、その光り輝く存在の価値をきちんと評価できなくなっているのだ。死者の友人にとって、また、約束し希望を抱くすべての者にとって、死はインスピレーションと継続の瞬間かもしれないと、ニーチェは暗示している。ニーチェが言わんとしているのは、英雄的な死を目指すべきだということではなく、肉体の消滅が予期されるからといって、自らの人生に活力を与える遊び好きな精神を歪めてはならないということだ。

獄中で刑の執行を待っているときでさえ、ソクラテスは友人と会話し、大真面目な顔で冗談を言い、一日おきの日課である哲学研究に勤《いそ》しんだ。友人のクリトンが独房に入ってきて、デロス島から船が到着した」と、おそらくは最悪と思われる知らせを伝えた。その意味するところは、アポロン神の祭りが終わり、ソクラテスは日没時に処刑されるということだ。するとソクラテスは、いかにも彼らしく、謎めいていて、興味をそそり、それでいて感動的な反論で応える。彼はクリトンに、いましがた夢から覚めたばかりなのだが、その夢の中で白い服を着た美しい女性が自分の許にやって来て、こう語ったのだと言う。「ソクラテスよ、そなたは三日目にプティアの地に到着するだろう」[9]。プティアの地はアキレウスの故郷であり、プティアに到着するというのは死後の世界に行くことを暗示している。謎めいた女性の言葉を根拠に、ソクラテスは、船が入港するのを見た伝令から直接聞いたというクリトンの知らせを一笑に付す。明らかに打つ手なしで災いが差し迫っているときでさえ、ソクラテスは、機転を利かせた語り口でやんわりと、自分は人間の伝令よりも高位にある権威に従うのだとほのめかす。クリトンの知らせがアテナイの因習を象徴しているとすれば、白い服の女性は哲学を象徴していると考えていいだろう。

黄金のボールを投げるという活動によって構成される人生は、肉体の終焉や意識の消滅によって突然終了することはない。投げるという活動が友人のあいだで継続するからだ。ツァラトゥストラが語る友人とは「希望を抱き、約束する者」であり、彼の死を看取る人びとや、彼を直接知っている人びとだけでなく、未来の友人も含まれる。彼らはみな、自分なりの方法で、ツァラトゥストラのプロジェクトに――そのプロジェクトがツァラトゥストラという人物のものだと知っているか否かにかかわらず――に乗り出すのだ。

われわれとソクラテス、あるいはわれわれがインスピレーションを受ける過去の人物との関係が、ニーチェの言わんとするところをよく表わしている。ソクラテスの中に生き方の模範を見いだし、彼にならって吟味された人生を実現しようと試みるとき、われわれは彼の「投球」を受け取り、自分自身の活動において黄金のボールをパスしているのである。

「主体」としての自己と「対象」としての世界を批判する——生と死への影響

われわれは、自分たちを通じて生きているソクラテスのことを、比喩的なソクラテスでしかないと思いがちだ。その人物はわれわれの手で歪められ、もはや自分の意見を述べることも、われわれが彼の中に読みとる解釈に疑問を投げかけることもできない。ソクラテスに指導を仰ごうとするとき、われわれは次のように考える傾向がある。果たしてわれわれは、ソクラテスならそうするであろうように行動しているだろうか、それとも、一連の行動を正当化するために彼を利用しているだけであり、彼が実際に「ここ」にいて面と向かってわれわれと話をしていたら、われわれの行動を拒絶していただろうか、と。しかし、このような懐疑的な態度は、木彫りのソクラテスを想定するという誤りを犯している。つまり、彼のアイデンティティは、紀元前三九九年（彼が処刑された年）にしっかりと固定されて彫刻されたものであり、まったく自己完結的で完全な形をした個人であると限定されている。そして、この人物の主観的な意見や気質について、われわれは後知恵で推測することしかできないというのだ。しかし、「本物の」ソクラテスと、われわれが解釈しているソクラテスのあいだのこうした区別には、ソクラテス本人なら拒絶したであろう現代的な自己理解のバイアスがかかっている。

ソクラテスは自らを、私的な思考と感情を持つ孤立した個人ではなく、他者との対話によって自己のアイデンティティを表現し定義する活動的な哲学的冒険者であると考えていた。彼は、考え抜く気がある人なら誰もがアクセスできる思想を絶えず志向して生きていた。古代のアテナイで暮らしていた当時、ソクラテスは、他人に問いを投げかけ、彼らとのパートナーシップを通じて展開した思想の内的論理に従うことで、自分が何者であるかを明らかにした。

ソクラテスがその言動で示した活動的で対話的な自己の概念は、主体と客体の区別が支配的な現代においてはすぐに曖昧になってしまう。この区別によれば、自己とは何よりもまず、意識の私的領域であるという。そして、この意識の私的領域は、物事の実際の姿とは必ずしも一致しない主観的表象（知覚や観念）を通じてのみ「外界」にアクセスできる。世界との共同体を確立するには、われわれの主観的表象と現実を一致させ、それによって「客観性」を獲得する、すなわち客体を正しく認識する必要がある。われわれは、物事は見かけ通りではないかもしれないという状況を、「主観的な妄想」、すなわち幻覚の可能性があり、それは「世界の中に実在する」ものではないという観点から解釈するかもしれないが、いずれにしても、こうした主体 - 客体の区別を暗示している。こうした自己の主体 - 客体概念は、『マトリックス』、『トゥルーマン・ショー』、『インセプション』といった人気映画のドラマティックな空想的発想の根底にあるものだ。これらの映画はいずれも、われわれが現実だと思っているものに関する意識がまったくの間違いである可能性、あるいは、自分は目覚めていると思っているときに夢を見ているのかもしれないという可能性を想定している。その意味するところは、妄想を克服するという長く内省的なプロセスを経てようやく、われわれは現実と関係を結べるかもしれないということだ。

このような自己理解は、物事に向き合い、それを気遣い、その激励に応え、生き方に関する教訓をそこから引き出すという姿勢で、熱心かつ積極的に物事に関わることと決別して初めて可能となる。自己発見の旅として人生に取り組む冒険者にとって、現実世界から乖離した「見せかけの世界」などというものは存在しない。物事の見かけは、自己認識の探究において認識され解釈されるものとして提示されるのであり、したがって物事そのものに帰属するからだ。風に任せて曲がる木は抵抗と自己統御の模範である。空高く舞う鳥の群れは自由の証しである。こうした観点からすれば、木や鳥の群れは実在か錯覚かという問いは、無意味にして的外れだ。こうした問いが生じる余地すらない。同様に的外れなのは、ある人が目覚めているのか眠っているのかという問いだ。というのも、洞察やひらめきの源泉は、夢の中で発見されようが「現実の」人生で発見されようが同じことだからだ。ニーチェはこう語っている。「夢で経験することは、頻繁に経験するのであれば、最終的には『本当に』経験するものと同じくらい、われわれの魂の共同的家庭の一部といえる。そのおかげで、われわれは豊かにも貧しくもなるし、必要なものが一つ増えたり減ったりもするし、最終的には、明るい日の光の中で、さらには目覚めている魂の最も幸福な瞬間においてさえ、夢の習慣によってあれこれ指図されることも少なくないのだ[10]」

主体と客体の観点からすると幻影と見なされがちな現象ですら、自己認識の探究という観点からすれば、それ自体でれっきとした物事である。うだるように暑い昼下がりに車を運転していると、道の真ん中に水たまりのようなものが見えたため、近寄って確認してみると目の錯覚で、自分が見たと思ったものは路面から立ち昇る熱気によって発生した（と科学が教える）蜃気楼（日本では「逃げ水」と呼ばれる）だったという経験を考えてみよう。われわれは、不完全で主観的な性質（遠くから、あるいは誤った角度からの認識、視力の悪さ、色覚障害や幻覚症状といった疾患など）によって不明瞭になる可能性のある物事を対象（客体）と見なすよう教わっているので、いわゆる非実在だと確認したのちも、最初に目に入る際の物事の意味や感覚を考えられない。そもそも、水はある特定の意味を帯びているからこそ、潜在的にであれ道路に現われる可能性があるのだという事実を、適切に考慮することができない。このケースにおける意味とは、道路が濡れていれば、そこを走ることは少なくともブレーキを強く踏むと危険だという事実と関連づけて説明できるかもしれない。まず水を目にして、次に水は存在しないと気付く経験は、懸念を抱いている運転手にとっては、幻影が払いのけられたということではなく、道路にうまく順応する——まずは慎重に走り、それから前進する——ための経験なのだ。幻影はいわば、状況の総合的理解——それは運転の仕方に表現される——に帰属しており、その点では「現実」の事態と何ら変わるところはない。あるいは、より詩的な観点からすると、この経験は幻影とは何の関係もなく、まさに文字どおり、その人の目の前で水が後退して蒸発してしまったという経験であり、（比喩的に言えば）「砂漠をてくてく歩く」人の打ち砕かれた希望を表現するものだ。世界は、主観的なバイアスからの解放という意味で、「客観的に」知ることができる物事の領域を提示しているという考え方は、旅としての人生を特徴づける、自己と世界との事前の関係や切っても切れないつながりを見逃している。

主体 - 客体という近代的世界観の第一人者であるルネ・デカルトは、われわれが見たり触れたりするものはすべて、われわれ自身の精神の幻影で、悪霊によってわれわれに植えつけられたものであり、何一つ現実ではないかもしれないと提唱したことで有名だ。ところが、その彼でさえ、自らの主体概念において「ソクラテス的な」何かを指し示していた。デカルトにとって、思考という活動——彼によれば、そのパラダイムは幾何学的関係の熟考であるという——は、単なる主観を超えた、他者との特定の共同体と呼ぶべきものにおいて定義される自己を暗示している。同じ幾何学的関係（たとえば、所与の正方形の二倍の面積を持つ正方形をつくるのに必要な辺の長さ）について考察し、自らの理性の必然によって同じ結論（求める直線は所与の正方形の対角線である）に到達するとき、われわれは、（デカルトの説によれば）われわれ一人ひとりが属する特異な主観的領域に特有のものではなく、われわれ全員に共通の真理に自らを関連づけている。同じことを考えているとき、われわれはお互いに一つの共同体に属している。この共同体は、幾何学的な洞察と関わる瞬間に、われわれ全員が持っている考えによって定義される。こうした考えは、われわれが有するいかなる主観的な視点をも超越して、それ自体の構造と統一性を持つ何かとわれわれとを結びつける。それは、肉体的世界や心理的領域の物事とは異なり、時が経っても衰退することはない。

ソクラテス自身もよく幾何学の例を持ち出し、われわれ一人ひとりの魂に共通しており、目に見え手で触れられる領域を超越した物事の秩序にわれわれを結びつけるものを説明した。しかし、ソクラテスの見解がデカルトの立場と異なるのは、われわれ全員に共通するものについて、はるかに広範な概念を持っていることだ。というのも、ソクラテスによれば、道徳的な概念や関係（現在だと「価値観」ということになろうか）についての熟考も、単に主観的なものや慣習的なものには還元できないからだ。たとえば、「正義とは各人を公平に扱うことだ」という言明は、「二足す二は四」という言明に劣らず確実なものに思えると、ソクラテスはわれわれに注意を促す。われわれは、正義の正確な意味について意見を異にするせいで、「主観的意見」が対立しているように見えるかもしれないが、ソクラテスによれば、われわれの意見の不一致は同じ物事の異なる側面を見ているために生じるという。言い換えれば、われわれの意見の不一致は、つねに共通の基盤を持っていることになる。たとえば、正義とは一つの美徳である、正義は不正とは区別されるべきである、正義は物事の適切な分配を伴う、などといったことだ。異なる考え方をめぐって議論が白熱すると、あらゆる相違を可能にする圧倒的な一致を見失ってしまう。「力は正義だ」とか、正義とは「借りを返すことだ」といった、単なる主観と見なされがちな正邪をめぐる論争的な見解は、実のところ、対話を通じて展開し、明確にすべき解釈の問題なのだ。そして、友人との、もしくは自分自身の内面における対話に取り組むことによって、われわれは自分の意識の境界と肉体的存在の制約を超越する活動に参加するのである。

ソクラテスは、理解の共同体とでも呼ぶべきものを道徳的領域にまで拡大したことの裏返しとして、数学において論争となる真理の種類について批判的な評価を下した。現代においてわれわれは、数学とは抽象的実体（数、線、図形）のあいだの形式的な関係を扱い、いつでもどこでも同じ真理に到達するものと思いがちだが、ソクラテスによれば、数学はわれわれが想像するよりもはるかに具体的であり、自由な解釈が可能だという。彼は対話相手に、不変にして自明とされる数学の真理は、よくよく検討してみると、倫理的な問題と同じように疑問の余地があることを示す。ソクラテスは、たとえば「一足す一は二」のような最も基本的な算数の等式でさえ、深遠な問いを隠していると指摘するのを常としていた。こうした問いを真剣に追求すれば、善の概念を明確にする方向に導かれることとさえある。[11]たとえば、「一足す一は二」という言明において、われわれが明晰かつ判明に認識しているとされる「二」は、本当に二つの異なる構成単位を一緒にしたことから生じているのだろうか。「二」は本当に、こちらの一とあちらの一に還元可能で、だから二なのだろうか。二は構成単位の数なのだろうか。それとも、「二」は、独自の単一体としてそれ自体の特別な完全性を有し、「一足す一」には還元できない項なのだろうか。というのも、「二」は「最初の偶数」にして「最初の素数」と解されるからだ。だが、偶数性と素数性は、数字の二をつくりあげるどちらの構成単位にも帰することはできない。われわれが「二」という数の偶数性と素数性を把握するのは、「二」が一連の数のなかに存在するものと理解してこそだ。一連の数は、無数の独創的な方法でグループ分けできるからである。こうして、「二」そのものは、構成単位の総計に還元できない全体として見なすことができるし、一連の数というより大きな全体の一部だと考えることもできる。だが、こうした数の連続は、終わりがない全体であるという神秘的な性質を有している。終わりがないというのは、数学者の解釈の創造性に応じてのことだ。「一足す一は二」かどうかは、最初に思われるよりもはるかに疑わしい。それが完全に明らかなことに思えるのは、われわれがほかの可能性を排除して、「二」の意味をすでに決めてしまっているからにすぎない。つまり、こちらの「一」とあちらの「一」という構成単位が、一つの数として無造作にまとめられているのだ。もしわれわれが、「二」の意味に関してもっと視野を広げ、ほかの一連の数と並ぶと偶数かつ素数であるという点を考えれば、最終的には「一と多」のような問題に導かれる。こうした問題は、数学が一つの研究分野として尊重される生活様式の幅広い視野の中でのみ、適切に扱われる。（善に関するある種の生きた理解によって）有限であると同時に展開の仕方によっては無限にもなる、相互に結びつけられた関係の全体という概念を把握して初めて、われわれは「さまざまな方法で区切られながらも範囲は無限である連続」という意識に到達する。こうして、数学的なものと道徳的なものは、対話を通じて明確にされるべき解釈の問題として合流する。それらはそういうものとして、主観的な意識を超越し、いつでもどこでも考え抜かれるべき問題として自らを提示するのだ。

対話を通じてこれらの問題を解明しようとするとき、われわれは同時に自己理解を深めもする。自己は、自らが努力して得ようとする美徳と切り離せないからだ。ソクラテスによれば、人生のあらゆる瞬間において、人のアイデンティティは主観的な意識の固定された境界ではなく、問いの開放性と閉鎖性、共有された活動への志向、自己主張の強さによって定義されるという。

ソクラテスが書物を著わさなかったのはこのためだった。彼は、自分の考えを文書にすれば、ある種の決着と権威を与えることになり、そのせいで、議論へと誘《いざな》う思想の意義が損なわれてしまうと考えていた[12]。ソクラテスによれば、思想や意見を表明する狙いは、自らのアイデンティティの一側面を提示して、類いまれな主体の見解に関するデータとして記録・保存してもらうことではなかった。また、他者が取り上げて彼らの知識の倉庫に保存できる真理を主張することでもなかった。疑問、論争、新たに見つけた共通基盤の可能性に対し、自己を開放することだったのだ。

ソクラテスによれば、生きるとはアイデンティティを確立することだけでなく、問いの形で自分自身の存在と向き合うことだ。あるいは、アイデンティティを確立するという意味は、さまざまな見解、意見、習慣、言葉遣いから自己像を構築するだけでなく、試されるべき人格を育むことでもある。

プラトンは、書き言葉の欠点と、それが必然的に生み出す無表情な自己像の解決策として、対話を書くことにした。思想を他人の言葉で表現し、対話を通じて明るみに出すことによって、特定の見解が簡単に自分に帰せられてしまうことを防いだのだ。われわれが「プラトンがああ言った、こう考えた」というとき、実際に意味しているのは「プラトンが描くソクラテスと対話相手との対話から、われわれはプラトンがあれやこれやの意見に共感していたに違いないと推測できる」ということだ。われわれがそうした推測をできるのは、自らも対話に参加し、ソクラテスが提起する問いについて考え、正義、美徳、善き生に関する自分なりの最善の理解に至るという前提があってこそだ。プラトンは、われわれが自分自身を見つめ、彼をわれわれ自身のものとするかぎりにおいて、われわれが彼自身に近づくことを許すのである。プラトンは自らの著作を対話形式にすることであらゆる予防策を講じ、われわれが彼のことを、われわれが好んだり嫌ったりする思想を持った独特の主体としてではなく、われわれに影響を及ぼす存在のあり方と受け止めるようにしているのである。

プラトンはこうして、ソクラテスの次のような洞察を伝えている。つまり、われわれは永遠に、他人とのパートナーシップを通じて本来の自分になるというプロセスの渦中にいるということだ。この場合の他人とは、面と向かって話をする友人、著作を通じて会話する古《いにしえ》の思想家、運命の瞬間にさまざまな行動方針を検討する際に自分の中で無言で議論する匿名の声、などが含まれる。あらゆる瞬間の生が、質問、運動、変容の可能性によって定義されるため、地上に直接現われている生と、献身的な解釈者の手に委ねられた死後の生を厳格に区別する意味はほとんどない。むしろ、人が本来の自分になるのは他人の手に委ねられてこそだと言えるかもしれない。というのも、人が（言葉や行為によって）、自分自身に対して表現したり明らかにしたりしようとするものは、後世の人びとの言葉や行為において、予想もしない新たな精緻さを見いだすかもしれないからだ。

人生についてであれ、小説についてであれ、出来事についてであれ、あらゆる解釈には、解釈の対象に不適切な意味を押しつけてしまう危険性がある。だが、われわれは次のことを考えなければならない。つまり、献身的な友人や崇拝者がある人の人生を解釈し、それを自分の行動で続けようとするときには、その人自身が自分のため﹅﹅にそうするときより、こうした危険性は高くなるだろうか。というのも、自分自身の人生を解釈する人は、たとえ思索に耽《ふけ》る休息の瞬間であっても、依然として特定の時間と状況の観点から語る制約のある意識であることに変わりはないからだ。

ソクラテスの物語が、一般的な意見に対するわれわれの自己満足を打ち砕き、反対意見に直面した際のわれわれの憤りを抑え込み、探究心に満ちた寛大さを引き出すかぎり、それは、われわれに独自の力で働きかける。われわれ自身の内部で、またわれわれ同士で対話を始めることによってそれに応答するとき、われわれはソクラテスに新たな生命を吹き込む。こうした力の相互作用を通じて、われわれの人生とソクラテスの人生の同一性と違いが浮かび上がってくる。われわれの手に委ねられたときでさえ、ソクラテスが独自の個性を維持しているという感覚は、われわれが彼を手本にして生き、彼の行動と自分の行動を比較することで明確になる。われわれに強い影響を与える人物すべてについて、同じことが言える。われわれは基本的に、その人がもはや地上に直接姿を現わさなくなって長いこと経ってからも、その人の人生について認識を深め、その人生にさらに近づくことができるのである。

贈与の美徳という観点からの活動的な自己の永遠性

ニーチェの描くツァラトゥストラは、「自由な死」について教えを語ったすぐあとで、彼の言う「贈与の美徳」についてさらに演説する。この二つの演説は明らかに対になるよう意図されており、犠牲というテーマでつながっている。自分の「目標と継承者」のために自由に死ぬことは、犠牲の行為にして究極の贈り物だと考えられる。しかし、ニーチェが提示する犠牲とは、他人のために自己を否定することではない。それはむしろ、ソクラテスが弟子たちに哲学を教え、その追究のために進んで処刑されるように、自己と他者が同じ「キャッチボール」（黄金のボールを思い出そう）に夢中になるという共有された活動の一形態なのだ。言い換えれば、何のため、あるいは誰のためのものであれ、払われる犠牲がそれを払う者から切り離されることはありえない。犠牲を通じて、自己はそれ自身を超える力として真価を発揮するのであり、あれこれの瞬間に存在する存在者と同一視することはできない。自由な死に方をすることで、私は葛藤からも恐怖からも自由に、つねに自分を定義してきた活動にひたすら没頭できる。ここで言う贈り物、すなわち犠牲とは、私が失ったり手放したりするものではない。そうではなく、むしろそれを受け取る人びとによって、自分を豊かにしてもらうために私が差し出すものなのだ。

　ツァラトゥストラはここで、自由な死を特徴づけるもの、つまり、肉体の消滅に対してさえ黄金のボールを自由に投げ、それが「友人たちのあいだで」投げつづけられるようにすることを、贈与の美徳をめぐる議論において取り上げている。それは、われわれが表面的に「最後」と呼ぶ瞬間だけではなく、人生のあらゆる瞬間に関わっているという。贈与の美徳とは、われわれは単に存在し、自分自身と同一であるだけでなく、いついかなるときも、自己意識というよりもむしろ自己表現、あるいは自己提供という形で、自分自身と「共に」あると同時に自分自身の「外側」にあるという感覚を示す方法なのだ。

　ニーチェは贈与の美徳を、ツァラトゥストラの演説ではなく、ツァラトゥストラと弟子たちとのあいだの贈与行為において提示している。ツァラトゥストラが愛着のある町を去ろうとしたとき、弟子たちが彼に贈り物をする。金の柄がついた杖で、太陽に巻き付く蛇がかたどられたものだ。ツァラトゥストラは友人たちに礼を述べてその場を後にするのではなく、返礼をする。それは、彼が受け取ったものよりも価値があった。つまり、ツァラトゥストラは贈与の美徳そのものに敬意を表しているのだ。杖を受け取り、それに寄りかかり、黄金の輝きを愛でながら、ツァラトゥストラは金の価値についての考察（それについては第四章で取り上げた）によって応える。「教えてくれたまえ。金はいかにして最高の価値を獲得したのか？　希少であり、無用であり、輝きを放ち、穏やかな壮麗さを備えている。それはつねに自らを差し出している。最高の美徳のイメージをまとってこそ、金は最高の価値を獲得したのだ。与える者の瞳には金のような輝きが宿る。黄金の壮麗さは月と太陽のあいだに平和をもたらす。……贈与の美徳は最高の美徳なのだ」[13]

ツァラトゥストラは、贈与の美徳を黄金にたとえることで、贈与者と見なされる自己は、時と場所を選ばずその存在を超越することを示している。金と同じく、贈与の美徳はめったに見られない。それは、達成や称賛を求めるわれわれの努力によって抑圧され、制限されてしまう。物事を成し遂げたり、得点を稼いだり、キャリアを前進させたり、世界をより良い場所にしたりすることに執着するあまり、われわれは他人に対してケチになってしまう。彼らを邪魔者、あるいはライバルと見なすようになる。よく言われるように、自己中心的な姿勢が寛大さを締め出してしまう。自分に集中するあまり、他人をないがしろにする。われわれが他人に与えるのは、見返りとして得られそうな恩恵と釣り合うものに限られる。だが、自己中心的な姿勢というのは、関連する悪徳の説明としては不正確だ。というのも、贈与する自己は、それなりに自己中心的であり、自己そのものに根ざし、自己と一体であるからだ。問題は自己奉仕か慈善かではなく、自己の意味そのものである。贈与する自己が真価を発揮し、その自己中心性を獲得するのは、贈与という行為を通じてのものである。それは、ソクラテスが友人に問いを投げかけ、応答を引き出すことを通じて真価を発揮したのと同じことだ。贈与の反対は、自己重視でも自己奉仕でもなく、自己喪失である。つまり、ある種の自己の客観化によって、自己が特定の目的に圧倒され、そもそも目的が現われる人生の旅路から逸脱してしまうということだ。こうして、贈与の美徳に沿う生き方ができないとき、われわれは他人に対してだけでなく、自分自身に対してもケチになってしまう。目標の追求を通じて自分自身を豊かにするのではなく、どうでもいい目標のために自分自身を消耗させるのだ。そうすることで、われわれは自分自身の中にある遊びの精神、つまり挑戦し、予期せぬ可能性の地平を切り開くことを楽しむ精神を失ってしまう。

こうした悪徳がはびこっているとしても、それは人の心を完全に奪うようなものではない。金が幾層もの土や岩の下に埋もれているように、贈与の美徳はわれわれの目標志向の努力の下に眠っている。われわれは、何かを成し遂げることに執着しているときでさえ、心の奥底では、自らにとって本質的で永続的なものは、贈り物を授ける能力であることを知っている。ケチな振る舞いのあらゆる事例は、贈与の美徳からの後退だが、贈与の美徳は依然として「魂の内」に潜在している。ツァラトゥストラが別の一節で語るように、「地球の中心は黄金なのだ」[14]。

贈与の希少性を別の言い方で述べるとすれば、その役立たなさの観点からということになる。たいていの場合、われわれの生活は何らかの目的に役立つものを志向している。真の贈り物をするということは、あらゆる贈与行為は何らかの目的のためになされるという目標志向の視点を超越することであり、金のように本質的に価値のあるものを提供することである。金が何かほかのもののために役立ち、交換可能であるかぎり、それは輝きを失い、もはやそれ自身ではなくなってしまう。最高の贈り物は、あれやこれやの目標の達成に役立つものではない。それはむしろ、人が試みるあらゆることにおいて、いかにあるべきかを示すお手本なのだ。

さらに、こうした贈り物は、「きらきらと優しく」輝いている。われわれがどこで目にしようと、金がほかの何かが現われるのを許すことによって輝きを放つように、自己統御や友情の行為という贈り物は、他人が真価を発揮できるような仕方で輝きを放つ。

役に立たず、光り輝き、優しいものである贈与の美徳とは、自分自身を与えることであり、お金、物質的な富、または技術的知識のような外部にある何かを与えることではない。これら外部にあるものは、ほかの誰かが即座に取り上げ、売り払うことができるため、偶発的かつ一時的に「自分自身のもの」であるにすぎない。単に有用で取引可能な何かを提供する場合、自分の資源が減ってしまうので、在庫を枯渇させないよう入念に計算しなければならない。それとは異なり、自分自身を贈与する場合は何の留保もない。こうした贈与において、人は自分自身のために何かを取っておく必要はない。輝きを放つ金が、その輝きを取っておく必要がないのと同じことだ。

ツァラトゥストラは、贈与する自己の輝かしくうっとりするような本性を、いかにも彼らしく、太陽の光にたとえて表現している。「黄金の輝きは月と太陽を和解させる」というのだ。月と太陽は正反対のように思えるかもしれない。一方は昼のリーダーであり、もう一方は夜のリーダーだからだ。しかし、ツァラトゥストラは、両者は光を与える者と受け取る者として、平和のうちに結びついていることに気付かせてくれる。太陽は月に自らを与え、月を出現させる。だが、月に自らを与えることによってのみ、太陽は日没後も輝き続けることができるのだ。太陽の光を受け取る存在としての月は、光を与える存在にもなる。太陽を夜通し輝きつづけられるようにするからだ。こうして太陽は、自らの光を月に与えることで、輝きを失うどころか、むしろ増すのである。太陽が放つ光が失われることはいっさいなく、翌朝になると再び輝き出す。それまでのあいだ、太陽は月とのパートナーシップによって、直接姿を現わすことからは遠ざかりつつも、それ自体でありつづける。ツァラトゥストラは、地上から去った生命にも同じことが言えると示唆する。黄金のボールを受け止め、仲間同士で投げつづける人びとを通じて、生命は自分自身でありつづけるのである。

自分自身を贈り物として与えるような生き方をしよう――「自ら犠牲となり、贈り物となろう」というのが、ツァラトゥストラが友人たちに教えることだ。[15] 人生のあらゆる段階で、自分らしくあることの模範となろう。自分自身を譲り渡そう――自分自身の一部だけではなく、あれやこれやの技術や資源だけでもなく、自分の人生を活気づける生き方を譲り渡すのだ。

われわれはときに、まるで自分が「神から地球への贈り物」であるかのように生きている人びとのことを侮蔑的に語ることがある。しかし、ニーチェは真の贈与者と見せかけの贈与者を峻別する。後者は、あらゆる場所で自分たちのコピーや、自分たちの信奉者だと言える者が欲しいにすぎない。あるいは、あれこれの手段で人類に利益をもたらした類いまれな人物として認められ、記憶されたいのだ。こうした場合、贈与者が提供するのは活気のない見せかけの自己であり、自己満足に浸ったうわべの人格だ。こうした人格は、自らのアイデンティティを定義するのは、自分が貢献した世界の何らかの達成や状態だと考えている。ツァラトゥストラは、真の贈与者は崇拝されたり記憶されたりすることを望まないと説く。彼らは自分自身の存在を、答えと同じくらい問いとして理解しているからだ。ツァラトゥストラの友人たちが自らを彼の弟子だと称すると、ツァラトゥストラは悄然として彼らと決別する。「君たちはツァラトゥストラを信じると言うのか？　だが、ツァラトゥストラがどうした？　君たちは私の信者だ――だが、信奉者が何だと言うのか？　君たちはまだ自分自身を探してもいない。そして、君たちは私を見つけた……そこで、私は君たちにこう命じる。私と別れて自分自身を見つけ出すように、と。君たちが私を完全に否定してようやく、私は君たちの元に戻るだろう」[16]

ツァラトゥストラは、彼の教えを教義として受け取り、それを喧伝し、多くの賢明なことを言ったツァラトゥストラという素晴らしい人物と知り合ったことを他人に吹聴するような信者を求めているのではない。ツァラトゥストラが求めているのは、真の友人、つまり、自分自身の献身と未来との関わりにおいて、彼のプロジェクトを自分なりのやり方で自分自身のために取り上げてくれる人たちなのだ。こうした人たちの手によって初めて、ツァラトゥストラがこの世からいなくなっても、彼の生の力が持続できる。というのも、ツァラトゥストラが生きているあいだ、彼は自らの未来のために生き、放浪のたびに新たな自分を発見したからだ。彼の友人たちが単に彼を創始者として崇め、彼の言動を外面的に模倣しているかぎり、ツァラトゥストラは世間から忘れ去られてしまうだろう。「君たちは私を崇拝しているが、その崇拝がある日崩れ去ったらどうする？　彫像に殺されないように気をつけることだ」[17]。ツァラトゥストラは、自らをかたどった彫像や教えを記した文書には関心を示さない。彼はただ、地上での彼の人生を規定してきた、匿名の自己探求の力として存続したいだけなのだ。

ツァラトゥストラの太陽と月の比喩は、昼と夜、生と死のあいだのある種の連続性を暗示している。この連続性を詳しく説明するには、次の点を考えなければならない。つまり、月に映る太陽の姿は、太陽が沈んだ夜だけに生じる特別な状態なのか、それとも、太陽がいつどこで輝きを発するかとは無関係に、太陽に関する本質的な何かを指し示しているのかということだ。要するに、真昼の太陽、あるいは一日のどの時間帯の太陽も、直接姿を現わすものなのか、それともある意味で引っ込んだままなのかを問わねばならない。

その手がかりとして、『ツァラトゥストラはこう言った』の冒頭、ツァラトゥストラが山中の洞窟から出て太陽に賛辞を捧げる一節を考えてみよう。「偉大なる星よ、あなたが照らす者たちがいなかったら、あなたの幸福はどうなっていただろう？　一〇年ものあいだ、あなたは私の洞窟の上に昇ってくれた。私や鷲や蛇がいなければ、あなたは自らの光にも旅にも疲れていただろう。しかし、われわれは毎朝あなたを待ち、あなたから溢れる光を受け取り、あなたを祝福した」[18]。ツァラトゥストラの太陽への称賛は、贈与の美徳への称賛を予示するものだ。若いツァラトゥストラ（この時点では四〇歳）は、まだそのことを口にしていないものの、夜明けを目にしながら贈与の美徳を暗示している。しかし、われわれはここで夜明けの太陽をイメージしている。その場合、太陽そのものが空に現われているのであり、ただ月に映っているだけではない。それにもかかわらず、太陽の「幸福」、輝きとして現われるその溢れる喜びは、それが照らす者——ツァラトゥストラと彼の鷲と蛇——を必要とする。ツァラトゥストラは、夜明けにあってさえ、太陽は直接に現われているわけではないと示唆する。太陽から溢れ出るものを受け取り、そのお返しに祝福を与える者たちを通して初めて、太陽はその真価を発揮するのだ。ツァラトゥストラの祝福は、感謝だけでなく決意という形をとる。彼は、その叡智を分かち合うために人間のもとに降り立つ。「見よ、私は蜜を集めすぎた蜂のように、自分の知恵にうんざりしている。私には、それを受け取るために差し出される手が必要だ」[19]。ツァラトゥストラがその使命を果たすことを通じて、太陽から贈られた光輝が世界を新たに活気づけるのだ。

『ツァラトゥストラはこう言った』のずっと後のほうで、ツァラトゥストラは贈与の美徳について自説を示したのち、贈与の象徴として、日中の太陽のもう一つのイメージ、つまり、今度は日没時のそれを提示する。「私は太陽から次のことを学んだ。太陽があまりにも豊かなまま沈むとき、無尽蔵の富から黄金を海に吐き出すため、最も貧しい漁師でさえ黄金の櫂《かい》で船を漕ぐのだ」[20]。太陽は、あらゆるものに黄金を投げかけて初めて、輝きを放つものとしてその真価を発揮する。だがこれは、日中であっても、太陽は直接存在するものを超越していることを意味する。地平線の下に徐々に消えていく黄金のボールは、太陽そのものではなく、その光に照らされるすべてのものと同様にきらめく黄金の光輝の現われなのだ。純粋な輝きである太陽そのものは、直接見ることはできない。あるいは、それが姿を現わす場所がどこであれ、太陽はそれ自身を超えたところを指し示している。

つねに外見を超越する発光体というパラドックスは、「地上に存在する」あいだの自己を理解するための鍵だ。こうした自己を理解しないかぎり、「死後の」自己は理解できない。したがって、われわれは太陽のパラドックスを厳密に解釈しなければならない。大空を背景に圧倒的な輝きを放つ黄金のボールを見上げるとき、ほんの数秒だとしても、日中に光り輝く太陽を鮮明に見ることができるのは確かだ。しかし、パラドックスとは以下のようなものだ。つまり、輝けば輝くほど、太陽はその輪郭を失い、直接的な現われから遠ざかり、目をくらませるようになるのである。その輝きが姿を現わすのは、それによって目に見えるようになるもの、たとえば、陸、海、空との関係においてのみである。太陽が黄金のボールとして現われるときはいつでも、それは大空を背にして大地の上にあり、光によって可能となるつながりあったさまざまな物事、すなわち世界の一部をなしている。輝きとして考えられる太陽は、ほかのもののあいだにある存在として、それ自身が出現することを可能とするのであり、それゆえに、出現するいかなるものをも超えた存在だ。あるいは、外見から話を始めれば、われわれは次のことを認めなければならない。つまり、光り輝くすべてのものの美しさと輪郭は、あらゆる輪郭を可能にする源泉を指し示しており、それ自体が特定の物事や配置の形をとることはありえない。目に見えるものに基づいて、われわれは、それらが含まれる光り輝く領域を推測しなければならないのである。

その光り輝く領域、つまり輝きそのものは、こちらの輝く波、あちらの水平線上の虹といった特定の現われを次々に検分しても、その全体像をつかむことはできない。これらのあらゆる事物や現象は、一緒に目に入って比較される場合でさえ、光の中に存在しなければならないからだ。それぞれの現われは、ある意味で、一つの輝きの特定の現われと見なせるかもしれないが、こうした関係性は、種や属というおなじみの枠組みでは捉えられない。それは、「多」を統合する「一」がそれぞれの構成要素において同一だという概念的関係ではない。たとえば、「木」という概念と特定の木々との関係では、「幹と枝がある」という統合の内容は、それぞれの事例において同一である。それぞれの木は「幹と枝がある」という条件に適合しており、それゆえに木なのだ。対照的に、輝きと現われるものとの関係では、輝きの現われはそれぞれの事例においてそれ自身である。海と空に共通するいわば唯一の点は、どちらも輝くということだ。だが輝いているとき、その二つは、より高次かつ一般的な「輝き」の概念の実例としてではなく、それ自身であるためにお互いを必要とする部品として、つなぎ合わされた全体の一部として、一体をなしているのだ。

太陽は目に見えるすべてのものの背景となる光であり、太陽の光によって姿を現わすものに還元することはできない。同様のことが、さまざまな知覚や思考との関係において、自己――活動的で贈与する自己――についても言える。

私が自分自身と世界について認識するあらゆるものは、活動的な力によって、つまり私の関与において表現される意味の閉鎖と開放によって可能となる。この活動的な力は、過剰と生成というまさにその本性ゆえに、私が直接目にすることも、概念として完全に把握することもできない。たとえば、競技会や大きな試合の前に、私が見つめる鏡に映った自分の顔、心をよぎる成功や失敗への思い、喉につかえたり、腹の底に居座ったりする感情は、本当は私ではないし私のものでもない。あるいはむしろ、それらが私のものとなるのは、私が自分自身を、観察し、分析し、自分の以前の状態や自分が競い合う他人と比較する対象へと変えるからこそなのだ。私が認識するどんなものと比べても、より正確な意味で私自身だと言えるのは、認識の可能性そのものであり、それは、私が自分の人生全体の意味に対してとる姿勢に依存している。自分のやっていることの中で自分自身をすでに理解しているからこそ、また、自分がやっていることは単に「いま、ここで、これを」するということではなく、複雑に絡み合った関係や関与へ手を伸ばすことであるからこそ、私は、この特定の物事に専心する者としての「私自身」と出会うことができるし、その物事を成功や失敗の対象として、また自分の能力を評価する機会として捉えることができる。

活動する私の人生——それ自体を超越すると同時にそれ自体になるもの——は、私が認識するあらゆる物事の条件であり、こうしたあらゆる物事には、「時とともに」やって来ては去ってゆくのを目にできるものも含まれる。自分の人生そのものをやって来ては去ってゆくものと考えるのは、認識の条件と源泉を、それが可能にする現象と取り違えていることになる。

それ自体のための活動の円を描く軌跡

ニーチェの『ツァラトゥストラはこう言った』の冒頭で、ごく短いが重要なエピソードが、時間に関するツァラトゥストラの教えを予示し、要約している。時は真昼、太陽はいちばん高いところにある。ツァラトゥストラは突然、鷲の鋭い鳴き声を耳にする。空を見上げると、そこには不思議で奇跡的な景色が広がっていた。「鷲は大きく円を描いて空高く舞い上がっていた。鷲にしがみついていたのは蛇だ。餌ではなく友のようだ。なぜなら、鷲の首に自らを巻きつけていたからだ。『これらは我が生き物だ』とツァラトゥストラは言った……『太陽の下で最も気高い生き物と、太陽の下で最も賢い生き物だ……我が生き物が私を導いてくれるだろう[21]』」。ここから、鷲と蛇はツァラトゥストラの旅に最後まで付き添う。鷲が友である蛇を巻きつけて、大きく円を描きながら飛翔する描写で、ニーチェは自己統御された人生の軌跡を示した。その広範囲にわたる旅を通じて、誇りと叡智の統合に導かれた人生は、円を描いて出発点に帰ってくるが、毎回、前より高く、見晴らしがよいところに戻る。飛翔する鷲が円を描きながら上昇し、白昼の太陽へと向かっていくように。

円を描きながら上昇するイメージは、それ自体のための活動が自立していることを表現している。鷲と蛇は飛翔以外の終着点を目指していない。だから、鷲と蛇は円を描きながら上昇することを毎回楽しみ、円を描く以外の何も期待していない。
鷲と蛇は、ツァラトゥストラが切望し、のちに孤独な放浪のさなかに表現する完全性を象徴している。

ツァラトゥストラは、山を登りながら、若かりし頃から何度独りで放浪し、これまでいくつの山と尾根と頂きを踏破しただろうかと考えていた。私は放浪者であり登山者だ、と彼は心のなかで語った。私は平地を好まないし、長いことじっとしていられないらしい。そして、運命や経験として私に降りかかってくるであろうものが何であれ、そこには放浪と登山が含まれる。結局、人は自分自身だけしか経験できない。単なる出来事が私に起こり得る時期は過ぎた。そのうえで、もはや私のものではないものが依然として降りかかってくるのであれば、それは何か。戻ってくるもの、最終的に私の許に帰ってくるものは、私自身であり、見知らぬ土地で長いこと過ごして、あらゆる事物と出来事のなかで散りぢりになった私自身の断片である。[22]

「自分自身だけ」という表現を考えるとき、それが示唆しているように思える孤立という感覚とは距離を置かねばならない。自己は放浪者であり、旅によって定義される人物だ。その人物は、最初は決して孤立した個人ではなく、いつも「見知らぬ土地」を歩きまわり、「あらゆる事物と出来事のなかで散りぢりになった」存在である。だとすれば、これらの土地と冒険は結びついて一つの運命を形成していると理解することによって、自己は真価を発揮する。「自分自身だけ」という表現が意味するのは「偶発的なものは何もない」ということだ。突然の、予期せぬ、恐ろしい、偶然の、あらゆる新しい出会いを通じて、ツァラトゥストラは自分自身へと舞い戻る。それはちょうど、鷲と蛇が新しい高次の視点から、円を描きつつ元の場所に戻ってくるようなものだ。

もちろん、これは理想であると同時に現実でもある。鷲と蛇の努力を要しない飛翔には、自然でありながらも非凡な何かがある。ニーチェは、これらの生き物は普通は対立するものだというわれわれの意識を刺激する。鷲は高いところから舞い降りて地上を這う蛇を餌食にする。蛇は鷲の巣にこっそりと忍び込んでその卵を貪る。鷲と蛇が空に一緒にいるところを目にすることがあるとすれば、われわれは、蛇が鷲の爪につかまれて必死に身悶《みもだ》えしているのを目撃するものと予想するだろう。誇りと叡智が決別すれば、分別のない傲慢と人生を蝕む合理性になり下がるとニーチェはほのめかす。つまり、われわれの傲慢さが、その鋭い鷲の鉤爪で自らの叡智を貫いて破壊してしまうおそれがあるのだ。それは、われわれが、特定の能力やスキルのおかげで自分を全能だと思い、唯一の視点と勘違いしている狭い隠れ家から世界全体を眺めるときであり、あるいは、宇宙をわれわれの創造力の資源としか考えず、すでに姿を見せているもの、すなわちその光のもとでわれわれの創造の衝動が方向性を見いだすものの重要性を見落としてしまうときである。

われわれの合理性は、締めつける蛇のとぐろで自分の誇りをも窒息させることがある。われわれが自己を強く意識しつつ、他者と比較した自分の能力と強みを精査して、相対的な成功の観点で自分の価値を定めるような場合だ。本来なら、それ自体のために、それが人生にもたらす変化のために楽しむべきものが、目的のための手段になってしまうのである。

われわれは、目標志向の努力によって最後にはつねに追い込まれる不満から抜け出せなくなると、誇りとは無縁な別の形の合理性に誘惑されてしまうかもしれない。それは、比較と競争からの逃避の試みであり、自分自身がまるで顕微鏡の下にいるアメーバであり、自分の動きは置かれている環境への反応にすぎないかのように、遠くから科学的に自分自身を調べるということだ。このような合理性は心に安らぎをもたらす。というのも、つまらないゼロサム的努力からわれわれを解放し、代わりに、物事に対する客観的な視点を提供してくれるように思えるからだ。こうした観点からすれば、誇りなどというものには意味がない。宇宙とは運動する物質であり、結合と分解の無意味なサイクルにすぎないというトマス・ホッブズの考えは、このような合理性が機能している一例だ。ホッブズがこうした考えを推進したのには、われわれの自尊心の息の根を止めるという明確な目的があった。

誇りと叡智が決別し、堕落し、対立するのはこうした場合だ。しかし、両者は最終的には共存する。対立のさまざまな様態は仲違《たが》いにすぎず、和解しがたい諍《いさか》いではない。最も横暴な傲慢さでさえも、いかに大きな業績であれ人生には業績以上のものがあるという感覚から完全には逃れられない。自分の優位性を認めてもらいたいというまさにその欲望が、これまで見てきたように、友情への憧れを示している。そして、世界について最も冷徹で、最も客観的な分析でさえも、われわれの日常生活に入り込み、驚きを呼び起こし、自己統御へと駆り立てる自然の美と崇高さを完全に消し去ることはできない。

誇りと叡智が相互の強みによって結束を維持するか、それとも決別して劣化するかは、苦境への対応次第で決まる。落胆や不運に直面したとき、われわれは天職や責務を投げ出し、世界は哀れむべき戦場であり、あきらめて受け入れるべき不慮の事態に満ちていると見なすのだろうか？われわれは傲慢な猛禽類となって高みから恨めしそうに世界を見下ろし、眼下をちょこまかと走るあらゆるものを支配しようとするのだろうか？　それとも、あらためて自分自身になろうと挑戦し、対立から円を描いて自分自身に立ち返り、自己統御というさらなる高みへと舞い上がるのだろうか？

時の流れとより深遠な死の意味

ニーチェの教えによれば、苦しみの究極の源は時の流れだという。時の流れは、われわれやわれわれが愛する者を老齢へ追いやり、肉体の終焉と意識の消滅だと見なされている死へ導くというだけではない。ニーチェが思い描く時の流れは、もっと深遠で、もっと広がりがある。それは過去と向き合うことと関係がある。過去とは、かつて存在したがいまは存在しないという逆説的で痛みを伴う意味においてのみ、依然として「ここ」に存在するわれわれの一面だ。ニーチェによれば、時の流れとは、一方でわれわれの行動をなかったことにはできず、他方で再び経験することもできないということを指す。時の流れは、われわれに永遠につきまとう失敗と、消えゆく輝かしい瞬間に関わっている。こうした時の流れに向き合って初めて、われわれはより深遠な死の意味に近づける。

人生において、嬉しさのあまり飛び上がったり、乗り越えられないと思われる困難に直面し、それを乗り越えたりした瞬間を振り返ってみよう。当時、その瞬間は新鮮で活力に満ちていて、あなたが何者か、何者になりたいのかを定義する道筋や責務の焦点だった。いま、それは過去に埋もれている。忘却の彼方に飛んで行ってしまったわけではない。あなたはそれを覚えているし、自分にも友人にも語ることができる。懐かしそうにほほえみながら振り返ることもできる。とはいえ、それを取り戻すことは叶わない。少なくとも、かつてあったままには。これが、ニーチェの言う時の流れだ。つまり、出来事や瞬間が「過去になる」という意味である。それは消滅したわけでも、もはや注目の焦点ではないということでもない。その反対で、変わることなくわれわれとともにあるが、かつて存在し、二度と存在することはないという意味なのだ。

　時の流れは旅の構造そのものを特徴づけている。次のエピソードが前のエピソードから続くのではなく、その介入によって旅の意味が再構築されるということだ。果てしない壁画を描いている芸術家を想像してもらいたい。その芸術家は、美しい、バランスのよい配置の絵を描こうとしているが、絵筆の跡を消すことはできない。一筆一筆が次の一筆に向けての結果となり、その一筆が前の一筆を塗り替える。始まりも終わりもないこうしたプロセスを考えてみればいい。目標もなく、ただひたすら筆を進め、全体のイメージに忠実であろうとする。あらゆるミスが、仕事を進める気を失わせかねない帰結をもたらす。あらゆる成功が、その瞬間はスリリングで感動的だが、新たな一筆、新たな関心、新たな焦点が中央を占めるにつれて徐々にその魅力を失い、後景に退いていく。人生そのものが、この根本的な問題、つまり永遠の生成と消滅という問題に似た何かを提示する。

　こうした観点から死の問題を見ると、現在の寿命延長ブームがいかに馬鹿らしく思えることか。問題は、ストア哲学者が説くように、どれほど寿命が延びようと果てしない時間と比べたら些細な話だということではない。真の問題は、われわれが折り合いをつけなければならない時間と死の意味そのものが、寿命延長の熱狂者によって完全に見過ごされてしまうことだ。われわれが死で恐れているのは、肉体や意識が消滅することだけではなく（それはどうにかして先延ばしできるかもしれない）、物事の意味と重要性が徐々に失われてしまい、それを取り戻す必要があるという感覚なのだ。だが、われわれはこのような喪失に絶えず直面している。現在はつねに過去になりつつあるからだ。時の流れという観点から理解すると、死は医療の介入や生物学的テクノロジーによってわれわれの状況から根絶できるものではない。どんな形であれ、われわれが存続する測定可能な間隔を延ばすことに躍起になればなるほど、絶えず直面している時の流れと折り合いをつけるという根本的な課題からますます目をそらすことになる。

これこそ、ツァラトゥストラが彼の最大のプロジェクトとして定めたものだ。「そしてこれが、私の創造と努力のすべてだ。すなわち、断片であり、謎であり、恐ろしい偶然であるものを、創造し、一つにまとめるのだ。人間が、謎の創造者にして推測者であり、偶然からの救済者でないとしたら、私は人間でいることに耐えられるだろうか？……過去に生きた者たちを救済し、『そうあった』ものをすべて『私がそう欲した』に再創造すること——それだけを救済と称するべきだろう[23]」

われわれは時の流れから逃げ出せない。物事をかつてと同じように再体験することも叶わない。とはいえ、鷲と蛇が円を描きながら上昇することで示したように、われわれは過去を取り戻すことができる。新しい高みの観点からそこに戻るのだ。過去を取り戻せるのは、それがわれわれ自身のものだからだ。それはわれわれ自身の行動であり、創造力であり、瞬間瞬間を後方へと追いやる未来への志向である。人生はこの瞬間から次の瞬間へと無頓着に進むのではなく、軌道を持っているからこそ、われわれは時の流れという究極の難関に直面する。人生の奇妙なパラドックスは、困難に直面して真価を発揮するときに、われわれは自分自身をも失ってしまうということだ。われわれはその喪失に責任があるのだから、それを取り戻すことができる。

過去を取り戻す

思い出し、記録し、物語ることが、過去を取り戻す第一歩だ。われわれは、前途に待ち受けているものに絶えず集中しているせいで、過去をないがしろにしてしまうことがあまりにも多い。ほとんどの時間は、過去の人びとや昔の出来事を思い出すことよりも、次のステップに向けて思いを馳せている。自分にこう問いかけてみるといい。今日、私の意識を占めていた思考や交わした会話のうち、今後の出来事への対応に焦点を当てていたのはどれくらいで、以前に起こった出来事の理解に割いていたのはどれくらいだっただろうか、と。過去について考えるとき、たいていは一時的で表面的な懐かしさに浸っている場合が多い。過去を不在や喪失という観点から思い出しているのだ。もうこの世にいない祖母や親、その温かい抱擁は二度と味わえない、などというように。だが、懐かしい出来事や機会を思い出し、われわれが振り返る人生の特徴や本質に関わるものとして再創造しようと努力することはほとんどない。われわれが目標志向の未来を優先することを考えれば、何かを得ようと奮闘するよりも思い出すための時間を見つける必要がある。しかし、意識的にそうしようと努力したところで、究極の課題に備えることくらいしかできない。つまり、これから到来するものに対するインスピレーションや洞察として過去を捉えるのだ。

私はときに、年齢を重ねて、若い頃の気ままな活気を失ってしまったことを振り返る。現在、私は意見を表明するのに以前より慎重になっている。哲学の実践でも、トレーニングでも、書くときには言葉を選び、練習するときにはセット内容を計画してそれを繰り返す。この慎重さは成熟とともに身についたものだが、「とりやえずやってみて、細かいことはあとで心配すればいい」という冒険心の足かせにもなっている。若かりし大学院時代の日々を思い返すと少し切なくなる。当時は、言葉をページに散弾銃のように繰り出し、読者がどう思うかなど気にもかけなかった。大学時代のトレーニングのときの態度も覚えている。それは一発で決めた思い出のパワークリーンに象徴されている。いまでも最大の勝利の一つだと思っているリフトだ。それを目撃したのはトレーニング・パートナーだけだったけれど。夏のトレーニングの長い一日の終わりで、私より早くジムに来ていた友人は、二二五ポンド（約一〇二キログラム）のリフトをあと少しのところで失敗していた。昔は何度も成功していた重量を上げられず、友人が苛ついているのを見て、私は無謀にもバーベルに近づくと張りぼての自信でこう言い放った。「俺がやり方を見せてやるよ！」。そして躊躇なく両手でバーをつかみ、勢いよく肩まで持ち上げた。リフトを完了したことを強調するために、一秒間そのままの状態を保ち、堂々とした態度でバーベルを床に落とした。この誇示行為は前もって計画していたのではなく、意図と異なる受け止め方をされかねなかったが、予想通りの効果をもたらした。友人は説明できない不安を振り払い、われわれはその夏、何より記憶に残るトレーニングをお互いにやり遂げたのだ。

だが、それは当時のことであり、いまではない。その瞬間を再び体験したいと思っても二度とできない。そのリフトを再現するのに、自然的あるいは物理的な障害があるというわけではない。

友人とそのジムを再び訪れて、同じウエイトのパワークリーンをウォームアップなしで行なうことはできる。だが、その経験は同じではないだろう。私が二二五ポンドを上げることに成功して、一般的かつ抽象的な方法でその一件を再現したとしても、かつてあった意味はなくなっている。あの瞬間の期待感もスリルもないだろう。

さらに、最近身についた慎重さが最初から介入し、その経験にも容赦なく働くだろう。そして、その慎重さがただの喪失でないことは間違いない。私がかつての日々に戻れない理由は、経験を重ね、情報に基づいた視点だとわかっていること、つまりウォームアップは望ましいし、よいトレーニングのためには必須でさえあることを、忘れてしまうことができないからだ。

同時に、成熟には代償が伴うこともわかっている。少なくとも時おり、大人の人生（「大人」が何を意味するにせよ）の慎重さが、禁じられていることに反応し、自分自身を縛ってきたルールを破ろうとする若者の意欲をくじくからだ。ここで言っているのは、一回のトレーニングあたりの反復回数や走行距離を定めた計画に、私が異様なまでに固執していることだ。呼吸が回復したり、突然インスピレーションが湧いたりして、もっとできるとなったときでさえそうなのである。もしかしたら突破口となるかもしれない瞬間に足を踏み入れる代わりに、私は追加の反復運動や走行距離を次にとっておく。なぜなら、私のプログラムがそうしろと命じているからだ。勢いに任せ、ときにやりすぎる子供とは違い、過度に先を見据えるという逆の極端に陥ってしまう。いまでは天気予報をやたらとチェックして、晴れていても傘を持ち歩くような人間になってしまう危険がある。子供の頃は、雨が降っても外で遊んでいたのを忘れているのだ。

何ごとも前もって整えておけば、あたかもトレーニングの成果や自分の言葉の意味をコントロールできるかのように、過剰な計画と分析にはまり込んでしまった私は、「まず行動し、次に考える」という精神を切望し、それを取り戻せることに気付く――以前とまったく同じ方法で取り戻すのではなく、新しい洞察とプロジェクトを通じて現在に引き寄せ、執着、不安、臆病に囚われた瞬間に対抗するのだ。

少し前のある日、私は疲労困憊《こんぱい》で懸垂のセッションを終えた。その日の計画どおりの回数をすべてこなしたことが誇らしく、その場を立ち去ろうとすると、突然声が聞こえてきた。「俺がやり方を見せてやるよ！」。私は二〇〇八年のあのパワークリーンを、懐かしさの対象としてでなく、次の動きへの明確な指針として思い出したのだ。今回は、筋肉は疲労でへとへとではあるものの、余力が残っているように感じているが、実際にどれくらい残っているかはよくわからない。私はもう一セットやろうとバーベルをつかみ、そのとき自分に戻ってきた、短い稲妻のように湧き出すエネルギーで身体をぐいと引き上げた。

このようなささやかな瞬間にさえ、われわれは、人びとや出来事や経験が、全速力で突っ走る列車の窓から見える景色のように、必ずしも目の前を通り過ぎていくわけではないことを理解するようになる。過去はわれわれの手中にあり、ときにはすべり落ちてしまうように思えても、取り戻すことができる。涙を流し、拳を握りしめて過去に向き合うとき、自分にこう問いかけてみればいい。われわれは、ノスタルジアを刺激する何を失ってしまったのか？　現在、われわれが忘れてしまいかねない過去からの教訓や洞察は何か？　現在を新たに理解するためには、過去をどう利用すればよいのだろうか？　できることなら単に過去を繰り返したくはないと思うほど、われわれは過去から何を学んだのだろうか？　過去を取り戻すことに注力すると、時間は過去から未来へという一方向に進むのではなく、回復のための行動のたびに元に戻ってくることがわかる。それはちょうど、鷲と蛇が上昇しながら円を描いて戻ってくるのと同じことなのだ。

あらゆる瞬間の開放と閉鎖における時の流れの源

単に過ぎ去っていくものとしての時間の概念は、苦難に直面した人間の弱さから生じるとニーチェは言う。いまでは困難の雲に覆われてしまった遠い昔の輝かしい瞬間を取り戻すという重荷、手に負えない状況に阻まれてから衰えるばかりだった情熱を取り戻すという重荷、あるいは、われわれが裏切り、それ以来自滅の道を歩んできた愛する者を正当に扱うという重荷に押し潰されて、難局にうまく立ち向かうことができないとき、われわれは過去を、ただ自分たちの背後にあり、自分たちの力ではどうにもならないものと見なす。こうしてある種の歴史的理解が生じる。それによれば、過去と現在の溝は埋めることができない。過去は永遠にわれわれの背後にあり、その意味において閉じており、決定されている。未来は、われわれが新しい遠くの目標に向かって進むにつれて忘れ去られるという展望を提示する。

しかし、われわれはまた、過去から目をそらし、自分を騙して過去と未来を同一視もする。苛立ちのあまり、われわれは時の流れというのは嘘で、単に主観的な世界観にすぎないと考える。その世界観においては、それ自体は過去についても未来についても何も知らず、ひたすら終わりなき変化を経験するだけである。われわれはストア哲学的な生の循環を自然に投影する。それは、われわれの力をはるかに超えたところで展開する。「いま」が「いま」に続く区別のない一連の瞬間のなかで、要素が結合しては分散し、無限に進展していく。「自然は、それが一つにまとめたものが何であれ、それをまたばらばらにする。そして、ばらばらにしたものが何であれ、また一つにまとめ直す」とセネカは書いている。[24]この時間概念によれば、古いものも新しいものもない。あらゆる出来事は自らを繰り返す。それは誕生が、最終的に分散してはまた一緒になる同じ元素の再結合にすぎないようなものだ。時は無限なので、あらゆる組み合わせはすでに実現している。起こり得ることはすべて起こったのだ――これまでに数え切れないほど。

絶望のさなか、われわれはこうした時間観を合理的で客観的だと見なすようになり、それが痛みを伴う過去の抑圧だとは認識できない。とはいえ、その抑圧は、われわれが合理的だと思っている考え方のなかにかすかに顔を覗かせる。たとえばセネカはこう記す。「一日は再び訪れてわれわれを光の下に戻す。その日がわれわれの記憶を携えずに戻ることがなかったら、多くの者はその日を悔やむだろう」[25]。苦しみの最大の源は、われわれはいずれ死ぬということではなく、われわれにとりついている記憶と闘うこと――過去と対峙すること――だと、セネカはほのめかしている。われわれが循環的な時間概念を用いるのは、時の流れに直面して自分を慰めるためであり、次のような考え方を自分に納得させるためだ。つまり、万物は壊れては再び結合するのであり、われわれはみな同等にして同じ物質でできており、同一かつ永遠である存在の秩序に囚われているのだ、と。これは、誇りなき知識の究極の形態であり、魂なき科学の冷徹な観察眼であり、鷲という誇り高き友のいない狡猾な蛇である。

このような知識は、ニーチェによれば致命的なものだ。人生からリスク、冒険、創造力を奪うことによって、時の流れから慰めを提供する。このような人生に恐れるものは何もないが、待ち望むものもない。このような時間概念は、一体となって舞い上がる鷲と蛇が示す本来の時間性を隠しはするものの、完全に消し去ることは決してできない。この時間性とは旅の特徴である過去と未来の衝突のことだ。この旅においては、新しいエピソードが過去を取り戻し、円を描く飛翔のそれぞれが異なる高みへと舞い戻る。ツァラトゥストラが切望する活動的な人生は、すでにある物語を実現する抑制の効いた閉回路の努力だけではない。それは、つねに自分自身以上のものを求めるあふれんばかりの生命力であり、円を描いて無限に上昇し、それ自身に舞い戻り、同時にそれ自身を超えていくのだ。

ニーチェは『ツァラトゥストラはこう言った』の最後でこのことを明確にしている。ツァラトゥストラが切望する、人生のあふれんばかりの喜びを最後にまとめたものだ。「喜びが欲していないものは何か？　喜びはどんな苦しみよりも渇き、真心に満ち、飢えていて、恐ろしく、秘密が多い。喜びはそれ自体を欲し、それ自体に食いつき、円環の意志が努力する……喜びは愛を欲し、憎しみを欲する。喜びはあまりにも裕福であり、与え、投げ、誰か自分をもらってくれと懇願し、もらってくれた者に感謝する。喜びは嫌われたいと願う。喜びは、あまりに豊かなので苦しみを、地獄を、憎しみを、不名誉を、身体の不自由な者を、世界――そうとも、この世だ！――を渇望する……すべての永遠の喜びは失敗を切望する。なぜなら、すべての喜びはそれ自体を欲するため、苦しみも欲するからだ……喜びは万物の永遠を欲する」[26]

永遠の喜びとは、ある瞬間から次の瞬間へと経験される終わりなき快楽ではなく、活動そのものを欲し、本質的に充足していて外的なものを何も必要としない活動だ、とニーチェは説く。だが、このような活動は、それ自体を欲することで、困難や失敗も欲する。なぜなら、人生を鼓舞し、生きるに値するものにするのは、苦難に直面したときに過去を取り戻す可能性だからだ。

第六章　自由が意味するもの

それ自体を目的とする活動という考えには、自由が意味するものについての一定の理解が暗に含まれる——その理解は、なじみ深い観念に疑問を投げかける。自由という問題を考察する際、われわれは、自由意志と決定論の間で古くから繰り広げられてきた論争にちなむ手法をとりがちだ。社会規範、育ち方の偶然性、神の意志、進化の盲目的な力などの影響が進路をあらかじめ決めるかもしれないとき、人が自らの行動を選ぶ力をどれくらい持っているか——つまり、自由であるか——については、哲学者、神学者、そして昨今は社会学者、心理学者、生物学者も、みな一家言あるようだ。その観点からは、自由とはあらゆる外的影響から解き放たれ、自分のために、自分の意志で選択する能力と解釈される。自由が意味するのは、状況に反する、あるいは状況に左右されない自己主張のことだ。映画『ディパーテッド』の冒頭の台詞で、ジャック・ニコルソン演じるフランク・コステロが「俺は環境の産物になりたくない。環境を俺の産物にしたい」と主張するのと同じである。

その願望には否定できない説得力があり、環境がわれわれの独立を脅かす非人間的な文脈に思えるほどだ。しかし、これまで検討してきた美徳の観点から見れば、それはひどい見当違いだ。自由意志と決定論の区別そのものが意味を持つのは、そもそも自己が本質的に独立した能力を与えられた主体だという前提で、客体の外的世界や、抑圧的な同調圧力を行使する社会に直面しながら選択ができると仮定する場合だけだ。その場合のみ、意志の相対的な力と外的影響が、果てしない議論の対象となる。しかし、われわれが最初から物との関係により定義づけられ、同時に世界から促されてそれを表現する責務を負うなら、自由の意味そのものを考え直さなくてはならない。物との関わり合いが——物を管理したり、その指示に対応したりする方法において——徹底的であればあるほど、われわれは自分自身を世界と対照的なものだと思わなくなる。熟議と行動の源は世界そのものだということになる。

　自然の驚異がその美や力でわれわれの心を打ち、探るべき神秘的な洞察を見せるとき、あるいは、急に助けが必要となった友人が目の前にいるとき、われわれの自己意識と行為主体性は、直面するものから切り離せない。物そのもの、それ自体がわれわれを惹きつけ、注意と解釈力を引き出す。ああするかこうするかという行動の選択肢があるように見えるのは、状況に何の利害もない傍観者の、抽象的で表面的な観点からだけだ。もちろん、自分に呼びかけるものに背を向ける、形式的な意味での「自由」も依然としてある。しかし、それは別の何かが主張し、注意を引くライバルとして登場するからにすぎない。あれかこれかを選ぶ形式的な自由よりもはるかに大きな意義を持つのは、自分が責任を持つ世界に応答する自由だ。この見方に従えば、逆説的だが、われわれが最も自由なのは、自分が表現に関わってきた人生そのものから流れ出す必要性に支配されるときだ。

厭世的シニシズムの症状としての自由意志という理想

関与する物事やともに行動する相手が何らかの形でわれわれを見捨てたり、それらに意味を与える物語をわれわれが見失ったために、その重要性が減じたりして、われわれを動かさなくなった場合にだけ、それらは単なる「環境」や「社会的文脈」の特徴となるのかもしれない。そして、われわれはそれらを支配あるいは再構成しようとしたり、あるいはただその領域から退こうと考えたりするのかもしれない。

つまり、取り戻す努力をする代わりに物事を非人格化すなわち「もの化」することによって物事に対して自分を閉ざす、落胆と諦めの存在様式を背景とすれば、恣意的な姿勢が可能になる。そのような落胆と諦めへの対処法として、われわれはその状況を、外的「世界」あるいは「社会背景」に直面して受動的影響を受けるか、それに抵抗するかもしれない主体の状況——意識の領域と選択の場所——と解釈するかもしれない。その見方に従えば、個人的意義が意味するものはすべて、主観的意識から生まれる。世界すなわち社会は、人びとが長年さまざまな主観的評価を付与してきた物事と因習の領域にすぎない。どんな物も、それ自体が特別な待遇や世話を求めはしない。われわれは個々の主体として、外的あるいは社会的に構築された世界の影響を、自らの好みに従い意志の強さに応じて、受けるのも拒むのも自由だ。

主体と客体の区別という観点から自分のアイデンティティと状況を解釈することにより、われわれは、欲求不満を生んだ物事との当初の信頼関係を抑制し、忘れる。そうした一種のコーピング機構〔環境のストレスに能動的に対処しようとする機構〕として生まれたゆえに、主体・客体による自己解釈は、完全に批判的で科学的な姿勢を装う、あらゆる種類の巧妙な方法に応用される可能性がある。その一例として一七世紀から途切れなく影響を及ぼし続けているのが、デカルトの方法的懐疑だ。それによれば、外的世界は、確実な方法に導かれた自身の理性によって単なる夢の世界や悪魔が植えつけた想像の産物ではないと立証できるまで、存在そのものが保留にされる。

そのような根本的懐疑へのこだわりは、ある意味では奇妙で不安を掻き立てるものに見えるが、実際には、世界への欲求不満に直面したときに一定の実存的な慰めを与えてくれる。ある種の理論的現実逃避を許し、どんな物も、主観的意識がその客観的存在を立証しない限り、実際に「存在」しないという考えに甘んじさせてくれるからだ。また、そのような推量は、本当らしく見えるものの偽りを打ち砕き、外的な力から独立した存在としての自己に責任をもつという痛快な挑戦ももたらす。錯覚の打破に伴う興奮と目的意識こそ、さまざまな形の方法的懐疑を取り上げる現代の物語が広く人気を博する理由だと私は考える。その好例が『マトリックス』『インセプション』『トゥルーマン・ショー』などのヒット映画だ。いずれも見せかけの世界からの脱出を英雄的行為として描き、その世界が本当はデカルトの悪魔にも似た、人を操る力によって作り出された錯覚だったことが判明するという内容だ。

しかし、主体‐客体による世界の解釈は基本的に欲求不満と失望の現実からの逃避であり、そのような不満と失望は、自己と世界の違いについて何も知らずに関与し献身する生き方からしか生じない。よって、「主観的」と「客観的」、あるいは「外見」と「現実」として提示されるものを綿密に検証すれば、両者は見た目よりもはるかに近いことが明らかになる。たとえば、デカルトの方法的懐疑を利用した映画で描かれる、虚構や夢とされる世界は、奇妙な一貫性のなさにもかかわらず、のちに発見される「現実」世界の生活に近い交流と関与を含む。映画は最終的に、一方の世界で得られた洞察が他方に繰り越されるという、二つの世界の間に一定の連続性を提示せざるを得ない。この連続性について考察すると、まさに、偽物と本物、主観と客観の区別は、自己理解を志向する人生によって蝕まれるという認識にたどり着く。夢の中の出来事は、それに向き合えば目覚めている時の生き方にとって大切なことを学べるなら、「非現実」として一蹴するわけにはいかない。だから、われわれは説得力あるファンタジーやフィクションの作品に心をとらえられたとき、その出来事が本当に起きたかどうかを問題にしない。事実かフィクションかという問題が頭をよぎるときがあるにしても、すぐに無意味な推量と認識するか、あるいは、見ているものに深い意味を見いだすのを諦め、距離を置いた部外者としての視点からその問題に没頭するのだ。

自己と世界、主体と客体のそうした近似性は、自分の環境の存在を疑わないが、それを超越し、自分の意図どおりに曲げようとする人にも見いだせる。そうしたシニカルで超然とした姿勢にさえ、関与し献身する活動の仕方が見られ、それは意志力と賦課の面だけから理解できるものではない。ジャック・ニコルソンが『ディパーテッド』で演じた役でさえ、パラダイムを賦課する者（サウス・ボストンの裏社会を牛耳っていた悪名高いホワイティ・バルジャーにおおむね基づく）でありながら、自分を「取り巻く」ものを「支配」するために、少なくとも友情と連帯を示すように見える一種の忠義と献身に頼っている。彼は子分のほぼ全員に対する不信にとらわれながらも、忠実な右腕であり最後まで側《そば》を離れない無慈悲なフィクサーを信じ抜く。彼が仲間内の裏切り者の粛清に執着するのは、敬意への執着からであり、それが、彼にとって環境は自分の意志の産物以上であることをわかりやすく立証している。環境は自立した現実であり、彼はそれに認めてもらいたい。自分の命をかけた名誉を捨てずに、その現実をただ破壊することはできない。彼には自分の指導力と指令を称賛する人間が必要なのだ。このように、意志的な支配に価値を置くと主張する生き方にさえ、受容的で応答的な形の活動が暗示されている。

物自体の活動

自分自身と、自分が反応する物の相互的関係を完全に評価するために、物の観点から活動を考えることもできる。われわれは物に何らかの働きかけをする自分という観点で活動を表現するのが習わしとなっており、「I play baseball.（私は野球をする）」のように言うが、物が自分に関与するという言い方もあるかもしれない（baseball plays me）。このような言い方は物自体にありもしない命を与えるように見えるから、主体‐客体という世界観の観点からは奇妙に聞こえるだろう。だが、これは多くの言語で親愛を表わすのに使われるなじみぶかい言い方だ。たとえば、スペイン語には英語の I like（私は好きだ）にそのまま当てはまる言い方はなく、最も意味が近い翻訳は「メ　グスタ（me gusta）」、直訳すれば「It is pleasing to me.（それは私にとって喜ばしい）」となる。この文で主語（＝主体）と目的語（＝客体）を反転するのは、物を単なる客体ではなくそれ自体が生きた力を持つものとして見たいからだと考えられる。英語の構文で主語の「I」を行為の場に置くのとは対照的に、スペイン語の表現が表わすのは、世界から働きかけられる経験だ。

問題にされる世界の特性が野球のバットのように明らかに自ら動かない客体で、われわれがそれにかけた分だけ力を行使するように見えるときでさえ、もの自体が力を持つと見られうる。どんな打者でも知っているように、バット自体が敬意を要求する。つまり、ある絶妙な振り方をされなければ、ボールにきちんと接することはできないから、それはただ空間を占めている長くて妙に先が細い円筒形の客体ではなく、野球のバットであるのだ。欲求不満を抱えた打者が怒りに任せてバットの構造を配慮せずに振れば、バットは、その恣意的なやり方に抗う。より広義には、ただ横倒しに置かれて使われるのを待っているときでさえ、バットは使う人にとって、あらゆる出来事と物語の一部であり、それらと共鳴している。バットが選手のためにそれらの出来事と物語を引き出し、彼がホームベースに歩み寄るとき、彼の過去に照らしてその場の重圧を大局的な視点から眺められる冷静さを彼に浸透させる限りにおいて、バット自体が使用者と力を合わせて活動を起動させ——打者の動きを促すと言える。

　自己と世界の相互作用関係が本当は一つの活動の展開であることを考えれば、活動を単なる人的可能性とみなすのは誤りだろう。活動は、物がいくら静止して見えようと、物が自らを差し出して解釈されようとしていることを示す。活動はわれわれが世界に持ち込むものではなく、世界がともかく世界である限り、それを定義する力なのだ。

われわれが抽象的な二者択一に決して直面しないということ

　しかし、われわれの自由が選択を含むように見えるときは？　人生の岐路に直面し、どちらへ進むかの決断によってまったく異なる存在の可能性が開けるように見えるときは、どうだろう？　献身をめぐる葛藤があって、むき出しの意志に頼るほかはなく、その意志によってあちらへ跳ぶか、こちらへ跳ぶかが決まるように見えるときは？　自由は選択を通じた自助努力にあるという考えを真っ先に提唱したジャン゠ポール・サルトルは、以下のような物語を提示して自らの見方を擁護する。

戦争中、教え子の一人がサルトルのもとへやってきて〔サルトルは一九四一〜四四年、パリの高校で哲学を教えていた〕、個人的なジレンマを打ち明けた。イギリスへ渡って自由フランス軍に参加するか、フランスに留まって病弱な母親の面倒を見るかというジレンマだ。レジスタンス活動への熱意と、一九四〇年のドイツ軍侵攻の際に殺された兄のための復讐心に駆られ、生徒の心はイギリスへ渡るほうへ傾いていた。同時に、母親の側にいるべきだという義務感にとらわれてもいた。とりわけ、母親は長男を失った悲しみに打ちひしがれていたし、あろうことか夫が対独協力に賛成していたため、夫婦喧嘩が絶えなかったからだ。生徒は、自分が家を出たら、そして、戦いで命を落としたら、自分の死によって母親は絶望のどん底に突き落とされると思った。

サルトルはこの生徒のジレンマを、二つの「非常に異なる種類の行動、すなわち一方は具体的で急を要するが一人の個人だけに関する行動で、もう一方は比較にならないほど大きなグループである国家の集団性に関わる行動」の間の葛藤として提示する。サルトルは、これが「二種類の倫理」の間のジレンマであることも強調する。かたや「共感と個人の献身の倫理」、かたや「より広範だが、その有効性が曖昧な倫理」である。[1]

サルトルは、このように相容れないように見える主張に直面する状況こそ、自ら選択する必要性を立証すると結論づけている。自分自身の個人的意志のほかに何を頼れというのか、と彼は問う。サルトルは、そうした葛藤において決断を導いてくれるかもしれない、いくつかの先験的とされる道徳的判断基準に頼ることを考察するが、そうした基準である神の言葉、人間性の本質の命令、カントの道徳法則はすべて、決定的ではないと喝破する。一方を示すかもしれないし、他方を示すかもしれないからだ。われわれに残された選択肢は一つしかないと、サルトルは考える。腹をくくって、自分の人生を決定する道筋に基づいて選ぶことである。彼は生徒に、二つの道のうちの一つに打ち込む覚悟をし、その選択に全面的に責任を持つべきだと助言する。

サルトルの説明、少なくともなじみ深い「外的」決定原因への批判と、自分自身で決めよという呼びかけには、たしかに説得力を持つ部分もある。同時に、彼が提案する自由の概念には不満も残る。彼の見方によれば、われわれは自分の決断において、助言も指示もなく、独りきりだ。サルトルはそのような自由を躊躇なく「不条理」と決めつけ、「吐き気を催させる」とさえ述べている。

われわれは、この問題を以下のように論述できる。あらゆる意味が自己を統治する意志から生まれるなら、意味はその意志そのものによって却下されうるし、したがって、恣意的だ。さまざまな形の外的圧力と比べ、力を与えてくれるように見える自由の概念は、実はそれ自体が無目的で、ある意味で無能であることがわかる。盲目的で根拠のない決断に、どんな力があるというのか？

サルトルの自由をめぐる記述には不満が残るかもしれないが、不安にさせるという理由だけで退けることはできない。彼の記述が、われわれが現実に直面する存在のジレンマを適切に性格づけていないのはどういうことか、考えなくてはならない。サルトルは、明確とされる抽象的道徳性の基準ですっきり解決できない、ややこしい実世界のジレンマを提示することで意志を擁護するつもりだが、自ら挑もうとする抽象性そのものに搦《から》めとられてしまう。彼の説明によれば、自己の外に何らかの客観的基準（神の言葉、カントの道徳性、人間性）があり、それに手を伸ばして案内役としてすがるか、あるいは、われわれには純粋に主観的な意志のほかに何もないかのいずれかということになる。サルトルは後者を選ぶ。だが、そうすることで、主体と客体の区別という問題を放置する。サルトルが見過ごしているのは、物と関わり合い他者と調和して生きる、ありのままの人生が、主観的でも客観的でもないそれ自体の行動基準を提供してくれる可能性だ。

生徒が直面する実際の選択をわれわれが検討すれば、それぞれの道に、別の道との近似性をある程度見つけることができる。サルトルが見過ごしたその近似性は、選択の実存的意義を弱める。ジレンマについてのサルトルの体験談においてさえ、生徒が自由フランス軍に身を捧げることは、母親への献身から完全には切り離せない。サルトルの語りからは、生徒の母親自身がフランスの自由に深く傾倒していること、母親が家庭内で抱える問題の主な原因は夫が対独協力に賛成していることだとわかる。また、母親の悲嘆は長男の死と結びついており、長男はドイツ軍に抵抗して殺されたということもわかる。その背景を考慮すれば、自由フランス軍に身を投じるという生徒の決断は国家への忠誠ゆえの行為であると同時に、母親に献身する行為でもあるという解釈もできるだろう。レジスタンス活動に参加すれば、母親自身が認めた使命、母親の長男で生徒の兄が命を捧げた使命を果たすことになるからだ。イギリスへ渡れば、生徒は母親の身近にいられなくなるが、別の形で母親を支えることになる。長男のプロジェクトを代わりに遂行し、三人全員を結ぶ使命に関与するからだ。

もちろん、その決断には一定の代償が伴うだろう。フランスのために戦えば、生徒は、命を落として母親をより深い絶望の淵へ落とす危険を冒すことになる。また、母親を問題のある夫と二人きりで残すことにもなる。それらの理由から、彼は留まろうと決めるかもしれない。しかし、彼が二つの非常に異なる選択肢に直面する――どちらかを選ぶことが意志の行使と見られる――ことの意味を考える際、真に問われるのは、一方が何らかの代償を伴うかどうかではなく、一方が成り立つためには必ず他方を排除しなければならないのかという問題だ。生徒がフランスのために戦うことが、母親をただ打ち捨てることにはならないのと同様に、母親の側にいることが、フランスへの忠誠を完全に捨てることにはならない。

　彼が母親を支えるやり方――長男が戦って命を捧げた大義の重要性を母親に思い出させ、彼女の夫の政治的見解を問うこと――そのものが、フランスの自由への献身を含むことは、容易に想像できる。さらにつけ加えるなら、生徒は、母親の側に留まると決めても、国内戦線においてできる限りレジスタンス活動を支援することも可能だ。

　実際に体験された可能性のそうしたつながりに注意すれば、生徒の選択を「二つの非常に異なる行動様式」および「二種類の道徳性」の間の選択だとしたサルトルの特徴づけがなぜ誤っていたかがわかる。[2] サルトルが二つの道の間に見た差異は、実は、生徒のジレンマの抽象的な特徴づけによるものだ。あたかも鳥の目で俯瞰《ふかん》するように、人生のさまざまな行動の過程がそれぞれ切り離され、共存できないとあらかじめ決められて並ぶのを眺める見方である。サルトルがそうやって関与するのは、自ら拒否する先験的決定の一種だ。彼は、二つの献身が共存し得ないと確信できるような、ある種の超然とした人生観に達することができると考える。しかし、人生を旅として捉える関与と献身の人生観から見れば、それぞれの可能性の意味は別の可能性との関係に左右されるため、ある意味で二つが同じとみなされるほどだ。それは、二つが同一だとか、生徒には選択肢がまったくないという意味ではなく、その状況における彼の自由は、彼がどんな選択をするかに還元されるものではないということだ。選択の機会を生じさせるのは、それまで展開されてきた生徒の人生の統一性であり、そこでは母親への愛と、国への献身が分かち難く結びついている。生徒の真の自由は、二つの道が現われた瞬間まで彼を導いた、結末のわからない語りをまっとうすることにある。

彼のジレンマに本当はどれくらい事前の方向づけと準備があったかを垣間見るためには、道は無数にあったと考えるといい。どんな道があったかは、これまで展開されてきた生徒の人生をたどってもわからないし、したがって、全容はまったく明らかにされない――たとえば、枢軸国側につくか、浮ついた誘惑によってレジスタンスも母親も捨てるか、あるいは、どちらの方向へも進まずに見て見ぬふりをするだけか。生徒の選択をともかく意味のあるものにするのは、自己と、自己に先行する世界の統一性だ。つまり、生徒は一つの道に進むと決めるとき、ほかの道をただ諦めるのではなく、別のやり方で実現させる挑戦を始めるのだ。

そのように見ると、選択の意義はかなり低減するし、意志の地位も同様だ。生徒が岐路に直面するとき、どちらの道をとるかによって、そこから違う人間になったり新しい自分を作り出したりするわけではない。どちらの方向も、いわば、同じ人生へと回帰する。

生徒がどんな選択をするにしても、それは、彼が身を置く関係の絡み合いによってずっと前から準備されてきた行動の道筋をたどる、次の一歩にすぎない。具体的には、生徒はイギリスへ出発しても、母親の側に留まっても、ただ互いに意味を与えあう二つの献身を実践するという終わりなきプロジェクトの一歩を踏み出しただけだという意味である。

最終的に分析すると、自由とは、ある瞬間に行使されうる意志の働きではなく、すでに作動している人生のサイクルにおいて可能性の実現に常に関与する、われわれの存在の仕方である。自由の対極とは、いわば、外部からの決定ではなく、自ら課した奴隷状態であり、主体と客体の区別に関する世界観そのものもそこに含まれる。われわれ自身が、絶望、欲求不満、ものとの信頼関係の喪失のせいで主体と客体の世界を構築し、自分なりの解釈が物事のあり方の当然の描写であるかのように信じ込む。したがって、自由の対極にあるもの自体が、一種の自由だ。つまり、解釈を誤り、迷う無限の能力――自由そのものに背いた自由である。

われわれは人生において、多くの物事が自分の選択にかかっているかのように、あちらではなくこちらへ進むことで違う人生に至るかのように行動することが、あまりに多い。しかし、存在を岐路に見るその見方は、目標志向の見解の抽象化であり、その見解に従えば、すべては、旅の過程で他者との協力により育まれる可能性ではなく、個別の達成や選択肢になる。それ自体を目的とする活動に注意を向ければ、この見方を修正する方法がわかる。大切なのは、何を選ぶかではなく、選んだものの実現だ。

逆説的だが、選択として最も大事な選択は、すでに心に決めた選択が唯一正しいとわかっていても、何らかの誘惑に逆らってそれを選ぶのが難しいと感じる場合の選択だ。たとえば、私は例によってランニングのために起床する難しさに直面し、スヌーズボタンを押そうとするかもしれない。しかし、この選択の自由度は、実際にはかなり限られるようだ。なぜなら、私はすでに、ランニングが当然、自分にとって正しい道だと思っているからだ。ベッドから転げ出るという選択が、誘惑を前にして意志を行使するという頼もしい行為のように感じられるかもしれないが、その選択そのものも、それが自由の行使であるという認識も、意味を持つに至るのは、実際に走るという特別な形の運動をしている最中だけだ。その運動の本質は、選択や意志とは関係がなく、脚を運ぶたびに重さと軽さや、太陽と風と地面が一体となる、自己と世界の統一性の中にある。選択する際にわれわれが持つとされる自由は、反応と解釈のより深い自由に左右される。

それは、われわれが自らの立場において独りきりだと感じ、自らの決意をむき出しの意志力に帰するときにさえ、当てはまる。哲学者モーリス・メルロ＝ポンティが雄弁な例を挙げている。

われわれは、口を割らせようとして男を拷問する。こちらが引き出したい名前と住所を彼が言おうとしないとき、それは根拠なき独断の結果ではない。彼はまだ同志とともにあると感じ、共通の闘争に身を投じていた……あるいは、彼は思考の中で、もう何カ月も、何年も前からこの試練に直面し、人生のすべてを賭けてきたのかもしれない。あるいは、結局、この試練を乗り越えることにより、自由についてずっと考え、発言してきたことを立証したいのかもしれない。それらの動機は自由を無効にはしないが、少なくとも、自由はその本質に支えをもたないわけではないことを示している。究極的には、苦痛に抵抗するのはむき出しの意識ではない。囚人とその同志、あるいは囚人と彼が愛する者、その人の眼差しの下に生きていると彼が信じる相手が、ともに抵抗しているのだ。[3]

このように、われわれは常に他者とともにある。われわれの自由は、自分自身と同様に他者からも生まれる。

自由と、未知への開放性

自由には別の面もあり、結びとして、最後に言及しておく価値がある。それは自由と、未知への開放性の関係だ。自己統御、友情、自然との触れ合いという形の、それ自体を目的とする活動には、ある意味で、一定の「事前の認識」が含まれる。事前の認識とは、自己と、ジレンマや選択の機会を引き起こす全体としての世界についての理解だ。選択や決断ができると感じたとたん、私は葛藤する複数の献身を求められる人間であると、すでに理解している。葛藤が生じるのは、それらの献身が意味と意義に関して互いに依存しつつ、差し当たりひとまとまりとなっているせいだ。献身の間の相互関係そのものが、より大きな全体に左右される。その全体について私はほとんど意識しないが、きわめて確実に理解している。人生のほかの側面に頼れば、今直面している困難を解釈できるとわかっているのだ。あたかも選択という行為を通じて自己が無からアイデンティティを組み立てられるかのように、人間は根本的に自己を創造するという実存主義的な概念に対し、この「事前の認識」が反証となる。

そのような理解は、多かれ少なかれ、あらわになりやすい。たとえば、私は、必要なときに母を支えるという行為において、自分が親孝行であると認識するかもしれないが、それが親孝行な行為だとあからさまに考えるわけではないし、友人、同僚、隣人、同胞などに、人生の特徴的な領域である家庭が関係の全体性において特別な意義を持つことを説こうとさえしない。それでも、自分をそうした面から見て、自分自身であると同時になりたい自分でもあるというイメージを確認するかもしれない。いずれにしても、私はあらゆる未来の可能性を網羅し、保証と人生の帰結を構成する方法で自分自身を理解したと言える。未来が何をもたらそうと、私は自分自身にも、運命共同体である相手にも、忠実だろう。そのような事前の認識が、自己統御の本質だ。それこそが人を、脈絡がなくわけがわからない経験のかけらの単なる寄せ集めではなく、まとまりのある自己――全体――にする。その理解は、不明確で曖昧かもしれないが、根本的な懐疑を抱くときでさえ、決して失われない。

しかし、そうした自己の確実性と相携えて、まさに自己の本質をなすのが、未知への根本的な開放性だ。人が全体としての自己を知るようになるのは、もっぱら比較、類推、判断という行為においてであり、いずれも大なり小なり何らかの混乱によりもたらされる。アイデンティティを構成し、自分がするかもしれないどんな選択よりも先にある全体は、能動的全体であり、常に試され、新たに発見される統一性である。

別の言い方をすれば、こうなる。最も深い献身において、われわれは揺るぎない確信を明言しながらも、根本的な未知を招く。自信たっぷりに「何が起きても、あなたの味方だ」とか「この仕事に専念する」と言うのは、底知れない謎を秘めた未来を受け入れることだ。根本的な混乱の可能性がなければ、われわれの最も確かな献身も意味と重さを欠くだろう。

このように、人は自己を知り、未来を保証すると同時に、困難や苦痛が報いや喜びと不可分である人生の刺激的な開放性を受け入れる。その開放性が、それ自体を目的とする活動と、目標志向の努力を区別するのだ。目標志向の観点からすれば、唯一の未知数は、すでに見ているヴィジョンの実現に成功するか失敗するかだ。われわれは目標志向の努力にとらわれればとらわれるほど、目的へ至る道の不確実性を排除しようとし、そのためにより効率的な生産と達成のテクノロジーを見つける。したがって、目標志向の見解とテクノロジーへの傾倒は、相携えて進む。それらが力を合わせて、人生を予測可能なものとし、支配下に置こうとし、冒険や危険を排除しようとする。最も広い意味では、テクノロジー的見解と目標志向の見解は同じ一つのものだ。

古代ギリシャ人が「テクネー（techne）」と呼び、「テクノロジー」という語の語源ともなったものは、本質的に目標志向だ。それが意味するのは、すでに形が見えている何かを作る手段の知識である。古代ギリシャ人にとって、パラダイムとしてのテクネーは、手工芸の知識、大工がテーブルの形を構想し、それを木材で作り出すための知識だ。しかし、テクネーは、達成すべき目標や人生計画の中に幸福があると考えるときに取り組むような、ある種の自助努力にも同様に用いられる。テクネーの目的は、確かな結果を出し、そして、不測性をなくすことだ。テクノロジーの知識は昔も今も人生の一部だが、現代では非常に目立つようになり、われわれにとって当たり前のあらゆる形の起源に驚き鼓舞されるという基本的体験を侵害している。私が「それ自体を目的とする活動」に関して提案する人生への新たな向き合い方には、ある認識が伴う。人生は常に進行中で全体像の把握も理解も決してできないと解釈することによって、目の前の「そこ」にまぎれもなく存在し、分析や構築ができそうに見えるものが与えられるという認識である。

結果を出すというテクノロジーの自由と対比して、未知の領域に踏み込む自由、自己と世界の間の綱引きにわれわれを引き戻す自由について考えてもいい。そのように理解される自由に関係するのは、希求や選択や構築や予知をする力ではなく、起動する力だ。

小さなジェスチャーや行動でさえ、その陰にある意識的な動機をはるかに超える効果を及ぼしうることを考えてみよう。われわれは新たなプロジェクトに挑戦したり、招待を受けたり、自ら進んで見知らぬ人を助けたり、勇気を奮って誰かをデートに誘ったりする。次に知るのは、自分が新しい仕事や関係に没入していること、当初は予想もしなかったかもしれない道に進んでいることだ。一方では、物事を進めて展開を維持したのは、われわれ自身の行動の力だ。もしも最初のジェスチャーをせず、その結果に従いもしなかったとすれば、状況はこのように進展しなかっただろう。しかし、振り返ってみれば、その力は、自分が当初意識した、いわば、たいがい凡庸で陳腐な意図をはるかに超えていることがわかる。

われわれの行動は常に自分の意図を超えて世界に影響を与え、それに対してどんな反応があるかは予測できない。自己と世界の統一性を構成する力の綱引きにおいてのみ、われわれの行動は形成される。別の言い方をすれば、行動が起動力になれるのは、受け取られ、それから、取ることへの新たな誘いとして投げ返されたときだけだ。われわれはそうやって、自身の行動によって永続的なキャッチボールに引き込まれていることに気付く。その意味は、暫定的に、回想によって知ることができるだけだ。

つまり、われわれの特徴を最も表わし、われわれが何者かを証明するものがそうする理由は、他の可能性を退けて意識的に選ばれたからでも、かつて想像の中に存在しただけの現実を実現したからでもなく、予想も意志も完全に超えた運命をもたらし、始動させたからなのだ。振り返ってみれば、自分が生きている人生は、ある取り組みや一連の行動によって、当初は予測もできなかったやり方で準備されたのだと理解できる。そして、今ここでする活動が、意図的で意識的であるか否かにかかわらず、それ自体を超えたところに達して未来を開くが、未来そのものは確定していないということが、少しわかってくる。意識的な努力と構築ではなく、この起動力こそが真の自由を構成するのだ。

われわれは、気付けば、目標志向の努力にとらわれていることが多い——次の段階を目指し、職場に、あるいは世界全体に影響を及ぼそうとし、日々の仕事をこなし、自分を印象づけ、健康と安全と安定に配慮して将来に備える。たいがい、われわれはそういう事柄のせいで忙しく規律ある生活をする。それらにしがみつくのは、無分別で混乱した存在の仕方に引きずり込みかねない無数の逸脱や瑣末な事柄への対抗手段としてだ。しかし、少なくとも時おり、自分の集中と野心が広義の人生からの逸脱であるようにも感じる。失敗に直面したり、不安な疑念に駆られたりしたときなどに、目標がいかに高邁で気高くとも、その達成よりも大事なものが人生にはあるのではないかと考える。そして、新たな自信を得て目標志向の努力に舞い戻るかもしれないし、その代わりに新しい方向へ向かうかもしれないが、自分が達成を目指して傾けている努力は、物事のより大きな構図においては些細なものにすぎないのではないかという思いを完全には抑えられない。

その思いは、成功しているときほど強く感じられるかもしれない。そういうとき、目的を与えてくれたものは今や完遂された事実となり、もはやモチベーションの源にならないと気付くからだ。成功が与えてくれる満足感のはかなさを考えると、無限に続く時間や人間のあらゆる業績がたどる運命という、より大きな視点から努力について考察するようになるかもしれない。制作や、策定や、構築にかまけている限り、最も偉大な業績であろうと古くなり、最も称賛された名であろうと消えていくという考えから逃れることはできない。

　逃れられないように感じられる時の流れから解放してくれる観点を求めて、われわれは哲学に頼ろうとするかもしれない。哲学は、永遠と究極的な満足を、人間の領域の外にあってすべてが分解し新たにつながり合うような自然のサイクルや、何ものも決して古びない来世などに位置づける。これまで見てきたように、ストア哲学はそのような哲学のなかで一際目立つ流派だ。ストア哲学は、人間的な事物の無常を教え、永遠の自然を観照することに救いを求めるよう勧める。それ自体を目的とする活動という観点は、ストア派的な世界観に代わるだけでなく、われわれが奮闘する世界はどこか別の場所へ至るための通過駅にすぎないと見る、あらゆる哲学に代わる選択肢を与えてくれる。われわれが探求する大きな意味は、非人間的な宇宙の永遠の法則や来世ではなく、今ここでしている旅、自己――自分自身――を実現する旅にある。旅を理解するということは、あらゆる取り組みは、たとえ限界があったり目標志向であるように見えたりしても、他者と関連する使命として意味と意義を持つと認識することだ。存在の意味をめぐる理解を表現する活動、履歴書に記録したり誰かが真似したりするような役割と事業の単なる寄せ集めではない、その人、その自己を証明する活動がつながり合う全体に、意義があるのだ。自己は旅によって定義され、その旅には友と敵が登場し、案内標識と脇道があり、浅瀬と橋があるゆえに、自己の展開は同時に世界の展開でもある。旅とは、どんな瞬間にでも、すでに始まっている自己実現を進めることであるから、完成や検証のために未来を待ちはしない。その意味で、旅は永遠だ。果てしなく続くという意味ではなく、時間的な継続や持久性というなじみ深い基準による測定にはそぐわないということだ。そのように構想される人生はそれ自体、過ぎゆく時間の尺度だ――瞬間の連続を体験させてくれる時間、つまり、腕時計に表示され、定量化と計算ができる時間の尺度なのだ。

旅とは結局、われわれが持つ唯一の見地であり、そこから見れば、まだ実現されない未来という概念そのものが意義も意味も持たない。未来が何をもたらすにしても、人が取り組む人生を再確認する以上のことはできないからだ。つまり、自分自身の時は、その終結と可能性も含めて唯一無二であり、人は今を生きることにより、あらゆる時間を生きることの意味を理解する。

永遠の今は、人生を生きるために不可欠なあらゆる瞬間の開放と終結について納得するための方法だ。過去と未来が、時間軸に沿った点ではなく、存在しうるどんな現在の中にも集まる、時間の本質的な範囲であることを表現する方法なのだ。同時に起こるこの開放と終結なしには、時間の経過を理解することも経験することもできないだろう。われわれの人生が未知のものに根本的に開放されておらず、挑戦も試練も肯定も望まず、意義によって完全に決定されるとすれば、われわれが過去の決して戻ってこない瞬間に向き合うことはないはずだ。自分に起きたと認識できることはすべて、自分自身が今どんな人間になっているかを考え合わせれば、完全に理解できる出来事にすぎなくなる。その意味では、過ぎ去ったことは、完全な現在であり、過去ではまったくないことになる。われわれはそれを後ろに追いやるのも取り戻すのも望まないだろう。まさに、それが自分とともにあって揺るぎない不動の自己認識と一体になっているからだ。全面的な終結の観点からは、まだ到来しない瞬間についても同じことが言える。われわれの人生の本質がすでに決定されているとすれば、まだここにはないことを、期待や興奮とともに見据えたりはしないだろう。明日は今日の繰り返しにすぎなくなる。

しかし、同時に、人生が終結せず、その意義が決定されず、根本的に開放されていても、われわれはやはり時の経過を経験しないだろう。あらゆる瞬間が、いわば新たな存在となる根本的な変化であり、回顧や予期の基盤を与えないはずだ。われわれが哀愁や欲求不満とともに過去を振り返ったり、強い期待や恐れとともに先を見たりできるのは、もっぱら、人生が決定されていると同時に未知のものにさらされ、どの瞬間にも過去と未来が染み込んでいるからだ。ある瞬間を取り戻したいとか、もういなくなった人を生き返らせたいと望んで過去を振り返るのは、まさに、人生の終結や方向づけがわれわれを未知のものに向かわせ、そのせいで鼓舞や導きや慰めが必要になるからだ。そして、それに気付いたとたん、時の経過は外的事実として耐えるものではなく、自ら実行するものだという理解に至る。時の経過は、われわれが生きる人生を構成する、献身し関与する存在と不可分なのだ。

対照的に、目標志向の観点から見れば、最も基本的かつ本質的な意味で時間を構成する過去と未来、終結と開放の統一性に対して、われわれは自分自身を閉じている。あらゆる物事は、遂行されたか、遂行中か、終了したかのいずれかだ。厳密に言えば、すでに進行中のものは何もない。切望の本質にあり、したがって未来に関わるように見えるものは、実は、真の未来をつくる根本的開放に対して閉じている。目標志向の観点からは、人生は、次から次へと果てしなく続く、同じことの繰り返しにすぎない。目標志向の努力に特徴的な時の平坦化は、結局は目標志向をストア哲学的な見解に結びつけ、それによって表面上は、別の選択肢を提供するように見える。どちらも、煎じ詰めれば、時間をたんなる継続として理解する。どちらも、本物の過去と未来を考慮に入れない。本物の過去と未来が、旅をめぐる関与と献身の観点を定義し、われわれが経験するかもしれない継続を可能にする。

ある意味で、われわれはどれほど目標志向の未来に気を取られようと、永遠の「いま」に常に所有されている。そのようなとらわれの状態に陥るのは、友情や、自己統御や、自然との触れ合いからの緊急の要請によって、「いまはまだその時でない」という考えが牽制《けんせい》されるときだ。われわれは自己犠牲という感覚を少しも持つことさえせずに、友人に手を差し伸べ、自分を動かす要請に応え、最も大切な目標や人生の継続性さえ顧みない。そうするとき、われわれは、明日達成したり維持したりするかもしれないことは何であれ二の次で、現在の自分と将来の自分の全体に関わる差し迫った要請のほうが重要だという意識に従って行動している。

しかし、われわれはほとんどの場合、究極的な要請の永遠の今と、輝かしい達成や状態を待つはかない瞬間の、ちょうど中間にいると気付く。友人の結婚式への出席が本質的に意義あることだと認めながらも、仕事に没頭しすぎて、足を運ぶ気になれない。あるいは、自分の立場をぜひ主張すべきだとわかっていながら、そうすることで社会的地位が危うくなるかもしれないと感じる。そのようなときこそ、人生についての考察がとりわけ重要になる。人生が待ったなしでも、われわれはそのためだけに動けないから、何が大切かを思い出させてくれるような人生の解釈に頼る必要がある。哲学の助けを借りれば、本当だとわかっているものの声を増幅できるのに、われわれはしばしば、目標志向の幸福の観念を前に、その声を避けたり軽んじたりする。そのように、哲学と日常の生は密接につながっている。哲学は、決して高所から理論を立てて現実を抽象に置き換える学問分野ではなく、われわれを最も具体的なものへ引き戻してくれる、必要不可欠な案内役なのだ。

謝　辞

執筆の道のりを振り返り、本書を世に出すのを助けてくれた多くの会話と、支援と、友情に恵まれた時を思い出すと、喜びがこみ上げてくる。

　この本の最初の構想の一部は、長年の友人でトレーニング・パートナーのウィル・ハウザーの助言によって形づくられた。私が情熱を注ぐフィットネスと哲学という一見かけ離れた二つのものを結びつけるよう、彼が促してくれたのだ。ウィルとは、知り合ったばかりで大学で一緒にウエイトリフティングをしていた頃、トレーニング活動から得られるちょっとした人生の教訓についてよく語り合い、それを楽しんだ。そうした教訓の一つで本書でも大きく取り上げたのは、友情と競争が互いに補強し合えるということだ。スポーツ競技会を通じて知り合った友人の何人かが本書の着想の大きな源になったことを考えると、その思いはいっそう強まる。かつて地元の「ジム競技」大会での好敵手だったジェイ・フィセットは、親しい友人になるとともに、私が執筆のテーマとする美徳の手本となった。スコット・ロバートソンは、私が哲学に興味を持ち始めた頃からの友人で、やはり友情ある競争精神を鼓舞してくれた。私はその精神を友情全般に欠かせない一面と捉えている。

多くのギネス世界記録を達成したロン・クーパーからは力強い支援をもらった。彼は私が記録への挑戦を目指すきっかけでもあり、よき友人、トレーニングパートナーとなった。ロンには、ともに達成した思い出深いトレーニング実績のみならず、時間を割いて下書きを読み、原稿提出前のラストスパートの段階でコメントしてくれたことに感謝している。

マット・クロフォードは、『心を豊かにする実務教育（Shop Class as Soulcraft）』という素晴らしい著書によって、哲学と、日常生活と、個人的物語を組み合わせるプロジェクトへの私の確信を強めてくれた。マットと初めて会ったのは二〇一四年、私の最初の著書についてヴァージニア大学で講演するよう彼が招いてくれたときだった。それ以来、実用的知識や、テクノロジーの限界や、人間の行為主体性の意味に関する彼との議論から、多くの恩恵を受けてきた。

フィットネスと哲学という意外な組み合わせについて考察すると同時に、私は時間の意味に関しても多くの意見と考察を集めてきた。それはクシシュトフ・ミハルスキとの共同研究以来、私をとらえて離さないテーマだ。時間と永遠の関係をめぐる彼の思考は、忘れがたい印象を残した。

さまざまな段階で草稿を読み、コメントの労を厭わなかった数人のメンターには、とりわけ恩義を感じている。モッシェ・ハルバータルには、私がそれ自体を目的とする活動の意味を考え抜くのを助け、古典の解釈と、われわれの時代の生き方についての見解を紡ぎ合わせるよう促してくれたことに感謝している。ショーン・ケリーにも、私がストア哲学への批判を明確にし、自然の概念を明瞭化し、活動のさまざまな意味を整理するのを手助けしてくれたことに感謝している。

パンデミックの初期に、彼が支援し、熱意を傾けてくれたおかげで、私自身、このプロジェクトへの信念を蘇《よみがえ》らせることができた。

学部生時代に政治哲学の分野に進み始めて以来、ラス・ミューアヘッドは助言と、支援と、友情をふんだんに与えてくれた。彼の遊び心ある発想と既存の通念を問う開かれた精神からは、大いに触発されてきた。ブライアン・ガーステンにも感謝している。彼の古代哲学の鋭い分析と修辞法は、私自身の仕事の手本となっている。

友人たちにもとても感謝している。セルジオ・インパラート、ジュリアス・クレイン、ロウリー・プレスリー、ピーター・ガノング、ジュリアン・センピル、スンホ・キムリーが時間を割いて原稿を読み、コメントを寄せてくれたおかげで、本書はさらに充実した。スンホと交わした会話は、彼とのたくさんの思い出のなかでも、特に心に残っている。哲学とフィットネスに関する探究の接点で長年つき合ってきたセルジオにも、格別の謝意を表したい。彼は私が記録に挑戦する際の世話人であると同時に、精神の強靭さの手本、哲学的精神を共有する仲間でもある。

本書の執筆からさらに手を広げて、私はハーヴァード・ロースクールで法務博士の学位取得も目指していた。執筆と法学の学位取得という二つの目標を追う私に得難い支援を提供してくれたルース・コールドロン、ディック・ファロン、メアリー・アン・グレンドン、ランディー・ケネディー、トニー・クロンマン、マーサ・ミノウに感謝している。実務の知識を与え、長年指導してくれたジャック・コリガン、在学期間を通じて友情を育み、哲学に関する刺激的な会話を交わしたアブダラ・サラムにも感謝している。

ハーヴァード・ユニヴァーシティー・プレスのイアン・マルコムには、この型破りなプロジェクトに揺るぎない信頼を寄せ、原稿を丁寧に読み込み、哲学と個人的な語りという組み合わせを維持するよう促してくれたことに謝意を表したい。本書の骨組みを整えるにあたり、シャーミラ・センが洞察力と支援を提供し、目標志向の努力への批評を練り上げるよう促してくれた。ウェストチェスター・パブリッシング・サービシズのブライアン・オストランダーにも、本書の制作を専門的に監修してくれたことに感謝している。

最後に、両親のマイケル・サンデルとキク・アダット、弟のアーロン・サンデル、婚約者のヘレナ・フェレイラに深い感謝を捧げたい。彼らは私にとって最強の応援団であり、自己統御、友情、自然との触れ合いの最善の手本でもある。しかも、期せずして、書くことに関連するすべてに関し、私が最も信頼する助言者でもある。彼らの愛と、励ましと、助言に鼓舞されたおかげで、本書の内容に磨きがかかり、執筆という非常に孤独になりがちな活動が、家族の関心事となった。本書のテーマと各自の執筆について、「物書きの家」の集まりなどで多くの会話を交わし、原稿を批評し合ったことが、私が表現しようとする幸福の実践の豊かな源泉となった。

支援と編集の識見を提供してくれたおじのマシュー・サンデル、本書のさまざまな形について考えるのを助け、哲学と個人的経験の結びつきに関して貴重な助言をくれた、いとこのサム・アダット、ロバータ・ジウビリニ、ベルト・イシダ、リリー・イシダにも感謝している。

ヘレナには格別の謝意を表する。彼女の愛と、支援と、知恵が、山あり谷ありの日々を通じ、本書とその著者を見守ってくれた。彼女の熱意があればこそ、このプロジェクト全体が価値あるものとなった。私が疑念にとらわれたとき、彼女がこの本はそのままで大丈夫だと気づかせてくれ、そして、鋭い質問と、文学的かつ哲学的な目で推敲を助けてくれたおかげで、内容が格段に充実した。ヘレナに愛を込めて本書を捧げる。

訳者あとがき

先日、「中高年の心の危機」を扱ったテレビ番組を観た。登場するのは、貧困や病気といった典型的な困難を抱えているわけではなく、むしろ幸福な人生を歩んできたのではないかと思われる方々だった。ところが、「同期は自分よりも出世している。自分には存在意義がない」とか、「子供のお母さんには企業の管理職になっている人もいるのに、専業主婦の自分が情けない」などといった気持ちにさいなまれ、鬱病を患ってしまう人までいるという。傍目には十分立派に生きているように見えても、ご本人としては、これではまだ足りないと感じてしまうのだろうか。多くの人がこうした悩みを抱え込んでしまうのはなぜだろう。

本書の著者であるアダム・サンデルなら、その原因の一つは「目標志向の努力によって、三つの重要な美徳が歪められてしまっていることにある」と答えるかもしれない。アダム・サンデルはハーヴァード大学で教鞭をとる哲学者で、『これからの「正義」の話をしよう』などのベストセラーで有名なマイケル・サンデルの息子である。一方で、「一分間に行なわれた懸垂の最多回数」のギネス記録を何度も更新しているアスリートという顔も持つ。その彼が、現代人が自分の生き方に満足できないのはなぜか、そうした状況を改善するにはどうすればいいかを語ったのが本書だ。

サンデルによれば、現代社会を生きる人びとは、仕事や勉学等にまつわる何らかの目標を達成すべく努力するが、それを達成しても心が満たされることはないという。そこで、こんなはずではなかったと焦燥感を抱えつつ、次の目標に向かってさらに努力するというサイクルを繰り返してしまう。なるほど、これでは幸福な人生とは言えそうにない。では、どうすればいいのだろうか。目標志向の努力がいけないと言っても、何の目標も持たずに生きることなど不可能だ。サンデルによれば、こうした生き方を脱するには、目標の意義を解釈し直す必要がある。つまり、目標の意義は目標そのものにあるのではなく、それを目指して歩む道のりにあると考えるのだ。この道のりは目的地へ至る単なる経路ではなく、美徳を培い、人格を陶冶する機会として理解すべきなのである。こうした美徳として、サンデルは「自己統御」、「友情」、「自然との触れ合い」の三つを挙げる。これらの美徳はいずれも「それ自体を目的とする活動」であり、本質的に有意義で、将来の達成とは無関係に価値を有している。こうした活動こそ、永続する幸福の鍵だとサンデルは語る。自分らしくあること、友人であること、自然と触れ合うことは、いかなる瞬間も、それ自体に刺激的な挑戦と報酬が伴っているからだ。われわれは、こうした活動に没頭することによって人生の意味を見いだすのである。

では、これら三つの美徳とは、もう少し具体的に言うとどんなものなのだろうか。自らの特技である懸垂のトレーニングを例にして、サンデルが説明するところを見てみよう。まず、記録に挑むまでの数カ月間のトレーニングを通して、ケガを乗り越えたり、喜びを得るのに不可欠なものとして失敗を受け入れたりすることを学ぶ（自己統御）。厳しい練習の最中にトレーニング・パートナーを大声で励ましたり、きつい練習メニューに音を上げそうになったときに彼らのサポートから力をもらったりするうちに、友情を育み、ほかの状況では得られない自由で正直な自己表現の声を手に入れる。これをやっていなければ出会うことのなかった人びとと交わり、思いもよらないメンターを見いだし、新たな啓発的視点を通して人生を理解するようになる（友情）。懸垂のトップの位置から体を降ろし、次の反復動作に向けて再始動するとき、重力を、自分の努力を阻む障壁や世界の外的特徴としてではなく、活動を共有するパートナーとして捉えることを学ぶ（自然との触れ合い）。以上のように、懸垂という行為は目的を達するための単なる手段ではなく、人格形成と自己発見の継続的な旅だと考えることができる。

こうした議論を展開するに際し、サンデルは哲学、とりわけソクラテスやアリストテレスをはじめとする古代哲学に手がかりを求めている。というのも、現代人が熱中しやすい目標志向の努力の根底には、近代哲学に根ざした考え方があるからだ。こうしてサンデルは、主にギリシャ哲学的な観点から、啓蒙主義、主体‐客体図式、直線的な時間意識などを批判していく。とはいえ、こうした近代的な考え方は、われわれ現代人にとってむしろ常識的な物の見方なのであり、サンデルの語る内容の方にやや違和感を覚える場合もある。たとえば、友情に関して言うと、古代哲学では「それ自体のための友情」が最高の美徳と見なされた。これに対し、普遍的な正義を重視する近代哲学では、そうしたものはエゴイズムや利己主義と紙一重の、自分自身への一種の部族愛だとして貶められる。だが、これはまったくの見当違いだとサンデルは言う。その点を説明するための例として、映画『第三の男』の登場人物で、冷酷非道な犯罪者のハリー・ライムと彼の幼なじみであるマーティンズとの関係が取り上げられる。映画では、闇商人のライムが売りさばいた劣悪な薬品のせいで多くの人が亡くなっていくのだが、ライムは人の命など何とも思っていない。こうした場合、マーティンズはライムを逮捕しようとする警察に協力すべきだろうか。サンデルによると、マーティンズは友情よりも正義を優先し、警察に協力すべきだとは必ずしも言い切れないという。だが、多くの人は、ライムのような極悪人は一刻も早く逮捕すべきであり、友人といえどもそれに協力すべきだと感じるのではないだろうか。その一方で、友情という美徳を支えるのは抽象的な善の概念ではなく、われわれの具体的な人生（友人とともに過ごす時間やそのかけがえのなさ）なのだから、抽象的な正義が具体的な友情よりつねに優先されるとは限らないというサンデルの主張にも説得力がある。こうして読者は、現代の常識の背後にはいままで気付かなかった哲学が潜んでいることを発見し、それについて異なる視点から考えるよう促される。その意味で、本書は優れた哲学入門書でもある。

ともあれ、「目標志向の努力」に囚われている自分に気付き、それについて考え、そこから脱出するために、また、三つの美徳という観点から充実した人生を探求するために、本書は大きな力となってくれることだろう。

本書の訳出に当たっては、早川書房編集部の一ノ瀬翔太氏にお世話になった。この場を借りてお礼申し上げたい。

二〇二五年一月

注

はじめに

1. C. P. Cavafy, *The Collected Poems*, trans. Evangelos Sachperoglou (Oxford: Oxford University Press, 2007) 39.（邦訳『カヴァフィス全詩集』、中井久夫訳、みすず書房、1997年ほか）
2. Plato, *Phaedrus*, ed. Jeffrey Henderson (Cambridge, MA: Harvard University Press, 1914), 229b–230a.（邦訳『パイドロス』、藤澤令夫訳、岩波文庫、1967年ほか）
3. Steven Pinker, "Enough with the Quackery, Pinker Says," interview in the *Harvard Gazette*, October 13, 2021, https://news.harvard.edu /gazette/story/2021/10/from-steven-pinker-a-paean-to-the-rational -mind/.
4. Marcus Aurelius, *Meditations*, trans. Gregory Hays (New York: Modern Library, 2003), 38.（邦訳『自省録』、鈴木照雄訳、講談社学術文庫、2006年）
5. Massimo Pigliucci, *How to Be a Stoic* (NewYork: BasicBooks, 2017), 194.（邦訳『迷いを断つためのストア哲学』、月沢李歌子訳、早川書房、2019年）

第一章　自己統御その一——アリストテレスの助けを借りて現代生活を乗り切る

1. Friedrich Nietzsche, "Aphorism 296," *Beyond Good and Evil, in Basic Writings of Nietzsche*, trans. Walter Kaufmann (New York: Modern Library, 2000), 426–427.（邦訳『善悪の彼岸』、中山元訳、光文社古典新訳文庫、2009年ほか）
2. Plato, *Phaedo*, ed. Jeffrey Henderson (Cambridge, MA: Harvard University Press, 1914), 115c.（邦訳『パイドン——魂について』、納富信留訳、光文社古典新訳文庫、2019年ほか）
3. Daniel Kahneman, *Thinking, Fast and Slow* (New York: Farrar, Straus and Giroux, 2011), 377–390.（邦訳『ファスト＆スロー——あなたの意思はどのように決まるか？』上・下、村井章子訳、ハヤカワ文庫、2014年）
4. Thomas Hobbes, *Leviathan*, ed. Richard Tuck (Cambridge: Cambridge University Press, 1996), 70.（邦訳『リヴァイアサン』1・2、角田安正訳、光文社古典新訳文庫、2014-2018年ほか）
5. Ibid., 43.（『リヴァイアサン』）
6. Thomas Hobbes, *On the Citizen*, ed. Richard Tuck (Cambridge: Cambridge University Press, 1998), 27.（邦訳『市民論』、本田裕志訳、京都大学学術出版会、2008年）
7. Friedrich Nietzsche, *Thus Spoke Zarathustra*, in *The Portable Nietzsche*, trans. Walter Kaufmann (London: Chatto and Windus, 1971), 129–130.（邦訳『ツァラトゥストラはこう言った』、森一郎訳、講談社学術文庫、2023年ほか）

8. Aristotle, *Nicomachian Ethics*, ed. Jeffrey Henderson (Cambridge, MA: Harvard University Press, 1926), 1123b1–2.（邦訳『ニコマコス倫理学』上・下、渡辺邦夫、立花幸司訳、光文社古典新訳文庫、2015-2016 年ほか）
9. Ibid., 1124a19.（『ニコマコス倫理学』）
10. Ibid.,1124a10–12.（『ニコマコス倫理学』）
11. Ibid., 1124b23–25.（『ニコマコス倫理学』）
12. Ibid., 1124a6–9.（『ニコマコス倫理学』）
13. Ibid., 1125a2–4.（『ニコマコス倫理学』）
14. Ibid., 1124b26–28.（『ニコマコス倫理学』）
15. Ibid., 1124b29.（『ニコマコス倫理学』）
16. Ibid.,1125a12–17.（『ニコマコス倫理学』）
17. Ibid., 1124b19–21, 1124b30–31.（『ニコマコス倫理学』）
18. Ibid.,1124b19–20.（『ニコマコス倫理学』）
19. Plato, *Apology*, ed. Jeffrey Henderson (Cambridge, MA: Harvard University Press, 1914), 22d.（邦訳『ソクラテスの弁明』、納富信留訳、光文社古典新訳文庫、2012 年ほか）
20. Plato, *Symposium*, trans. Seth Benardete (Chicago: University of Chicago Press, 1993), 176c–d.（邦訳『饗宴』、中澤務訳、光文社古典新訳文庫、2013 年ほか）
21. Ibid., 186a.（『饗宴』）
22. Ibid.,176d.（『饗宴』）
23. *Curb Your Enthusiasm*, "The Therapists," season 6, episode 9.（邦題『ラリーのミッドライフ★クライシス』、シーズン 6、エピソード 9『セラピスト』）
24. Aristotle, *Ethics*,1140a26–28.（『ニコマコス倫理学』）
25. Ibid.,1124a13–16.（『ニコマコス倫理学』）
26. Peter Abraham, "Red Sox Enjoy the All Star Game as the AL Outslugs the NL," *Boston Globe*, July 18, 2018.
27. Aristotle, *Ethics*,1094a1–15.（『ニコマコス倫理学』）
28. Ibid.,1094a19–25.（『ニコマコス倫理学』）
29. Friedrich Nietzsche, *Schopenhauer as Educator*, in *Unfashionable Observations*, trans. Richard T. Gray (Stanford, CA: Stanford University Press, 1995), 174.（邦訳『ニーチェ全集 4 反時代的考察』、小倉志祥訳、ちくま学芸文庫、1993 年ほか）
30. Aristotle, *Ethics*,1123b31–33.（『ニコマコス倫理学』）
31. Ibid., 1124a1–4.（『ニコマコス倫理学』）
32. *Curb Your Enthusiasm*, "The Ida Funkhouser Roadside Memorial," season 6, episode 3.（邦題『ラリーのミッドライフ★クライシス』、シーズン 6、エピソード 3『記念式典』）

注

第二章　自己統御その二――ソクラテスの生と死

1. Plato, *Gorgias*, ed. Jeffrey Henderson (Cambridge, MA: Harvard University Press, 1925), 458a.（邦訳『ゴルギアス』、中澤務訳、光文社古典新訳文庫、2022年ほか）
2. Plato, *Republic*, trans. Allan Bloom (New York: Basic Books, 1991), 336d–e.（邦訳『国家』上・下、藤澤令夫訳、岩波文庫、1979年）
3. Ibid., 337d.（『国家』）
4. Ibid., 338b–339e.（『国家』）
5. たとえば、以下を参照のこと。ibid., 505d–e.（『国家』）
6. Plato, *Gorgias*, 485b–d.（『ゴルギアス』）
7. Ibid.（『ゴルギアス』）
8. Ibid., 486a–c.（『ゴルギアス』）
9. Ibid., 486e–488a.（『ゴルギアス』）
10. Ibid., 497e.（『ゴルギアス』）
11. Plato, *Republic*, 349a–350d.（『国家』）
12. Aristotle, *Ethics*, 1125a8–10.（『ニコマコス倫理学』）
13. Plato, *Apology*, ed. Jeffrey Henderson (Cambridge, MA: Harvard University Press, 1914), 21b.（『ソクラテスの弁明』）
14. Plato, *Meno*, 90e10–92c7.（邦訳『メノン――徳について』、渡辺邦夫訳、光文社古典新訳文庫、2012年ほか）
15. Plato, *Apology*, 38a.（『ソクラテスの弁明』）
16. Aristotle, *Ethics*, 1124b8–10.（『ニコマコス倫理学』）
17. Plato, *Phaedo*, ed. Jeffrey Henderson (Cambridge, MA: Harvard University Press, 1914), 58e.（『パイドン――魂について』）
18. Ibid.,88e–89a.（『パイドン――魂について』）
19. Ibid., 115b.（『パイドン――魂について』）
20. Ibid.,115c.（『パイドン――魂について』）
21. Ibid., 118a.（『パイドン――魂について』）
22. Ibid.,109a–110b.（『パイドン――魂について』）
23. Ibid.,110c–d.（『パイドン――魂について』）
24. Aristotle, *Ethics*,1125a11–13.（『ニコマコス倫理学』）
25. Blaise Pascale, *Pensées*, ed. and trans. Roger Ariew (Indianapolis: Hackett, 2005), 58.（邦訳『パンセ』上・中・下、塩川徹也訳、岩波文庫、2015年ほか）

第三章　友　情

1. Aristotle, *Nicomachian Ethics*, ed. Jeffrey Henderson (Cambridge, MA: Harvard University Press, 1926), 1156a10–25.（『ニコマコス倫理学』）

2. Ibid., 1155a27–28.（『ニコマコス倫理学』）
3. Ibid., 1155a.（『ニコマコス倫理学』）
4. Ibid., 1172a12–13.（『ニコマコス倫理学』）
5. Ibid., 1125a1.（『ニコマコス倫理学』）
6. Ibid., 1166a34–35.（『ニコマコス倫理学』）
7. Ibid., 1168b10.（『ニコマコス倫理学』）
8. Ibid., 1166a1–19.（『ニコマコス倫理学』）
9. Ibid., 1169b30–1170b12.（『ニコマコス倫理学』）
10. Nietzsche, *Thus Spoke Zarathustra,* in *The Portable Nietzsche*, trans. Walter Kaufmann (London: Chatto and Windus, 1971), 167–168.（『ツァラトゥストラはこう言った』）
11. Aristotle, *Ethics*, 1166a20–24.（『ニコマコス倫理学』）
12. Ibid., 1106b35–1107a2.（『ニコマコス倫理学』）
13. Ibid., 1156b26–30.（『ニコマコス倫理学』）
14. Ibid., 1168a5–8.（『ニコマコス倫理学』）
15. Massimo Pigliucci, *How to Be a Stoic* (New York: Basic Books, 2017), 194–195.『迷いを断つためのストア哲学』
16. Adam Smith, *The Theory of Moral Sentiments*, ed. Ryan Patrick Hanley (New York: Penguin, [1759] 2009), 265.（邦訳『道徳感情論』、村井章子・北川知子訳、日経 BP クラシックス、2014 年ほか）
17. Ibid., 277.（『道徳感情論』）
18. Montesquieu, *Mes Penses, in Oeuvres completes*, ed. Roger Chaillois (Paris: Gallimard, 1949), no. 604, 1129–1130.
19. Smith, *Theory of Moral Sentiments*, 277.（『道徳感情論』）
20. Hans–Georg Gadamer, *Truth and Method*, trans. Joel Weinsheimer and Donald G. Marshall, rev. ed. (New York: Continuum, [1960] 1989), 480-484.（邦訳『真理と方法〈新装版〉：哲学的解釈学の要綱』I–III、轡田收ほか訳、法政大学出版局、2012–2021 年）
21. Nietzsche, *Thus Spoke Zarathustra*, in *The Portable Nietzsche*, 129.（『ツァラトゥストラはこう言った』）
22. Ibid., 121.（『ツァラトゥストラはこう言った』）
23. Muhammad Ali with Richard Durham, *The Greatest: My Own Story*, ed. Toni Morrison (Los Angeles: Graymalkin Media, [1975] 2015), 130–131.（邦訳『世界最強の男——ムハマッド・アリ自伝』、村上博基訳、早川書房、1976 年）
24. Nietzsche, *Thus Spoke Zarathustra*, in *The Portable Nietzsche*, 214.（『ツァラトゥストラはこう言った』）
25. Plato, *Lysis*, ed. Jeffrey Henderson (Cambridge, MA: Harvard University Press, 1925), 214a–d.(邦訳『リュシス　恋がたき』、田中伸司、三嶋輝夫訳、講談社学術文庫、2017年ほか)

26. Aristotle, *Ethics*, 1155b4–7.（『ニコマコス倫理学』）

第四章　自然と触れ合う

1. John Locke, *Second Treatise of Government*, ed. C. B. McPherson (Indianapolis: Hackett, [1690] 1980), sect. 40–43.（邦訳『市民政府論』、角田安正訳、光文社古典新訳文庫、2011年ほか）
2. Homer, *The Odyssey*, trans. Allen Mandelbaum (New York: Random House, 2005), 41.（邦訳『オデュッセイア』、中務哲郎訳、京都大学学術出版会、2022年ほか）
3. Ibid., 102.（『オデュッセイア』）
4. Plato, *Republic*, trans. Allan Bloom (New York: Basic Books, 1991), 508a–509d.（『国家』）
5. Martin Heidegger, "Modern Science, Metaphysics, and Mathematics," in *Martin Heidegger: Basic Writings*, ed. David Farrell Krell (New York: Harper and Row, 1977), 257-271 参照。
6. Ibid., 262–263.
7. Nietzsche, *Thus Spoke Zarathustra,* in *The Portable Nietzsche*, trans. Walter Kaufmann (London: Chatto and Windus, 1971), 268.（『ツァラトゥストラはこう言った』）
8. Ibid., 269.（『ツァラトゥストラはこう言った』）
9. Seneca, Moral Epistle 36.7–12, in *How to Die*, trans. James S. Romm (Princeton, NJ: Princeton University Press, 2018), 6.（邦訳『2000年前からローマの哲人は知っていた 死ぬときに後悔しない方法』、天瀬いちか訳、文響社、2020年）
10. Seneca, To Marcia 26.1, in *How to Die*, 96–97.（『2000年前からローマの哲人は知っていた 死ぬときに後悔しない方法』）
11. Marcus Aurelius, *Meditations*, trans. Gregory Hays (New York: Modern Library, 2003), 56.（『自省録』）
12. Ibid., 43.（『自省録』）
13. Ibid., 8.（『自省録』）
14. Ibid., 38.（『自省録』）
15. Seneca, To Marcia 26.1–3, in *How to Die*, 35.（『2000年前からローマの哲人は知っていた 死ぬときに後悔しない方法』）
16. Ibid.（『2000年前からローマ人の哲人は知っていた 死ぬときに後悔しない方法』）
17. Nietzsche, *Thus Spoke Zarathustra*, in *The Portable Nietzsche*, 276–277.（『ツァラトゥストラはこう言った』）
18. Friedrich Nietzsche, *Schopenhauer as Educator*, in *Unfashionable Observations*, trans. Richard T. Gray (Stanford, CA: Stanford University Press, 1995), 213–214.（『ニーチェ全集4 反時代的考察』）
19. Nietzsche, *Thus Spoke Zarathustra*, in *The Portable Nietzsche*, 264.（『ツァラトゥストラはこう言った』）
20. Ibid., 189.（『ツァラトゥストラはこう言った』）

21. Ibid., 186.（『ツァラトゥストラはこう言った』）

第五章　時間と闘う

1. Todd May, *Death* (New York: Routledge, 2014), 5–6.
2. Friedrich Nietzsche, *The Birth of Tragedy*, in *Basic Writings of Nietzsche*, trans. Walter Kaufmann (New York: Modern Library, 2000), 52.（邦訳『悲劇の誕生』、西尾幹二訳、中公クラシックス、2004 年ほか）
3. Plato, *Gorgias*, ed. Jeffrey Henderson (Cambridge, MA: Harvard University Press, 1925), 512e.（『ゴルギアス』）
4. Friedrich Nietzsche, *Thus Spoke Zarathustra*, in *The Portable Nietzsche*, trans. Walter Kaufmann (London: Chatto and Windus, 1971), 183.（『ツァラトゥストラはこう言った』）
5. Ibid., 184.（『ツァラトゥストラはこう言った』）
6. Ibid., 127.（『ツァラトゥストラはこう言った』）
7. Ibid., 186.（『ツァラトゥストラはこう言った』）
8. Ibid., 185–186.（『ツァラトゥストラはこう言った』）
9. Plato, Crito, ed. Jeffrey Henderson (Cambridge, MA: Harvard University Press, 1914), 44a–b.（邦訳『ソクラテスの弁明・クリトン』、三嶋輝夫、田中享英訳、講談社学術文庫、1998 年ほか）
10. Friedrich Nietzsche, *Beyond Good and Evil*, in *Basic Writings of Nietzsche*, trans. Walter Kaufmann (New York: Modern Library, 2000), 296.（『善悪の彼岸』）
11. Plato, *Phaedo*, ed. Jeffrey Henderson (Cambridge, MA: Harvard University Press, 1914), 96e–97b.（『パイドン——魂について』）
12. Ibid., 275c–276a.（『パイドン——魂について』）
13. Nietzsche, *Thus Spoke Zarathustra*, in *The Portable Nietzsche*, 186.（『ツァラトゥストラはこう言った』）
14. Ibid., 244.（『ツァラトゥストラはこう言った』）
15. Ibid., 187.（『ツァラトゥストラはこう言った』）
16. Ibid., 190.（『ツァラトゥストラはこう言った』）
17. Ibid.（『ツァラトゥストラはこう言った』）
18. Ibid., 121–122.（『ツァラトゥストラはこう言った』）
19. Ibid., 122.（『ツァラトゥストラはこう言った』）
20. Ibid., 310.（『ツァラトゥストラはこう言った』）
21. Ibid., 136–137.（『ツァラトゥストラはこう言った』）
22. Ibid., 264.（『ツァラトゥストラはこう言った』）
23. Ibid., 251.（『ツァラトゥストラはこう言った』）
24. Seneca, Moral Epistle 30, in James S. Romm, *How to Die* (Princeton, NJ: Princeton University

Press, 2018), 22.（『2000 年前からローマの哲人は知っていた 死ぬときに後悔しない方法』）

25. Seneca, Moral Epistle 36.7–12, in ibid., 5.（『2000 年前からローマの哲人は知っていた 死ぬときに後悔しない方法』）

26. Nietzsche, *Thus Spoke Zarathustra*, in *The Portable Nietzsche*, 435–436.（『ツァラトゥストラはこう言った』）

第六章　自由が意味するもの

1. Jean-Paul Sartre, *Essays in Existentialism*, ed. Wade Baskin (New York: Citadel Press, 1993), 42–43.（邦訳『実存主義とは何か（増補新装版）』、伊吹武彦・海老坂武・石崎晴己訳、人文書院、1996 年）
2. Ibid.（『実存主義とは何か』）
3. Maurice Merleau-Ponty, *Phenomenology of Perception*, trans. Donald A. Landes (New York: Routledge, 2012), 481.（邦訳『知覚の現象学（改装版）』、中島盛夫訳、法政大学出版局、2015 年ほか）

瞬間《しゅんかん》に生《い》きる
活動するための哲学

2025年2月20日　初版印刷
2025年2月25日　初版発行

＊

著　者　アダム・サンデル
訳　者　鬼《おに》澤《ざわ》　忍《しのぶ》
発行者　早川　浩

＊

印刷所　中央精版印刷株式会社
製本所　中央精版印刷株式会社

＊

発行所　株式会社　早川書房
東京都千代田区神田多町2－2
電話　03-3252-3111
振替　00160-3-47799
https://www.hayakawa-online.co.jp
定価はカバーに表示してあります
ISBN978-4-15-210398-7　C0010
Printed and bound in Japan
乱丁・落丁本は小社制作部宛お送り下さい。
送料小社負担にてお取りかえいたします。